Vorarlberg

Mit Bregenzerwald, Großem Walsertal, Arlberg und Montafon

Gunnar Strunz

Trescher Verlag

1. Auflage 2012

Trescher Verlag
Reinhardtstr. 9
10117 Berlin
www.trescher-verlag.de

ISBN 978-3-89794-202-8

Herausgegeben von Detlev von Oppeln und
Bernd Schwenkros

Reihenentwurf und
Gesamtgestaltung: Bernd Chill
Satz und Bildbearbeitung: Martina Sailer
Lektorat: Patricia Müller
Stadtpläne und Karten: Martin Kapp,
Johann Maria Just

Gedruckt auf chlorfrei gebleichtem Papier

Printed in Germany

Lünerseebahn

Vorwort

Österreichs – nach Wien – kleinstes Bundesland fällt aus dem Kanon der anderen Regionen. Es bildet den westlichsten Zipfel des Landes und bildet in seiner Nähe zur Schweiz und zu Liechtenstein gleichsam die Brücke in die alemannische Welt. Andererseits ist es kulturgeographisch durch den jahrhundertelang nur schwer passierbaren Arlberg von den meisten Einflüssen aus den anderen österreichischen Regionen abgeschirmt worden. Und Wien ist mit etwa 501 Kilometern Luftlinie und 645 Straßenkilometern ziemlich weit entfernt. So konnten sich in Vorarlberg besondere Eigenschaften ausbilden und erhalten, die es in Restösterreich so nicht gibt. Insbesondere sind es die Sprache, der Dialekt und verschiedenstes Brauchtum. Auch die Architektur fand in Vorarlberg eine ganz andere Ausbildung als in den Landesteilen östlich des Arlbergs. Gleichzeitig Bindeglied und Grenze zwischen zwei europäischen Kulturzonen zu sein, macht den besonderen Reiz dieses kleinen Landes aus. In seiner Natur und seiner Bergwelt ist es eine der eindrucksvollsten Gebirgsregionen Europas und dazu eine Region, die international zu den bedeutendsten Wintersportgebieten der Welt gerechnet wird. Kein Wunder, dass seine Bewohner voller Stolz auf ihr ›Ländle‹ sehen, wie sie selber es – nicht verniedlichend, sondern eher voller Achtung – nennen. Die Situation der Abgrenzung – sowohl geographisch als auch ethnisch – ließ, wie es die Dichterin Gertrud Fussenegger ausdrückte, »eine eigene und anderswo nicht denkbare Spielart des Österreichers entstehen. Ihn hat das barock-großartige, dann aber melancholisch durchschattete, wehmütig-morbide Pathos des hinterarlbergischen Österreich nie ganz erreicht. Glanz und Elend blieben dem kleinen, sich selbst genügsamen Land in gleicher Weise erspart: ein Gebilde für sich, eine res publica eigenwüchsiger Art.«

Und in der Tat: Vorarlberg wirkt merkwürdig weltgeschichtsfern. Wo im Rest des Landes große Gestalten der Historie voll Glück und voller Tragik wie Erzherzog Johann, Kronprinz Rudolf, Erzherzog Franz Ferdinand oder Sisi Größe und Legenden entstehen ließen, wo auf der Bühne der Weltgeschichte Habsburg voll größter Dramatik Aufstieg und Niedergang zelebrierte und in Schlössern voll ungeheurer Pracht seine die halbe Welt umspannende Macht sich manifestieren ließ, findet sich in Vorarlberg nichts dergleichen. Es scheint, als ob der östliche Prunk an den bescheidenen, aber doch ungemein individualistischen Alemannen abgeprallt ist. Denn die sahen in ihrer eigenen ›Achtbarkeit‹, der Verbindung aus Fleiß, Schlichtheit und Stolz, wie Gertrud Fussenegger ausführte, die ausschließliche Basis, »aus der Ansehen, Gedeihen und Glück begründet werden können.«

Gäste, die in das kleine Land reisen, finden daher nicht nur hervorragende Bedingungen für einen Aktivurlaub und vieles Sehenswerte, sondern auch eine ganz besondere Melange aus österreichischen und alemannischen Einflüssen, kurzum: einen besonderen Zauber, den zu entdecken lohnt.

Die Argenbachschlucht im Bregenzerwald

Hinweise zur Benutzung

Im Abschnitt ›Das Wichtigste in Kürze‹ finden sich die wichtigsten Informationen zur Anreise und zum Aufenthalt in Vorarlberg. Das Kapitel ›Land und Leute‹ erläutert Geographie und Geologie, Klima, Geschichte, Kultur, Brauchtum sowie die regionalen Kulinaria dieses Bundeslands.

Der Reiseteil beschreibt das ganze Land gemäß der üblichen Einteilung entlang gut befahrbarer, logischer Routen und darin die einzelnen Landschaften, die Städte und andere Ortschaften mit ihren Sehenswürdigkeiten, Museen sowie bedeutsamen Freizeitangeboten. Besonderes Gewicht wurde auf die Darstellung von touristisch besonders attraktiven Wanderwegen und Panoramapunkten gelegt. Die bei den Wanderungen angegebenen Gehzeiten sind reichlich kalkuliert und gelten damit auch für ungeübtere Wanderer. Dabei wurde darauf geachtet, dass alle empfohlenen Wanderungen zwar ohne weitere alpine Ausrüstung machbar sind, jedoch im Hochgebirge überwiegend Trittsicherheit und Schwindelfreiheit voraussetzen.

Wichtige Informationen zu Unterkunftsmöglichkeiten und Gastronomie stehen in den blauen Infokästen am Ende des jeweiligen Unterkapitels. Die Preisangaben für die Hotels und Gasthöfe sind überwiegend – anders als beispielsweise in Deutschland – so angegeben, wie es in Österreich üblich ist: in Euro pro Person und Nacht incl. Frühstück. Die Reisetipps von A bis Z sowie die Literatur- und Internethinweise, die eine vertiefende Vorbereitung ermöglichen, beschließen das Buch. Jeder Region sowie den fünf großen Städten Vorarlbergs sind Karten beigegeben. Doch bei allen im Buch empfohlenen Wanderungen wird dringend auch der Erwerb von Wanderkarten oder der entsprechenden Wanderführer empfohlen (s. dazu die Literatur- und Kartenhinweise im Anhang). Oft ist lokales Material aber auch kostenlos bei den jeweiligen Tourismusämtern erhältlich.

Begegnung auf dem Weg zum Gipfel

Zeichenlegende

- Allgemeine Informationen
- Übernachtungsmöglichkeiten
- Camping- und Zeltplätze
- Einkehrmöglichkeiten
- Cafés
- Bars
- Museen, weitere Sehenswürdigkeiten
- Feste, Veranstaltungen
- Sport allgemein
- Thermen, Heil-, Spaß- und Schwimmbäder
- Golfplätze
- Möglichkeiten für Wintersportler
- Einkaufsmöglichkeiten
- Erste Hilfe
- Informationen für Wanderer
- Besondere Hinweise

Das Wichtigste in Kürze

Anreise

Mit dem Auto: Führerschein, Fahrzeugschein, grüne Versicherungskarte und Warnweste sind mitzuführen. Vorarlberg erreicht man von Deutschland über die A 96 von Lindau oder Memmingen, vom Rest Österreichs über die Arlbergstraße. Das Kleinwalsertal ist nur aus Deutschland via Oberstdorf zugänglich.
Mit dem Flugzeug: Im Land gibt es keinen Flughafen; die nächstgelegenen sind Friedrichshafen (32 km), St. Gallen (24 km) und Zürich (120 km). Von Friedrichshafen und Zürich gibt es im Winter in die Skigebiete einen Zubringerbus (www.arlbergexpress.com, www.airport-montafon.com).
Mit der Bahn: über den Arlbergtunnel aus Richtung Salzburg–Wien, aus Deutschland gibt es in der Wintersaison Nachtreisezüge nach Feldkirch und Bludenz, Bregenz hat mit München eine direkte Zugverbindung (www.bahn.de) und ist auch an das schweizerische Bahnnetz angebunden. Unter www.oebb.at gibt es weitere Auskünfte.

Einreise

Das Schengen-Land Österreich ist ausschließlich von Ländern umgeben, die ihrerseits das Schengener Abkommen unterzeichnet haben. Deshalb finden an den Staatsgrenzen keine Kontrollen mehr statt. Dennoch empfiehlt es sich, stets ein gültiges Personaldokument mitzuführen, wobei Kinder im Pass der Eltern eingetragen sein sollen oder einen eigenen Kinderausweis besitzen müssen.

Geld

Österreich ist seit 2002 Euroland, Abhebungen sind mit EC- oder Kreditkarte an allen Bankautomaten möglich, die meisten Tankstellen akzeptieren Kreditkarten, die ebenso in den meisten Geschäften angenommen werden.

Individuell oder organisiert?

Es gibt ein großes Angebot an Busreisen, die ins Montafon oder ins Kleine Walsertal führen, wobei diese Ziele meist nur Durchgangsstationen innerhalb längerer Touren durch den Westen Österreichs und/oder Südbayerns darstellen, auch gibt es Bodenseetouren, die in Bregenz Station machen, doch gewürdigt wird Vorarlberg in seinen landestypischen Besonderheiten vom organisierten Tourismus bisher nicht. Für Wintersportler empfiehlt sich der Individualurlaub ohnehin, der aus den erwähnten Gründen im Sommer sowieso für den bewusst Reisenden das einzig anzuratende ist. Vorarlberg, das international vielbesuchte und noble Land des Wintersports, besitzt überall eine vorzügliche Infrastruktur und ausgezeichnete Touristenämter, Lokale und Übernachtungsmöglichkeiten von Weltniveau – auch preislich.

Informationen vor Reisebeginn

Vorarlberg Tourismus, Postfach 99, Poststr. 11, 6850 Dornbirn, Tel. 05572/377033-0 (Mo–Sa 8–18 Uhr), www.vorarlberg.travel/, unter dieser Telefon-Nr. auch landesweite Zimmerinformation.

Vorarlberg-Repräsentanz, Tuchlauben 18/15, 1010 Wien, Tel. 01/5357890, Fax 5333855-50.

Austria-Info Urlaubsservice, Postfach 83, 1043 Wien, Tel. 0180/2101818, www.austria.info.

Österreich Werbung Wien, Margaretenstr. 1, 1040 Wien, Tel. 01/588660, www.austria.info.

Österreich Werbung Deutschland, Klosterstr. 64, 10179 Berlin, Tel. 030/21914813, www.austria.info.

Klima und Reisezeit

Vorarlberg, das größtenteils vom Hochgebirge geprägt ist, ist für den Wintersport von Mitte November bis Mitte April ein schneesicheres Reiseland. Für die Sommersaison ist von Mitte Mai bis Mitte Oktober die empfehlenswerteste Zeit. In den Übergangswochen von etwa Mitte Oktober bis zum Beginn der Wintersaison sowie von deren Ende bis etwa

Der Mittelpunkt von Feldkirch: die Marktgasse in der Altstadt

Mitte Mai haben viele Hotels und Gasthöfe geschlossen, auch einige touristische Einrichtungen wie Lifte, Seilbahnen oder Hotels sind oft entweder nur im Winter oder nur im Sommer geöffnet. Einige Bergstraßen und Pässe wie der Hochtannbergpass und die Silvretta-Hochalpenstraße sind grundsätzlich von November bis März gesperrt. Natürlich ist das Klima um den Bodensee auch in den Wintermonaten mild.

Öffentliche Verkehrsmittel

Das Land Vorarlberg ist auf das Beste mit Straßenbahn und Bus erschlossen. Insbesondere zwischen Bregenz, Dornbirn und Feldkirch bestehen hervorragende Eisenbahnverbindungen. Das Montafon ist nur bis Schruns mit der Eisenbahn erreichbar. Die anderen ländlichen und alpinen Gebiete sind von einem flächendeckenden Netz von Bussen erfasst, die u.U. im Winter aber nicht eingesetzt werden (www.vmobil.at), über die Postbusse gibt www.postbus.at/vbg Auskunft.

Preisniveau

Vorarlberg ist kein billiges Reiseland. Die Nähe zur Schweiz und die sich hier zu allen Jahreszeiten tummelnde internationale Besucherclique hat im Vergleich zu Österreichs Osten das Preiseniveau deutlich ansteigen lassen – insbesondere in den Weltwintersportorten von Lech-Zürs und im Montafon.

Unterkünfte

Es gibt eine große Fülle von Übernachtungsmöglichkeiten in allen Preisniveaus, doch meist nicht im unteren Preisgefüge: Hotels, Gasthöfe, Pensionen und Privatquartiere. Wie im ganzen Land wird der Zimmerpreis meist pro Person und nicht für das ganze Zimmer angegeben. Oft muss man insbesondere bei kleineren Gasthöfen und Privatunterkünften einen Zuschlag zahlen, wenn man weniger als drei Tage bleibt. Viele Unterkünfte in den Wintersportorten sind in der Winterzeit nur mit Halbpension buchbar. Campingplätze gibt es in allen Teilen des kleinen Bundeslandes.

Wichtige Telefonnummern

Internationale Vorwahl Österreich: 0043.

Internationaler Notruf (funktioniert ohne SIM-Karte und Münzeinwurf): 112.

Polizei: 133.

Feuerwehr: 122.

Krankenwagen (›Rettung‹): 144.

Bergwacht/Bergrettung: 140.

Auto-Pannenhilfe: 120 (ÖAMTC), 123 (ARBÖ).

Sperren von EC- und Kreditkarten: 0049/116116 und 0049/30/4050 4050.

Die bedeutendsten Sehenswürdigkeiten

Natur: Ochsental unterhalb des Piz Buin (S. 165), Nenzinger Himmel im Brandnertal (S. 103), Lünersee (S. 134), Silvretta-Hochalpenstraße (S. 163), Flexenstraße (S. 169), Pfänder (S. 61), Valschavieltal (S. 161), Diedamskopf (S. 187).

Architektur: Oberstadt von Bregenz (S. 53), Altstadt Feldkirch (S. 89), Kirche Damüls (S. 190), Kirche Bartholomäberg (S. 150), Basilika Rankweil (S. 86), Schwarzenberg im Bregenzerwald (S. 196).

Museen: Museum Inatura in Dornbirn (S. 70).

Ausführliche reisepraktische Hinweise bieten die **Reisetipps von A bis Z** ab Seite 219.

Meor ehrod das Ault, meor grüozod das Nü
und blibod üs sealb und dor Hoamad trü.
(Wir ehren das Alte, wir begrüßen das Neu'
und bleiben uns selber und der Heimat treu.)

Gebhard Wölfle

Land und Leute

Vorarlberg im Überblick

Regierungsform: Bundesland in der Republik Österreich.
Regierungschef: Landeshauptmann Herbert Sausgruber (ÖVP).
Verwaltungsstruktur: vier Verwaltungs- und sechs Gerichtsbezirke, 96 Gemeinden, davon 5 Städte.
Hauptstadt: Bregenz (27 800 Ew.), andere Städte: Dornbirn (größte Stadt mit 45 600 Ew.), Feldkirch (31 000 Ew.), Hohenems (15 000 Ew.) und Bludenz (13 000 Ew.). Alle Angaben nach einer Erhebung vom 31. Dezember 2010.
Fläche: 2601 km², davon 67 km² Wasserfläche (Bodensee u.a.).
Gesamteinwohnerzahl: 370 800.
Nachbarländer: Deutschland (Bundesland Bayern) im Norden, im Osten grenzt Vorarlberg an das Bundesland Tirol, im Süden an die Schweiz, im Südwesten an Liechtenstein und im Westen und Nordwesten ebenfalls an die Schweiz.

Das Landeswappen

Die Flagge Vorarlbergs

Höchste Gipfel: Piz Buin (3312 m), Kleiner Piz Buin (3255 m), Silvrettahorn (3244 m), Rotfluh (3166 m), alle im Silvrettamassiv an der Schweizer Grenze ganz im Südosten des Landes.
Größter See: Bodensee. An ihm ist Vorarlberg mit 28 km Uferlänge beteiligt. In weitem Abstand folgen der künstlich angelegte Silvretta-Stausee (1,31 km²), der künstlich vergrößerte Lünersee (1,12 km²) und der Spullersee (1,04 km²).
Wichtige Flüsse: Neuer Rhein (Alpenrhein, 86 km), Ill (72 km), Bregenzer Ach (80 km) und Dornbirner Ach (30 km).
Religion: römisch-katholisch 78 %, muslimisch 8,4 %, evangelisch 2,2 %.
Nationalpark: keiner.
Wirtschaft: 35 % der Beschäftigten arbeiten in in Industrie, Energiegewinnung und Bauwesen, 50 % in Dienstleistung und Handel. Arbeitslosenquote 5,3 %, Wirtschaftswachstum 2008 2,1 % – höchstes Wachstum aller österreichischen Bundesländer in jenem Jahr.
Zeitzone: MEZ.
Landeswappen: Das Landeswappen geht auf das Adelsgeschlecht der Monforts zurück und war einst deren Kriegswappen. Es ist das einzige österreichische Landeswappen ohne Wappentier.

Vorarlbergs Landeshymne

Du Ländle, meine teure Heimat,
ich singe dir zu Ehr' und Preis;
begrüße deine schönen Alpen,
wo Blumen blüh'n so edel weiß,
und golden glühen steile Berge,
berauscht von harz'gem Tannenduft.
O Vorarlberg, will treu dir bleiben,
bis mich der liebe Herrgott ruft.

Du Ländle, meine teure Heimat,
wo längst ein rührig Völklein weilt,
wo Vater Rhein, noch jung an Jahren,
gar kühn das grüne Tal durcheilt,
hier hält man treu zum Heimatlande,
und rot-weiß weht es in der Luft.
O Vorarlberg, will treu dir bleiben,
bis mich der liebe Herrgott ruft.

Worte und Melodie (1907)
von Anton Schmutzer (1864–1936)

Typische Berglandschaft in Vorarlberg

Geographie und Bevölkerung

Vorarlberg befindet sich im äußersten Westen Österreichs, wird im Norden von Bayern, im Osten von Tirol, im Westen und Süden von der Schweiz gesäumt wie auch von Liechtenstein, das als eine Art Zwickelfüllung dazwischen eingeklemmt ist. Mit 2601 Quadratkilometer Fläche ist es neben Wien Österreichs kleinstes Bundesland. Es hat in seiner rautenähnlichen Form einen Durchmesser in Nordwest-Südost-Richtung von 80 Kilometern. 80 Prozent seiner Landesgrenzen sind gleichzeitig Staatsgrenzen: 107 Kilometer zur Schweiz, 35 Kilometer zu Liechtenstein, 110 Kilometer zu Deutschland und nur etwa 65 Kilometer zu Tirol.

Berge und Täler

Vorarlbergs höchste Erhebung ist der Piz Buin (3312 m), ganz im Südosten des Landes, im Dreiländereck Tirol-Graubünden-Vorarlberg. Er ist Teil des Silvrettamassivs, über das hier auch die Landesgrenze zur Schweiz verläuft. Vorarlbergs tiefstgelegener Punkt liegt auf dem Spiegel des Bodensees bei 395,23 Metern.

Das Land ist deutlich durch Flusstäler gegliedert. Im Norden ist es das etwa von Nordwest nach Südost verlaufende Tal der Bregenzerach, im Süden ist es die Ill, die etwa parallel dazu vom Piz Buin bis zum Rhein fließt und dabei die Täler von Montafon und Walgau eingefräst hat. Die Ill besitzt zu ihrer Linken

Brotzeit im Freien

zahlreiche Seitentäler, die sich empor zur Silvretta und zum Rätikon erstrecken und von großer touristischer Bedeutung sind, darunter Gamperdonatal, Brandnertal, Gargellental und Garneratal. Wo Montafon und Walgau bei Bludenz aufeinandertreffen, zieht sich ostwärts zum Arlberg das Klostertal hin, es wird von der Alfenz durchströmt. Die geographische Mitte des Landes bildet das Große Walsertal mit dem Flüsschen Lutz. Bis auf das Lechtal und das Kleine Walsertal entwässern alle Täler zur Nordsee hin.

Geologie

Vorarlberg ist zu über 95 Prozent ein Alpenland, das nur im Nordwesten, am Bodensee, einige kleine Tieflandsbereiche aufweist. Das sind größtenteils Schwemmebenen des Rheins, der Bregenzerach, der Ill und der Dornbirnerach. Geprägt wird die vorarlbergische Landschaft überwiegend durch hohe Gebirgszüge. Im Süden sind es Rätikon und Silvretta, in der Mitte die Verwallgruppe und die Lechtaler Alpen, im Norden der Bregenzerwald – manchmal als Bregenzerwälder Alpen bezeichnet – und das Allgäu. Die geologischen Verhältnisse sind hier wie überhaupt in den Alpen höchst kompliziert und kaum auf engem Raum verständlich darzustellen. Vorarlberg gehört zu den Ostalpen, die vordergründig geographisch durch das Rheintal von den Westalpen getrennt werden. Die geologische Grenze zwischen beiden verläuft dagegen durch Vorarlberg quer hindurch, womit die Unterschiede zwischen Vorarlberg und Restösterreich auch geologisch manifestiert sind, wie es der Autor Paul Blaha ausgedrückt hat, »die Separation schon im Tertiär begann.«

Die Alpen als Ganzes entstanden vor etwa 15 bis 35 Millionen Jahren, als die afrikanische Platte nordwärts gegen die europäische stieß. Zwischen dem damaligen Afrika und Europa befand sich ein Vorläufer des Mittelmeers, die Tethys, in der verschiedene Kalke und Tone abgelagert wurden und waren. Durch die Nordbewegung der afrikanischen Platte verschwand die Tethys, doch ihre am Grund verfestigten Gesteine wurden gegen Europa gedrückt, aufgestaucht, gefaltet, übereinandergeschoben, zermahlen oder unter Druck und Temperatur umgewandelt (metamorphosiert) – genauso wie auch die Gesteine Europas dabei in Mitleidenschaft gezogen wurden.

Die sedimentären Gesteine, die heute den Hauptteil Vorarlbergs ausmachen, wurden hunderte Kilometer voneinander entfernt gebildet. Eine Teilplatte der afrikanischen Platte, die sogenannte adriatische Platte, löste sich dabei von jener und bildet heute große Teile der Ost- und Südalpen. In Vorarlberg finden sich somit Gesteine von Ur-Europa und von Ur-Afrika. Das sogenannte Silvrettakristallin (Gneise, Glimmerschiefer, Amphibolite) ist dabei der älteste Gesteinsverband und entstand durch erhöhte Druck-Temperaturbedingungen (Metamorphose) während der sogenannten varistischen Gebirgsbildung im Karbon vor etwa 280 bis 310 Millionen Jahren.

Das Silvrettakristallin erstreckt sich nordwärts etwa bis zur Linie Bartholomäberg–Klostertal–Arlberg. Der nördliche Landesteil Vorarlbergs wird über-

Vorarlberg bietet beeindruckende Ausblicke

wiegend von den Nördlichen Kalkalpen gebildet, zu denen das Rätikon, das Lechquellengebirge, gerechnet wird. Diese Kalke sind Ablagerungen aus dem Mesozoikum in der alten Tethys, auch von der adriatischen Platte, und wurden später bei der Alpenbildung, wie bereits erwähnt, aufgefaltet und teilweise metamorphosiert. Teile des Bregenzerwaldes gehören nicht zu den Nördlichen Kalkalpen, sondern zum sogenannten Helvetikum, das ein Teil von Ur-Europa war. Diese Kalke und Mergel sind von ähnlicher Zusammensetzung wie die Nördlichen Kalkalpen, aber an anderer Stelle und unter etwas anderen Ablagerungsbedingungen entstanden.

Der nördlichste Landesteil (nördlich der Linie Dornbirn–Egg–Balderschwang i. Allgäu) wird der sogenannten subalpinen Molasse zugeordnet. Molassesedimente entstehen in der Spätphase einer Gebirgsbildung, wenn sich Gewässer bereits weit einschneiden konnten und Lockermaterial in großen Mengen ins Vorland transportieren und dort ablagern können. Die subalpine Molasse ist eine schmale Zone von nach ihrer Ablagerung nochmals gefalteten Molassematerials am Alpennordrand. Zu ihr zählt das spektakuläre Gestein des Nagelfluh (siehe auch S. 202–204).

Für die äußere Erscheinung des Landes war dann aber letztlich das Gletschereis verantwortlich. Vor 160 000 bis etwa 80 000 Jahren war Vorarlberg von bis zu 2000 Metern mächtigen Eismassen bedeckt. Die Eiskappen des Hochgebirges waren durch eine längere Kälteperiode angewachsen. Bereits durch dieses ›Überziehen‹ wurden die Gesteine abgehobelt; verstärkt wurde diese Entwicklung beim Rückzug der Gletscher. Die Schmelzwässer gruben sich tief in die Kalke und Gneise ein, ältere V-förmige Täler wurden zu breiten U-Tälern ausgeschürft

Gewässer und Klima

Sicherlich ist der Rhein, in diesem Bereich auch Alpenrhein genannt, der bedeutendste Fluss Vorarlbergs, selbst wenn er lediglich 30 Kilometer durchs Land fließt und auch noch die Grenze zur Schweiz bildet. Für Vorarlberg selbst hat die Ill zweifellos die größte Bedeutung. Sie enstpringt im Silvrettamassiv und eilt durch Montafon und Walgau dem Rhein zu. Ihr Gefälle wird durch die Illwerke zur Energiegewinnung genutzt. Sie ist 72 Kilometer lang. Länger ist die Bregenzerach (80 Kilometer), die den Bregenzerwald durchfließt. Sie entspringt oberhalb von Schröcken im Lechquellengebirge und wird im Unterlauf für den Wildwassersport benutzt. Die Dornbirnerach ist nur 30 Kilometer lang, entquillt bei Ebnit südöstlich von Dornbirn und endet im Bodensee unweit der Rheinmündung. Sie durchfließt unterhalb von Ebnit einige höchst spektakuläre Schluchten. Der Lech, der aus dem Lechquellengebirge kommt, legt auf dem Gebiet Vorarlbergs nur knapp 15 Kilometer zurück und entwässert zur Donau. In Vorarlberg liegt die europäische Zentralwasserscheide zwischen Schwarzem Meer und Nordsee.

Größter See ist natürlich der Bodensee, selbst wenn man nur seinen vorarlbergischen Anteil von etwa 50 Quadratkilometern berücksichtigt. Mit weitem Abstand folgen der künstliche Silvretta-Stausee (1,31 Quadratkilometer), der Lünersee (1,12 Quadratkilometer) und der Spullersee mit 1,04 Quadratkilometern Fläche.

Die wärmsten Zonen Vorarlbergs liegen am Bodensee und im Rheintal (Jahresmittel 6,4 Grad), die kältesten befinden sich im Montafon im oberen Illtal (Jahresmittel 4,2 Grad). Während in Bregenz nur an 78 Tagen im Jahr Frost herrscht, sind es in Gaschurn 150 Tage. Die vorherrschenden West- und Nordwestwinde,

Die Bregenzerach am Fuß der Kanisfluh

die ungehindert in das Land wehen, bewirken ein atlantisches Klima mit reichen Niederschlägen und schneereichen Wintern. Sie bringen jährlich 1300 Millimeter Regen nach Bregen; im östlichen Bregenzerwald, in Schröcken, sind es sogar 2027 Millimeter. Die große ausgleichende Wasserfläche des Bodensees führt zu meist milden Wintern, wogegen die Sommer nicht allzu lang und kühl sind. Denn der Winter dauert meist bis Ende April, und selbst im Juni kann es bis auf 800 Meter hinunter schneien. Oft kann es plötzliche Temperaturrückgänge bis auf 5 Grad geben. Wenn der Frühling die schneereichen Winter ablöst, zeigt sich eine wunderbare Aufteilung der Natur in schneebedeckte Berge und Berghänge und tieferliegende blütenbestandene Wiesen. Im Walgau und im Rheintal ist der Föhn eine häufige Erscheinung. Vor dem Arlberg regnen sich die aus Westen und Nordwesten kommenden Wolken ab oder fallen als Schnee nieder. Folglich befinden sich um das Arlbergmassiv herum die besten Wintersportgebiete.

Tier- und Pflanzenwelt

Prinzipiell ist in Vorarlberg die für die Zentralalpen typische Flora und Fauna vorzufinden. Der geduldig Ausschau haltende Wanderer kann jedoch im Hochgebirge durchaus auf seltene Tierarten stoßen: Gemsen, Steinböcke, Steinadler, Murmeltiere, Schneehasen sowie Schnee-, Birk- und Auerhühner sind hier anzutreffen. Im Bereich der Rheinauen und des Rheindeltas sind bisweilen der sehr gefährdete Große Brachvogel, der ebenso seltene Purpurreiher und die Zwergdommel zu finden. Einige seltene Pflanzen wie der Purpurenzian und der violette Alpenleberbalsam sind neben der üblichen Alpenflora noch erwähnenswert. Ein wichtiges Charakteristikum ist das Vorhandensein von westalpiner und ostalpiner Bergflora.

Murmeltiere haben in den Bergen ihre Heimat

Bevölkerung und Sprache

Vorarlberg ist mit 143 Einwohnern pro Quadratkilometer nach Wien das am dichtesten besiedelte Bundesland Österreichs. Von seinen 370 800 Einwohnern wohnen fast zwei Drittel im Ballungsraum zwischen Feldkirch und der deutschen Grenze. Allein im Bezirk Bregenz leben 122 000 Bewohner. Die vergleichsweise frühe Industrialisierung ließ schon im 19. Jahrhundert viele Einwanderer ins Land strömen. Die Arbeiten an der Rheinregulierung, der Eisenbahnbau und der industrielle Aufschwung im Allgemeinen führten zur Einwanderung von Italienern, in deren Folge auch heute noch viele italienische Familiennamen existieren. Nach dem Ersten Weltkrieg zogen Steirer und Kärntner hinzu, nach dem Anschluss Österreichs wurden hier eine hohe Zahl von Südtriolern angesiedelt, die für das ›Großdeutsche Reich‹ optiert hatten und nicht in Italien bleiben wollten. Weitere Neusiedler kamen nach 1945 als Vertriebene aus dem südlichen Sudetenland und der Untersteiermark und später als sogenannte Gastarbeiter ins Land. Dies hatte zur Folge, dass etwa 1966 gut 26 Prozent der Vorarlberger Bevölkerung außerhalb des Landes geboren waren. Heute hat das Land neben Wien (16 Prozent) den höchsten Anteil an Nichtösterreichern mit 13 Prozent. Unter diesen sind die Türken die am stärksten vertretene Gruppe, gefolgt von Migranten aus dem vormaligen Jugoslawien. Deren Einwanderung zwischen 1960 und 1985 ist der sehr guten Wirtschaftslage im Land in jenen Jahren zuzuschreiben.

78 Prozent der Bevölkerung bekennen sich zum römisch-katholischen Glauben, 2,2 Prozent sind evangelisch. Die zweitstärkste Religionsgemeinschaft ist der Islam mit 8,4 Prozent, der Anteil der Muslime stieg zwischen 1981 und 2001 von 14 000 auf 29 000. Hauptsächlich dieser türkische Bevölkerungsanteil brachte Vorarlberg einen Geburtenüberschuss von 6 Prozent und er machte Vorarlberg zum kinderreichsten Land Österreichs mit 19,3 Prozent Bewohnern unter 15 Jahren. Vorarlberg gilt als ›christlicher‹ und konservativer als andere Regionen Österreichs, ja sogar als Bayern. Noch 1962 verbot die Landesregierung die damaligen Modetänze wie den Twist, da er geeignet sei, »das Sittlichkeitsgefühl zu verletzen«; erst 1988 wurden derartige Reglementierungen aufgehoben. Auch gibt es offiziell keine Bordelle, da die Prostitution verboten ist.

Vorarlberg ist das einzige österreichische Bundesland, dessen angestammte Bevölkerung alemannischer Herkunft ist und auch diese Mundart spricht – anders als die der anderen Bundesländer, die eine bajuwarisch-slawisch-madjarische Herkunft hat. Meist handelt es sich um eine Spielart des Hochalemannischen, die auch Südalemannisch genannt wird. Zusätzlich zeigen diese Mundarten innerhalb einzelner Landesteile noch große Unterschiede. Im nördlichen Vorarlberg gibt es Einflüsse aus dem Schwäbischen, im südlichen Teil bestehen viele merklich abgegrenzte Lokalmundarten. Für ›gewesen‹ sagt man im Ländle meist ›g'si‹, was den Vorarlbergern in Restösterreich den liebevoll-despektierlichen Beinamen ›Gsiberger‹ oder ›Xiberger‹ eingetragen hat. Verschiedene Lautwandlungen, wie sie in anderen oberdeutschen Sprachen beim Übergang aus dem Mittelhochdeutschen entstanden sind, fanden in Vorarlberg nicht statt. Das mittelhochdeutsche ›hus‹ (Haus) blieb ›hus‹, ebenso die ›mus‹ (Maus). Auch ›ü‹ verwandelte sich nicht zum ›eu‹. ›Heute‹ heißt daher ›hüte‹. Charakteristisch hochalemannisch sind die Verkleinerungsformen mit ›-le‹. Angeblich soll sich einmal die folgende Geschichte zugetragen haben. Ein japanischer Germanist und Mediävist besuchte Vorarlberg. Zwei einheimische Reiseführer begleiteten ihn durchs Land. Als sie sich einmal in ihrer Mundart unterhielten, war der Germanist mehr als erstaunt. »Wieso sprechen Sie mittelhochdeutsch untereinander?« fragte er die beiden Vorarlberger, die ebenso verdutzt dastanden und nicht wussten, was sie antworten sollen.

Die Mundart der Walser dagegen ist ›höchstalemannisch‹, das sich unter anderem durch eine besondere Deklination der Adjektive und durch besondere Pluralbildungen von femininen Substantiven auszeichnet. Auch besitzt das Höchstalemannische einige ungewöhnliche Wortbildungen wie efesche (einwickeln, vermutlich vom italienischen ›fascio‹), glisle (durch eine Spalte sehen) oder Odle (Latsche, Bergföhre) – Wortbildungen, die es so in den anderen alemannischen Dialekten nicht gibt.

Überhaupt gibt es in Vorarlberg einige Wendungen, die einem auf der Reise durch das Land begegnen und die man kennen sollte: Die Alm heißt hier Alpe, und die häufig auftretenden ›Tobel‹ sind schmale, tief eingekerbte Schluchten mit meist reißenden Bächen.

›Gsiberger‹ in traditionellen Trachtengewändern

Geschichte Vorarlbergs

Obwohl Vorarlberg seit Beginn des 15. Jahrhunderts von größeren Kriegshandlungen geringer betroffen war als andere österreichische Regionen, ist seine Geschichte doch genauso bewegt und spannend.

Von der Steinzeit bis zur Landnahme durch die Alemannen

Wie viele Regionen im Alpenraum weist auch das heutige Vorarlberg eine etwa zehntausendjährige Besiedlungsgeschichte auf. Im Dornbirner Raum ergaben archäologische Funde eine erste nachweisbare Besiedlung in der mittleren Steinzeit, die von 8000 bis etwa 3000 vor Christus währte. Wahrscheinlich handelte es sich um Jäger, die insbesondere den damals hier noch vorkommenden Rentieren nachstellten. Auch aus der nachfolgenden Bronzezeit (etwa 3000 v. Chr bis 1800 v. Chr.) wurden Relikte um Dornbirn gefunden. In den Jahrhunderten nach 1800 vor Christus bestand die Epoche der Urnenfelderkultur und um 900 vor Christus die der Melaunerkultur, die vom Volk der Räter getragen wurde. Die Räter beherrschten das Gebiet vom Bodensee ostwärts über das Engadin, über Südtirol bis nach Kärnten.

Nach 500 vor Christus kamen keltische Stämme ins Land, die weite Teile des Alpengebietes und dessen Randbereiche besiedelten. In seinem Buch ›Geographeia‹ berichtet der Grieche Strabo von einem keltischen Stamm namens ›Brigantioi‹, der an der Ostflanke des Bodensees lebte. Man spricht bei diesem Zeitalter auch von der Latènekultur. Aus diesem frühgeschichtlichen Dämmerlicht tritt das spätere Vorarlberg um die Zeitenwende. Die Stiefsöhne des römischen Kaisers Augustus, Tiberius und Drusus, schlugen die Keltenarmee etwa um 15 vor Christus im Gebiet um die Donauquelle vernichtend und gliederten das nördliche Alpenvorland und auch den Raum des späteren Vorarlberg der römischen Provinz Raetia an. Zwar waren die Kelten verschwunden, doch hatten sich die Räter über die ganzen Jahrhunderte behaupten können, wurden aber nun nach und nach romanisiert. Denn über 400 Jahre beherrschte nun Rom die Region. Im Bereich der heutigen Bregenzer Oberstadt wurde auf den Resten eines keltischen Kastells die Stadt Brigantium gegründet. Die Römer bauten Straßen, holten Siedler heran und begannen, auch die abgelegenen Täler zu kolonisieren. Gegen Ende des 3. Jahrhunderts wurde unter Kaiser Diokletian die Provinz in einen nördlichen und südlichen Teil aufgespalten, der von Augsburg beziehungsweise Chur aus regiert wurde. Dabei wurde ein wichtiger Verbindungsweg zwischen den beiden Städten geschaffen, der über Kempten, Bregenz und Balzers verlief und von Chur weiter nach Mailand. Entlang der Straße wurden Kastelle gebaut, weitere Siedlungen errichtet, und es zogen Bauern und Handwerker nach. Auch Christen aus Zentralitalien kamen hierher, Chur wurde Sitz eines Bischofs. Doch das germanische Volk der Alemannen, das ursprünglich im südlichen Ostseeraum lebte, suchte neuen Lebensraum und zog nach Süden. Dabei fiel es immer wieder in Raetia ein und zerstörte 259 sogar Brigantium, was die Römer bewog, auf dem

Bodensee eine Kriegsflotte aufzustellen. 200 Jahre später versetzten die Alemannen dem ohnehin im Niedergang befindlichen Römerreich einen schweren Schlag: 455 drangen sie bis Chur vor und in den Jahren danach weit nach Italien hinein. Nach und nach besiedelten sie das Land, verdrängten die romanisierten Räten (›Rätoromanen‹), die nur den Walgau und das Montafon als eigenständige Bastion halten konnten. Letztlich wurde das spätere Vorarlberg nach dem Ende des Imperium Romanum ein Teil des großen Ostgotenreichs unter seinem König Theoderich dem Großen, der die alemannische Landnahme nach Kräften förderte, jedoch um den Preis von deren Übertritt zum Christentum.

Das Mittelalter

Im Zuge der Christianisierung kamen ums Jahr 610 die Missionare Kolumban und Gallus aus Irland ins Land. 719 wurde das Kloster St. Gallen gegründet, von dem weitere starke Impulse zur Christianisierung ausgingen. Mit dem Ende des Ostgotenreichs und durch die chaotischen politischen Verhältnisse der Völkerwanderungszeit wurde das spätere Vorarlberg Teil des fränkischen, karolingischen Imperiums. Die Franken sahen in den Alemannen ihre großen Konkurrenten um die Macht, bekämpften sie immer wieder und ließen letztlich deren ganzen Adel und die Führung im Jahr 746 hinmetzeln. Mit dem Jahr 762, dem Beginn der Regierungszeit Karls des Großen, übernahm unter anderem ein Schwager Karls, Ulrich, die Statthalterschaft über das alemannische Rätia. Dessen Familie, später die Udalrichinger genannt, sollte bis 1150 dem Land vorstehen. Mit dem Vertrag von Verdun von 843, der übrigens als Gründungsfaktum des Deutschen Reiches gilt, wurde Vorarlberg Teil des ostfränkischen Imperiums.

Um 950 machte ein weiterer Ulrich aus dieser Familie Bregenz zum Hauptsitz seiner Familie, die sich jetzt offiziell als Grafen von Bregenz bezeichneten. Eine gewisse Nachhaltigkeit erwies die Epoche der Udalrichinger durch eine liberale Politik, bei der aufgrund der intensiven Rodungs- und Kolonisierungsarbeit im Gebirge den Bauern größere Rechte und Freiheiten zugestanden wurden. Als 1150 mit dem Tod Rudolfs von Bregenz die Familie der Udalrichinger im Mannesstamme erloschen war, lebte aber noch dessen Tochter Elisabeth. Diese heiratete den Pfalzgrafen Hugo von Tübingen, wo-

Minnesänger Hugo von Monfort in der Bregenzer Oberstadt

mit eine Zeit der Blüte für Vorarlberg begann, die sich nach seinem Tode 1182 auch unter den beiden Söhnen fortsetzte. Feldkirch wurde gegründet, womit zwei Städte im Land um die größere Bedeutung konkurrierten. Seit den Zeiten Karls konnte die Familie zu großem Ansehen, Wohlstand und Besitz gelangen. Gegen 1200 erfolgte nun eine offizielle Erbteilung, nach der der jüngere Sohn die Grafschaft Bregenz und weitere Teile des alten Rätia übernahm. Etwa seit 1206 nannte sich dieser Sohn – er hieß ebenfalls Hugo wie sein Vater – nun Hugo I. von Montfort, wobei bis heute nicht geklärt werden konnte, warum er sich diesen Namen gab. Ebenso ist unklar, welche Lokalität mit dieser Bezeichnung, dem ›starken Berg‹, gemeint sein könnte. Die namengebende Stammburg ist bis heute von Rätseln umgeben: Handelt es sich um die Burg dieses Namens bei Götzis, oder ist es die Feldkircher Burg, die ja erst seit 1680 Schattenburg genannt wird?

Wappen der Montforts

Dieser Hugo I. von Montfort gilt nun in Vorarlberg gleichsam als Gründerfigur des Landes. Die Jahre seiner Herrschaft, bis zu seinem Tod 1235, werden als goldenes Zeitalter für das Land betrachtet. Doch wie heißt es manchmal: Der Erste erhält's, mit dem Zweiten zerfällt's. Hugos Söhne teilten 1240 das Besitztum. Rudolf, der Ältere, gründete eine eigene Stammburg und nannte sich fortan von ›Werdenberg‹, eine Familie, die vor allem im Bludenzer Raum große Bedeutung erringen sollte. Der Jüngere, Hugo II., blieb beim Namen Montfort. Doch war es nun mit den Teilungen beileibe nicht zu Ende. Beide Hauptlinien nahmen weitere Umverteilungen vor. Es entstanden unter anderem Werdenberg-Sargans, Werdenberg-Heiligenberg, Montfort-Feldkirch, Montfort-Bregenz und Montfort-Tettnang, womit die Macht und Bedeutung der Montforts geschmälert wurde. Zum Nachteil geriet dem Montfort-Werdenbergschen Imperium weiterhin der andauernde Zwist unter den Familienmitgliedern, die unfreiwilligen Kämpfe mit den ursprünglich schweizerischen Habsburgern, die direkte Landbrücken mit ihren Stammlanden und den Neuerwerbungen im Osten Österreichs zu erlangen versuchten und 1309 erstmals im Land Grundbesitz erwarben. Gegen Ende des 13. und zu Beginn des 14. Jahrhunderts begannen erneut alemannische Völker in das spätere Vorarlberg einzudringen. Sie kamen aus dem schweizerischen Wallis und wurden daher Walser genannt. Im Wallis herrschte in dieser Zeit so große Not und die dortigen Herrscher waren in immerwährende regionale Kämpfe verstrickt, so dass sich ein großer Teil dieses Volkes zur Auswanderung entschloss. Nach der frühesten Urkunde sicherten die Grafen von Montfort den Neuankömmlingen 1313 erweiterte Rechte zu. Denn sie sollten unbewohnte Hochtäler besiedeln, und wegen der harten Arbeit dort wurden ihnen besondere Freiheitsrechte, Selbstverwaltung und eine Eigengerichtsbarkeit zugestanden. Im Wesentlichen wurden das Montafon, das Brandnertal und das Große und Kleine Walsertal neben einigen hochgelegenen Regionen des Bregenzerwalds deren neues Siedlungsgebiet. Bis heute konnte sich die Walserkultur und -tradition in Vorarlberg erhalten; sie wird sogar bis heute in ganz besonderer Weise gepflegt.

Die stärker werdende Habsburgermacht zwang die Montforts, deren Niedergang deutlich wurde, zu einer Art Lehensvertrag. 1337 schlossen Rudolf III. und Ulrich II. von Montfort-Feldkirch ein ›ewiges Bündnis‹ mit den Habsburgern, denen es damit gelang, mittelfristig einen großen Teil des Montfortschen Besitzes beherrschen zu können. Das Besondere an diesem Vertrag war, dass auch Bauern, Bürger und Stände mit in die Verhandlungen einbezogen wurden. Die neue Volksvertretung – die Landstände – blieb von da an ein großer, wenn auch von den Herrschenden nicht immer geliebter Machtfaktor.

Eine ungewöhnliche Persönlichkeit war Hugo XII. von Montfort (1357–1423). Er war einesteils ein Minnesänger, einer der letzten überhaupt, der in seinen Gedichten die ritterliche Lebensart und eine idealisierte Ehe besang. Doch war er andererseits auch ein Kritiker kirchlicher Missstände, dem aber gleichzeitig der Dienst des Menschen an Gott Hauptanliegen war. Literaturhistorisch ist er durch die Schaffung einer neuen Gattung bedeutsam, des belehrenden geistlichen Lieds. Er nahm 1377 an einem Feldzug gegen die Pruzzen im späteren Ostpreußen teil, kämpfte 1386 mit Herzog Leopold IV. bei Sempach gegen die Schweizer, wurde danach Landvogt unter anderem des Schwarzwaldgebiets und

Auch Hugo von Montfort kämpfte in der Schlacht bei Sempach

1413 Landeshauptmann in der Steiermark, wo er 1423 auch starb. Er liegt in der Minoritenkirche von Bruck an der Mur begraben.

Mit dem Niedergang der Montforts setzte auch die Verarmung ein, man musste nach und nach verkaufen: 1394 Montafon und Bludenz, 1451 ein Teil von Bregenz, 1453 Lechtal und kleines Walsertal, 1523 schließlich war mit dem letzten Teil der Bregenzer Montfortschen Besitzungen deren ganzes Territorium habsburgisch geworden. Man sprach von den ›Herrschaften vor dem Arlberg‹, wobei 1723 erstmals der Name ›Vorarlberg‹ auftauchte. Von Anfang an suchten die Habsburger mit dem Erwerb der ›Vorlande‹ die Basis für ein großes süddeutsch-schwäbisches Herzogtum zu schaffen. Regierungssitz für die Vorlande war seit 1363, als Tirol habsburgisch geworden war, Innsbruck, ab 1751 Freiburg im Breisgau.

Inzwischen waren mit den schweizerischen Eidgenossen neue Gegner für Habsburg erwachsen. 1386, in der Schlacht von Sempach, und 1388, bei Näfels, gingen die alten habsburgischen Stammlande verloren. Für Vorarlberg nachteilig wurden die Appenzellerkriege zu Beginn des 15. Jahrhunderts. In Appenzell standen die Eidgenossen gegen den Abt von St. Gallen auf, der mit den Habsburgern verbündet und auch der weltliche Landesherr der Region war. Habsburgisches Militär eilte ihm zu Hilfe, doch plötzlich erhoben sich auch im ›Vorland‹ Bürger und niederer Adel gegen Habsburg, denn die habsburgischen Beamten und Vögte waren sehr unbeliebt. Zusammen mit den Schweizern wurde ein Schutzbund gegründet, der ›Bund ob dem See‹. Er hatte aber nur bis 1408 Bestand. Es war eine Zeit größter Wirren, in deren Folge der schweizerische Graf von Toggenburg für fast 20 Jahre vorarlbergischer Landesherr wurde. Nach langen Jahrzehnten wechselnder und immer wieder aufkeimender und abschwellender Kämpfe wurden im Frieden von Basel 1518 die Auseinandersetzungen beendet, Habsburg hatte aber seine Vormachtstellung in Vorarlberg behauptet. Nutznießer der ganzen Streitigkeiten waren aber auch die Grafen von Ems beziehungsweise Hohenems. Das sehr reiche Fürstengeschlecht half den Habsburgern immer wieder mit Darlehen aus, damit diese ihre endlosen Feldzüge führen konnten. Dadurch konnten sie ihre kleine Grafschaft vergrößern und eine Art Pufferstaat zwischen Habsburg und den Eidgenossen errichten. Mit dem Aussterben der Hohenemser 1759 wurde die Grafschaft habsburgischer Besitz.

Die Neuzeit

Luthers Lehre hielt ab 1520 auch in Vorarlberg Einzug. Obwohl sich nun viele Theologen zum Protestantismus bekannten, war es streng verboten, die neue Lehre anzunehmen. Protestantische Geistliche mussten das Land verlassen, es war den Untertanen sogar verboten, Arbeitsstellen bei Protestanten anzunehmen. Doch anderseits war die Epoche eine Zeit wissenschaftlicher Blüte. Insbesondere in Feldkirch entstand eine Hochburg des Humanismus und Liberalismus. Als dessen späte Auswirkung siedelte sich 1617 eine größere Zahl von Juden in Hohenems an; eine weitere israelitische Gemeinde entstand in Sulz, die aber nur bis 1744 bestand. Dann wurden die Juden von dort vertrieben.

Der größte Teil des 16. Jahrhunderts und die ersten Jahre des 17. waren für Vorarlberg eine überwiegend friedliche Zeit. Der Dreißigjährige Krieg, so maßlos er in Mitteldeutschland tobte, verheerte Vorarlberg in geringerer Weise. Das Land spielte jedoch als Brückenkopf in den gegenreformatorischen Konfessionskriegen gegen das protestantische Graubünden eine wichtige strategische Rolle. Habsburgische Armeen drangen zusammen mit Scharen von Kapuzinermönchen, die die ›Lutherpest ausrotten‹ sollten, in die Schweiz ein und hinterließen große Verwüstungen. Aber die Schweizer schlugen keineswegs zimperlich zurück und plünderten und brandschatzten 1622 im Montafon. Den Kriegszeiten folgen die Seuchen. So wütete auch die Pest in jenen Jahren im Land, besonders im Dornbirner Raum, wo gut die Hälfte der Bevölkerung dahingerafft wurde. Bludenz blieb von der Pest verschont, erlitt aber mit dem großen Stadtbrand von 1638 die größte Katastrophe seiner Geschichte. Gegen Kriegsende gelang es schwedischen Verbänden unter General Lennart Torstenson, Bregenz und seine Umgebung zu verwüsten, doch blieb die Soldateska nicht lange, denn in dieser Endphase des Krieges änderte sich täglich die politisch-strategische Situation. Am Ende jenes unseligen Krieges war Vorarlberg katholisch geblieben, doch viele der mittelalterlichen Bürgerprivilegien waren aufgrund einer ungleichen Vermögens- und Rechteverteilung zugunsten des Adels verschwunden.

Maria Theresia war eine erfolgreiche Regentin

Diese Entwicklung verursachte die vom Montafon ausgehende, aber innervorarlbergisch gebliebene ›Revolte des gemeinen Mannes‹, in deren Auswirkungen 1707 ein die Ärmeren entlastendes Steuersystem eingeführt wurde und vor allem in großen Gemeinden Amtsträger nicht mehr miteinander verwandt sein durften. Als aber im Dornbirn-Bregenzer Gebiet eine neue Ausfuhrsteuer auf Textilien und Garn festgesetzt wurde, was vor allem die unteren Klassen betraf, wurden unter anderem die Steuereinnehmer in Dornbirn von empörten Weberinnen überfallen und der Vogteisitz in Bregenz belagert. Militär rückte ein und stellte die alte Ordnung wieder her. Während der Regierungszeit Maria Theresias (1740–1780) kam es zu verschiedensten Verwaltungsreformen, die etwa in Feldkirch teilweise alte städtische Privilegien außer Kraft setzten, wobei kleinere Aufstände erwuchsen. Von dieser Ausnahme abgesehen, war die mariatheresianische Epoche für das gesamte Gemeinwesen Vorarlbergs überwiegend ein goldenes Zeitalter. Ihr Sohn und Nachfolger Joseph II. (reg. 1780–1790) erließ ein anderes, größeres Reformpaket: Vor allem ließ er, der große Aufklärer, überall in seinem Herrschaftsgebiet Klöster aufheben, er ließ das Schul- und Gerichtswesen erneuern

– nur noch ausgebildete Juristen und Lehrer durften tätig sein –, und er beschnitt sehr bedeutend die Rechte des katholischen Klerus, erweiterte aber die Rechte der Juden. Letztlich hatte er sich Adel und Geistlichkeit seiner Länder damit zu Feinden gemacht. Sein Bruder und Nachfolger hob daher nach Josephs frühem Tod fast alle dieser Reformen wieder auf.

Vom Zeitalter Napoleons bis zum Ersten Weltkrieg

Als am Ende des 18. Jahrhunderts die Ideale der Französischen Revolution, die Vorstellung einer Welt voller Gleichheit, Freiheit und Brüderlichkeit, durch die französische Armee und durch Napoleon auch in die Nachbarstaaten Frankreichs übertragen werden sollte, wurde Österreichs ›ancient régime‹ in Alarm gesetzt. Napoleons Truppen erschienen 1796 in Vorarlbergs westlichen Landesteilen, wo sie große Schäden anrichteten, jedoch wieder vertrieben werden konnten. Sie besetzten aber die Schweiz und blieben dort zunächst. Im März 1799 drangen die Franzosen erneut nach Vorarlberg vor, wurden aber am 23. des Monats nahe Tosters bei Feldkirch durch die Bürgertruppen der Vorarlberger Landesverteidigung vernichtend geschlagen. Nach einigem Hin und Her wendete sich das Kriegsglück zugunsten Frankreichs, im Sommer 1800 wurden Feldkirch und Bregenz eingenommen. Mit Napoleons Sieg über das Heilige Römische Reich Deutscher Nation, zu dem Österreich gehörte, am 2. Dezember 1805 bei Austerlitz, mussten Vorarlberg und Tirol an Bayern abgetreten werden. Im Jahr darauf wurde durch einen Federstrich das Heilige Römische Reich Deutscher Nation ausgelöscht. Und erst jetzt entstand ein eigenständiges österreichisches Kaisertum, allerdings von Napoleons Gnaden. Maria Theresia ist erstens niemals Kaiserin gewesen, da sie zu keiner Zeit die Kaiserwürde erhalten hatte, sondern

Napoleon und Kaiser Franz einigen sich auf den Waffenstillstand

Kaiser Franz I., Gemälde von Friedrich von Amerling

nur kommissarische Regierungschefin nach dem frühen Tod ihres Mannes, Kaiser Franz I., und zweitens nicht von Österreich, sondern vom Heiligen Römischen Reich Deutscher Nation, dessen Herrscher seit dem 16. Jahrhundert bis 1806 vom Haus Habsburg gestellt wurden.

Der Anschluss Tirols und Vorarlbergs an das verhasste Bayern erzürnte die Volksseele. Vorarlbergs alte Ständeverfassung wurde aufgehoben und das Land der bayerischen Provinz Schwaben angegliedert. 1809 erwuchs mit dem österreichisch-französischen Krieg eine Möglichkeit, sich von Napoleons Joch zu befreien. So wie Andreas Hofer in Tirol zur Legende wurde, war es in Vorarlberg Anton Schneider, der aber glücklicherweise das tragische Schicksal Hofers nicht zu teilen brauchte. Es gelang, die bayerischen Besatzungstruppen aus dem Land zu werfen. Mit dem Ende der napoleonischen Ära und dem Wiener Kongress kamen Vorarlberg und Tirol an Österreich zurück. Doch damit begann keineswegs wieder eine glückliche Zeit. Kaiser Franz I. und sein Kanzler Klemens Wenzel Lothar von Metternich errichteten einen Polizeistaat, der alle Wünsche auf regionale Eigenständigkeit oder die Wiederherstellung traditioneller Rechte zunichte machte. Sogar eine eigene Diözese versagte man dem Land, ja schlug es – gegen jeden gesunden Menschenverstand – dem Südtiroler Bistum Brixen zu. Nach 1840 entstanden überall im Land Hungersnöte, da die Kartoffelfäule jahrelang einen großen Teil der Ernte vernichtete. Eine große Auswanderung auch nach Übersee war die Folge.

Fürst Clemens Graf von Metternich – seine Politik traf auf bürgerlichen Widerstand

Die Revolution von 1848 machte auch vor den Toren Vorarlbergs nicht halt. Bürger besetzten den Feldkircher Landtag und forderten demokratische Wahlen. Nach einigen Tagen von Barrikadenkämpfen in den drei großen Vorarlberger Städten konnte das Militär den Aufstand niederwerfen. Nichts hatte sich geändert, Vorarlberg wurde für einige Jahre sogar dem kulturgeschichtlich so völlig anders gearteten Tirol angeschlossen. Mit der Revolution dankte Kaiser Ferdinand I. ab und sein Neffe Franz Joseph konnte den Thron besteigen. Auch dieser hatte mit Aufständen, Attentaten und insbesondere ständigen außenpolitischen Auseinandersetzungen mit Ungarn und Serbien zu kämpfen. Das zwang ihn zu größeren innenpolitischen Zugeständnissen, infolge derer am 26. Februar 1861 Vorarlberg den Charakter eines ›Lands‹ innerhalb der Monarchie erhielt. Dieses ›Land‹ wurde über einen Landtag und eine eigene Landesregierung von Bregenz aus regiert, allerdings mit dem kleinen Wermutstropfen der Verwaltungseinheit mit der ›gefürsteten Grafschaft Tirol‹ und damit verbundener Hauptverwaltung in Innsbruck.

Aber jetzt begann doch eine wirtschaftliche Blüte. 1862 ließ die Gründung des Österreichischen Alpenvereins den organisierten Bergtourismus erwachsen. Nach 1870 nahm insbesondere die Textilindustrie ihren Aufschwung, die in den bodenseenahen Gebieten eine Vielzahl von Arbeitsplätzen hervorbrachte. 1872 erfolgte mit dem Bau der Vorarlbergbahn, die zunächst zwischen Lochau und Bludenz fuhr, auch der Anschluss an das deutsche und Schweizer Bahnnetz. Die 1884 fertiggestellte, ingenieurtechnisch bewunderungswürdige Leistung der Arlbergbahn verband Vorarlberg mit Tirol und damit Wien. Im gleichen Jahr nahm das erste vorarlbergische Bodenseelinienschiff seinen Dienst auf. Gegen 1900 war die Industrialisierung so weit gediehen, dass wegen des Arbeitskräftemangels nun italienische Arbeiterfamilien ins Land strömten. In jenen Jahren wurde mit der Rheinregulierung ein groß angelegtes Projekt durchgeführt, das die rheinnahen Regionen von den bis dahin teilweise vernichtenden Hochwassern schützen sollte. Doch es konnte erst 1923 vollendet werden. 1902 wurde die Bregenzerwaldbahn eröffnet, 1905 die Montafonbahn Bludenz–Schruns in Betrieb genommen. Allerdings darf dabei nicht übersehen werden, dass in den Bergregionen oftmals ein Hof die Vielzahl seiner Bewohner nicht ernähren

Eröffnung der elektrischen Bahn Dornbirn–Lustenau 1902

konnte. Viele Erwachsene und insbesondere Kinder gingen aus dem Bregenzerwald und dem Montafon ins Ausland, meist nach Bayern, wo sie sich zwischen Frühjahr und Mitte November als Saisonarbeiter durchschlugen. Als ›Schwabenkinder‹ bekannt geworden, wurden ihre Erlebnisse und ihr Schicksal literarisch und filmisch oft umgesetzt. Dennoch: 1918, am Ende der Donaumonarchie, war Vorarlberg ein blühendes, infrastrukturell gut entwickeltes Land.

Das 20. Jahrhundert

In unmittelbarer zeitlicher Nähe zur Abdankung des letzten österreichischen Kaisers Karl I. (11. November 1918) konstituierte sich am 3. November 1918 in Bregenz eine ›Provisorische Landesversammlung‹, die zunächst die völlige Eigenständigkeit Vorarlbergs forderte, was sich aber dann nur als bloßer Wunsch nach Separation von Österreich herausstellte. Die alemannische Geschichte des Landes verlange, so die Ansicht damals, aber den Beitritt zur Schweiz. In einer Volksabstimmung am 11. Mai 1919 stimmten 80 Prozent der Wahlberechtigten für die Aufnahme von entsprechenden Verhandlungen. Doch der Anschluss an die Schweiz kam nicht zustande: Die Aliierten, insbesondere Frankreich, wünschten dies nicht. Die Schweiz leistete zwar humanitäre Hilfe für Vorarlberg, wollte aber keineswegs einen neuen Kanton erhalten, und auch die Regierung der neu entstandenen Ersten Republik wollte keineswegs auf ihre hochindustrialisierte Westflanke verzichten. So erkannten alle Seiten diese Abstimmung einfach nicht an, womit der Vorgang juristisch korrekt und ganz einfach erledigt war.

In den Wirtschaftskrisen der 1920er Jahre konnte sich Vorarlberg behaupten. Mit der Elektrifizierung der Arlbergbahn, der Gründung der Illwerke 1924 und dem damit verbundenen Ausbau des Energiegewinns durch die Wasserkraft wie auch durch die Förderung des Tourismus konnte politische und wirtschaftliche Stabilität in Vorarlberg erreicht werden. Das wäre sicherlich nicht so einfach gewesen, wenn das Land eine größere Fläche und mehr Bewohner besessen hätte. Um 1930 hatte sich damit auch das Verhältnis zur Regierung in Wien sehr gebessert.

Der Einmarsch des deutschen Militärs am 12. März 1938 und der ›Anschluss‹ Österreichs wurde auch in Vorarlberg von den meisten Österreichern jubelnd begrüßt. Freilich erfolgten jetzt hier wie überall im Land die Verhaftungen politisch Missliebiger, von Kommunisten, Geistlichen, und es begann auch die Verfolgung der wenigen noch im Land lebenden Juden. Die Hohenemser Gemeinde wurde aufgelöst, die wenigen verbliebenen Mitglieder, die nicht in die Schweiz fliehen konnten oder wollten, deportiert. Zum großen Verdruss der meisten Vorarlberger verfügte die nationalsozialistische Verwaltung den Zusammenschluss des Landes mit Tirol zum Gau Tirol-Vorarlberg, wobei das Kleine Walsertal, das ja nur von Bayern aus zugänglich ist, dem Gau Schwaben angeschlossen wurde. Die Landesverwaltung saß wieder einmal in Innsbruck. Gauleiter Hofer erließ

Rätselhaftes Objekt im Kunsthaus Bregenz

den Befehl, dass man die Bezeichnung Vorarlberg vermeiden sollte, und es erschien in jenen Jahren keinerlei Buch oder dergleichen nur über Vorarlberg. Der verbreitete Grieben-Reiseführer fügte in seiner Ausgabe von 1939 Tirol mit Vorarlberg zusammen und beschrieb in ahistorischer Weise beispielsweise die Kulturgeschichte von Tirol und Vorarlberg ohne jegliche regionale Differenzierung, ließ Vorarlberg wie bei der Beschreibung der Tier- und Pflanzenwelt überhaupt unerwähnt. Denn der Gauleiter versuchte, seinen Gau Tirol mit Vorarlberg als bloßem Anhängsel größer zu machen, und konnte dabei auf dessen Eigenständigkeit ganz bewusst keine Rücksicht nehmen. Mit diesen Aktionen jedoch verscherzte sich das Regime viele ursprünglich vorhandene Sympathien.

Größere Kampfhandlungen – ausgenommen ein Luftangriff auf Feldkirch am 1. Dezember 1943, bei dem unter anderem ein Lazarett zerstört wurde und 100 Tote zu beklagen waren – gab es während der Kriegsjahre nicht. Allerdings wurde beim Einmarsch der Franzosen am 1. Mai 1945 ein großer Teil der Innenstädte von Bregenz und Dornbirn Opfer von Feuersbrünsten.

Zehn Jahre nun, bis zum 26. Oktober 1955, blieben französische Besatzungstruppen im Land. Vorarlberg als Land war schon gleich nach Kriegsende neu gegründet worden. Viele Schweizer Unternehmen übernahmen erste Aufbauhilfsarbeiten. 1946 wurden die Bregenzer Festspiele ins Leben gerufen, 1949 entstand die Dornbirner Messe. Immer noch hatte die Textilindustrie ihre bedeutende Position inne. 1968 erst wurde für Vorarlberg eine erste Diözese in Feldkirch geschaffen, seit 1817 (!) hatte es ja dem Bistum Brixen angehört.

Die Fußachaffäre

Der vorarlbergische Stolz erhob sich 1964 erneut und machte auf ungewöhnliche Weise in der sogenannte ›Fußachaffäre‹ auf sich aufmerksam. Ein in Fußach erbautes neues Bodenseeschiff sollte auf den Namen ›Karl Renner‹ – erster Nachkriegspräsident Österreichs – getauft werden. Im Ländle war man keineswegs mit diesem – wie es genannt wurde – Wiener Personenkult einverstanden und protestierte in der Hauptstadt dagegen. Der Grund für die Proteste lag aber vor allem darin, dass Karl Renner 1919 als damaliger Staatskanzler das lange bestehende vorarlbergische Anliegen auf Angliederung an die Schweiz bei den Friedensverhandlungen von St. Germain angeblich nicht nachdrücklich genug vorgebracht hatte und es daher nicht dazu gekommen war.

In Wien fanden die Vorarlberger mit dem Wunsch nach einem anderen Namen kein Gehör. Es blieb bei dem ursprünglichen Namen, und so reisten zur Schiffstaufe am 21. November 1964 viele geladene Honoratioren aus Regierung und Parteien an. Doch dass es Unruhe geben sollte, lag in der Luft. Vorsichtshalber reiste Verkehrsminister Otto Probst über den Bodensee an. Die anderen Gäste, die am Bregenzer Bahnhof ankamen, wurden bereits dort mit Tomaten beworfen. Während des Fußmarsches zur Fußacher Werft sammelten sich nach und nach 20 000 patriotische Vorarlberger, die die Teilnehmer des Festzugs erneut mit Tomaten und Eiern bewarfen, sie sogar mit Stöcken bedrohten. Verkehrsminister

Probst, der vorsichtshalber über den Bodensee anreiste, drehte auf Anraten der Polizei wieder um und blieb so dem ganzen Tumult fern. Die 130 eingesetzten Polizisten verloren die Kontrolle über das Geschehen. Zwar gelang es der offiziellen Delegation, die Werft zu erreichen, doch drängten die Demonstranten nach und verursachten nun einen solchen Aufruhr, dass das Festpublikum voll Angst auf ein anderes in der Werft befindliches Schiff flüchtete. Von dort konnten sie beobachten, wie die österreichische Fahne von der Tribüne heruntergerissen wurde und auf dem Taufschiff die schon vorhandene Schrift ›Karl Renner‹ mit dem Namen ›Vorarlberg‹ übertüncht wurde. Anstelle der Flasche Sekt wurde eine Flasche Bier am Bug zerschmettert und die vorarlbergische Hymne gesungen. Der erzürnte Verkehrsminister Probst versuchte zwei Bregenzer Zeitungen wegen Aufforderung zum Aufruhr beschlagnahmen zu lassen, doch lehnte dies die Feldkircher Staatsanwaltschaft ab. Alle letztendlich wegen Landfriedensbruch erhobenen Anklagen wurden 1965 fallengelassen. Das Schiff, das nun ›Vorarlberg‹ hieß, ist heute noch auf dem Bodensee im Einsatz. Die Fußachaffäre, ihr Sinn, ihre Folgen und die Faktoren, die zu ihr führten, werden heute noch im Land viel diskutiert.

1978 war mit der Fertigstellung des Arlbergtunnels erstmals eine ganzjährig geöffnete, lawinensichere Straßenverbindung nach Tirol entstanden. Doch zu Beginn der 1980er Jahre setzte der Niedergang der Textilindustrie ein, in der in den 1950er Jahren noch gut die Hälfte aller Vorarlberger Beschäftigten tätig gewesen war. An ihre Stelle trat nach und nach die Metall-, Lebensmittel- und Elektronikindustrie, die sich zwar behauptete, doch auch Arbeitsplätze abbaute. Dafür konnte sich seit der Mitte der 1960er Jahre der Tourismus um so mehr entwickeln und schuf in den Bergtälern eine Fülle von Arbeits- und Verdienstmöglichkeiten. Am Beginn des dritten Jahrtausend stellt Vorarlberg eine blühende, innovative Region dar, deren größter Reichtum die Natur geworden ist.

Das Schiff mit seinem heutigen Namen ›Vorarlberg‹

Politik, Wirtschaft und Kultur

Administrativ ist Vorarlberg in vier Politische Bezirke gegliedert, vergleichbar mit den Landkreisen in Deutschland. Diese tragen die Namen ihrer größten Orte: Bregenz, Dornbirn, Feldkirch und Bludenz. Der Bezirk Bludenz ist dabei mit 1286 Quadratkilometern mit Abstand der größte und nimmt die südliche Landeshälfte ein. Allerdings ist er dabei mit nur 62 000 Bewohnern der dünnstbesiedelte (48 Menschen pro Quadratkilometer). Der Bezirk Bregenz ist der nächstgrößere (854 km², 125 750 Bewohner, 147 Ew./km²), gefolgt von Feldkirch (278 km², 99 000 Bewohner, 356 Ew./km²) und Dornbirn (172 km², 80 440 Bewohner, 468 Ew./km²).

Die Verwaltung ist traditionell dezentral organisiert. Dies liegt zum einen daran, dass Vorarlberg bis 1918 kein eigenständiges Land war, keine Landeshauptstadt besaß und alle Behörden und Institutionen auf die Städte aufgeteilt waren. Des Weiteren liegt es daran, dass Bregenz heute zwar Sitz von Landtag und Landesregierung ist, als bloß drittgrößte Stadt aber keine zentrale Stellung einnimmt, wie es für die Landeshauptstädte in den anderen Bundesländern gilt. Das bewirkt, dass das Rheintal mit Bregenz, Dornbirn und Feldkirch und der hier bestehenden großen industriellen Dichte das tatsächliche politische und wirtschaftliche und kulturelle Zentrum Vorarlbergs ist.

Vorarlbergs Parlament ist der Landtag (36 Sitze). In ihm fallen derzeit auf die ÖVP (Österreichische Volkspartei) 20 Sitze, auf die FPÖ (Freiheitliche Partei Österreichs) 9 Sitze, auf die Grünen 4 und auf die Sozialdemokraten (SPÖ) 3 Sitze. Die ÖVP unter Landeshauptmann Herbert Sausgruber kann mit absoluter Mehrheit regieren. Bei der letzten Wahl 2009 erhielten die Sozialdemokraten das schlechteste Ergebnis ihrer gesamten Geschichte österreichweit. Die FPÖ

Die Seebühne für die Bregenzer Festspiele 2011/12

konnte ihren bisherigen Stimmanteil verdoppeln, doch kündigte Sausgruber, der seit 1997 Landeshauptmann auch in anderen Legislaturperioden war, die Koalition mit ihr auf.

Der Landtag wird in den österreichischen Bundesländern alle fünf Jahre gewählt, das letzte Mal 2009. Der Regierungschef eines Bundeslandes wird in Österreich Landeshauptmann genannt. Er besitzt zwei Stellvertreter, des Weiteren stehen ihm sieben sogenannte Landesräte (den deutschen Ministern entsprechend) aus SPÖ und ÖVP zur Seite. Diese neun Personen bilden die eigentliche Landesregierung. Acht Abgeordnete entsendet Vorarlberg in den Nationalrat (entspricht dem deutschen Bundestag) und drei in den Bundesrat, der Vertretung der einzelnen Länder (entspricht dem deutschen Bundesrat).

Wirtschaft

In Vorarlberg ist, anders als in fast allen anderen Regionen Österreichs, die Bedeutung der Land- und Forstwirtschaft aufgrund der Topographie gering. Zwei Drittel aller 4400 Betriebe dieses Sektors liegen in den sogenannten Erschwerniszonen in höheren Lagen, und die Hälfte aller Betriebe befindet sich in der näheren Umgebung von Bregenz. Der Anteil des Ackerlands an der Gesamtfläche liegt bei nur noch 1,5 Prozent. Doch die große Zahl von Wiesen und Weiden (19,8 %) lässt eine weitentwickelte Almwirtschaft zu. Aber nur noch etwa 500 Beschäftigte arbeiten ausschließlich im Landwirtschafts- und Forstwesen.

Vorarlberg verfügt über keine abbaufähigen Rohstoffvorkommen, doch immerhin über 20 Prozent Talfläche. Diese wurden, nachdem die Landwirtschaft kaum mehr die Bevölkerung ernähren konnte, schon im 19. Jahrhundert industrialisiert. Heute ist Vorarlberg Österreichs größtes Exportland: 70 Prozent der Produktion gehen ins Ausland. Immer noch liegt der Schwerpunkt bei der Textilindustrie (34 % der gesamtösterreichischen Quote). Sie entstand aus der traditionellen Leineweberei, aus der um 1840 die Baumwollindustrie erwuchs. Zweiter großer Produktionszweig ist die Metall- und metallverarbeitende Industrie (Krane, Bagger, Seilbahnen, Lifte, Kessel, Aluminiumprofile etc.), gefolgt von der Holzverarbeitung und der Lebensmittelherstellung.

Die Energiegewinnung in Vorarlberg erfolgt fast ausschließlich durch die Nutzung der Wasserkraft insbesondere im Illtal. Der größte Stromproduzent in Vorarlberg ist die 1924 gegründete Illwerke AG, die fast 80 Prozent des genutzten Stroms im Land produziert.

Literatur

Weil es in Vorarlberg abgesehen von Mehrerau keine großen Kloster und Adelssitze – ausgenommen Hohenems – gab, entwickelte sich vor dem 19. Jahrhundert kein nennenswertes literarisches Leben. Dennoch müssen einige ältere Poeten erwähnt werden. Vorarlbergs erster Dichter war Rudolf von Ems, der in

Rudolf von Ems und sein Schreiber, Eingangsbild der Weltchronik

der ersten Hälfte des 13. Jahrhunderts mit seiner ›Weltchronik‹ die Welt von ihrer Erschaffung bis zur damaligen Zeit abhandeln wollte. Doch blieb sie Fragment. Nur die Zeit bis zu König Salomo konnte Rudolf beschreiben, dann starb er. Um die Wende des 14. zum 15. Jahrhundert lebte mit dem Adeligen Hugo XII. von Montfort einer der letzten Minnesänger und auch politischer Schriftsteller. Hugo verbrachte aber den größten Teil seines Lebens außerhalb Vorarlbergs. Aus schlichtem Bauerngeschlecht stammte Laurentius von Schnüffis (Schnifis) (1633–1702). Die Barockdichtung bereicherte er durch allegorische religiöse Epen und Gedichte. Zweifellos die bedeutendste dichterische Erscheinung des Landes ist der früh vollendete Franz Michael Felder (1839–1869), dessen schmales, sozialkritisches Werk, in dem er sich der notleidenden Landbevölkerung annimmt, außerhalb des Landes viel zu wenig bekannt ist. Das 19. Jahrhundert brachte aufgrund des starken alemannischen Stammesbewusstseins eine große Fülle von Mundartdichtern hervor, deren bedeutendster Gebhard Wölfle (1848–1904) ist. Doch sind deren Werke für Nicht-Vorarlberger schon wegen des Dialekts kaum rezipierbar. Eine singuläre Erscheinung ist in der Gegenwart Robert Schneider (geb. 1961), dessen Romane aufgrund ihrer Kunstsprache umstritten sind. Trotzdem wurden sein ›Schlafes Bruder‹ (1992) – nicht zuletzt auch wegen der Verfilmung – ein Welterfolg.

Bildende Kunst und Architektur

Sicherlich ist Vorarlberg nicht übermäßig reich an großartigen Baudenkmälern und Kunstwerken, und zweifellos wird das Land auch nicht in erster Linie wegen seiner Bauten besucht. Der Tourist, der nach Vorarlberg kommt, reist in das Land vor allem wegen der Naturschönheiten und Wintersportmöglichkeiten. Aber es gibt trotzdem einiges an kunsthistorisch wertvollen Schöpfungen, wenngleich sich viele davon in den Sammlungen des Bregenzer Landesmuseums befinden.

Aus der Römerzeit stammen einige Kleingegenstände, die bei Ausgrabungen des römischen Gutshauses von Brederis bei Rankweil gefunden wurden. Aus der alemannischen Zeit ist dagegen bis heute nichts erhalten geblieben. Bedeutsam ist aus karolingischer Zeit die mit Flechtwerkornamenten gezierte Altarplatte der ersten Kirche in Lauterbach bei Bregenz. Aus der romanischen Epoche ist auch nur wenig erhalten wie die Fundamente eines Vorgängerbaus der Mehrerauer Klosterkirche, der in Fragmenten unter der heutigen Kirche freigelegt wurde. Romanisch ist die Apsis der Kirche von St. Gerold im Großen Walsertal, Freskenrelikte aus dieser Zeit zeigen die Kirchen von Nüziders und Rankweil. Größte kunsthistorische Bedeutung hat das romanische Vortragekreuz aus der Kirche von Bartholomäberg.

Die gotische Epoche manifestiert sich auch in Dorfkirchen wie jenen von Laterns, Damüls, Brand und Bürserberg. Großartige spätgotische Flügelaltäre sind die von Bartholomäberg und Frommengärsch, bedeutende gotische Fresken die aus dem Bregenzer Martinsturm und besonders die in der Kirche von Damüls. Nicht zu vergessen sei dic sogenannte ›Erbärmde-Gruppe‹ von Tosters bei Feldkirch, wahrscheinlich die bedeutendste gotische Plastik im Land. Größtc gotische Kirche Vorarlbergs ist die Stadtpfarrkirche St. Nikolaus in Feldkirch. Das Wohlwendhaus in der gleichen Stadt wird als bedeutendstes Profanbauwerk der Gotik im Land angesehen. Die Renaissance-Architektur, die innerhalb des Alpengebietes überhaupt wenig Verbreitung hatte, zeigt sich in Vorarlberg nur im Schloss von Hohenems.

Eine weitaus größere Zahl an Sehenswertem hat die Barockzeit hinterlassen. Die aus dem Bregenzerwald, aus Bezau und Au herkommenden Vorarlberger Barockbaumeister, gleichsam eine hundert Jahre lang bestehende Schule, übte größten Einfluss auf Stil und Form des Inneren und Äußeren der entstehenden Sakralbauten aus. Wichtigstes Charakteristikum dieses Stils ist eine vom Langhaus über die Querschiffe bis zum Chor umlaufende Empore.

Michael Beer begründete gegen 1650 diese Schule. Andere große Baumeister waren Johann Georg Kuen, Caspar Moosbrugger, Franz Anton Beer, Johann Michael Beer und Peter Thumb. Sie wirkten in der Zeit von etwa 1665 bis 1765. Die Meister schufen großartige Kirchen außerhalb Vorarlbergs wie unter anderem die Klosterkirchen von St. Gallen, Friedrichshafen und Weingarten. In Vorarlberg selbst entstanden nur wenige Kirchen von diesen Meistern. Insbesondere sind es die von Dalaas, Bludesch, Ludesch und Thüringen sowie die Wallfahrtskirche Maria Bildstein. Franz Anton Beers Klosterkirche in Mehrerau wurde leider 1808 abgerissen. Die schönste barocke Innenausstattung besitzt zweifellos die Galluskirche in Bregenz. Aus der Rokokozeit ist eigentlich nur die Pfarrkirche in St. Gallenkirch zu nennen.

Die Malerin Angelika Kauffmann war zwar keine geborene Vorarlbergerin, fühlte sich aber ein Leben lang der Herkunft ihres Vaters, dem Bregenzerwald, verbunden und lebte auch in ihrer Jugend einige Jahre in Schwarzenberg. Sie ist eine der bedeutendsten weiblichen Malerpersönlichkeiten der

Entwurf einer Jugendstilvilla von Hanns Kornberger

Ölgemälde der Malerin Angelika Kauffmann

europäischen Kunstgeschichte. In der Schwarzenberger Kirche findet man einige ihrer Werke, die noch Rokokogeist atmen, jedoch schon deutlich Merkmale des bürgerlichen Klassizismus' aufweisen. Klassizistisch sind genau genommen in der Architektur nur die Säulenvorhalle der Dornbirner Kirche und die Kirchen von Tschagguns und Satteins, wenngleich sie auf ältere Bauwerke zurückgehen.

Zwischen 1820 und 1890 entstand in Vorarlberg wenig an bedeutender Architektur. Erst die Neogotik ist wieder mit einigen Kirchenneu- und Umbauten vertreten wie der Bregenzer Herz-Jesu-Kirche. Der Jugendstil ist in Vorarlberg insbesondere durch die Bauten Hanns Kornbergers (1868–1933) vertreten, der unter anderem in Dornbirn eine Vielzahl von Villen entwarf. Einer der bedeutendsten Architekten Österreichs war Clemens Holzmeister (1886–1983), dessen Kirchen unter anderem in Bregenz und Klösterle mit ihrer ganz individuellen Symbiose von Einfachheit und Expressivität zu den phantasievollsten Sakralbauten der Moderne zählen. In der Malerei ist Stephanie Hollenstein (1886–1944) eine besondere Erscheinung. Ihre expressionistisch geprägten Landschaftsbilder zeigen eine besondere Spontaneität der räumlichen Darstellung, die ihr angeblich den Beinamen ›Schiefmalerin‹ eintrug.

Die moderne Holzbauweise

Oft heißt es, dass Vorarlberg das fortschrittlichste Land der Welt ist, wenn es um Architektur oder insbesondere um Holzarchitektur geht. Innovative Holzbaukunst hat hier seit über 50 Jahren Tradition. Besonders auf dem Land findet man ungewöhnliche Neubauten mit Flachdächern, großen Fenstern, offener Südseite und Holzfassade bei gleichzeitig großer Phantasiefülle in den Details. Markantestes Element ist aber die Fassade aus unbehandelten Holzlatten. In Vorarlberg durfte und darf jeder Bürger seinen Hausneubau selbst entwerfen, ist nicht auf einen Architekten angewiesen, und reicht dann den Plan bei der Gemeinde ein. So kam es, dass Maurer, abgebrochene Architekturstudenten oder sonstige Privatbaumeister Gebäude entwarfen. Der Landesarchitektenkammer gelang es nicht, etwas dagegen zu unternehmen. Die jungen Bauwilden schlossen sich ihrerseits 1979 zur Gruppe der ›Vorarlberger Baukünstler‹ zusammen. Und auch die Bevölkerung setzte sich immer mehr mit der neuen Bauweise auseinander. Wurde anfangs nur herablassend von ›Kisten‹ gesprochen, attributiert man die sehr oft würfelförmigen Häuser nun als ›schön wie alte Scheunen‹. Ende der 1990er Jahre

Funktionaler Kasten: Das Kulturhaus von Hittisau

war die neue, funktionale Bauweise landesweit anerkannt, insbesondere nachdem viele Bauten als Designerschöpfungen mit Preisen ausgezeichnet worden waren. Die neue Art griff auf Kirchen, Schulen und öffentliche Gebäude über, und kaum ein Privatmann baut mehr im überkommenen Stil früherer Jahrzehnte mit geschnitzten Balkonen, Fensterläden, spitzem Dach und gebeizter Holzfassade, wie es im nahen Tirol und anderen Alpenregionen üblich ist. Im Gegenteil – oft schreibt die örtliche Baubehörde sogar das Flachdach vor.

Herausragendste Beispiele dieses Stils sind das Feuerwehrhaus (Kulturhaus) in Hittisau, Dorfbibliothek und Pfarrhaus in Satteins, das Polizeirevier in Bregenz, die Volksschule in Doren, die Bergstation der Golmerbahn, die Molkerei Metzler in Bruggan und das Restaurant Martinspark in Dornbirn.

Essen und Trinken

Die traditionelle Küche des alten Bauernlands Vorarlberg ist überwiegend rustikal, aber dennoch edel. Denn es werden fast ausschließlich regionale Produkte verwendet, man legt Wert darauf, bereits auf der Speisekarte zu vermerken, von welchem Hof das Rindfleisch stammt oder von welcher Alpe der Käse. Massenware und Billigproduktion bleiben von vornherein ausgeschlossen. Da ist es nicht erstaunlich, dass es in den nur 96 Vorarlberger Gemeinden 46 Gault-Millau-Haubenrestaurants gibt.

Sicherlich bekannteste Spezialität des Landes, die auch außerhalb sehr geschätzt wird, ist der Vorarlberger (Bregenzerwälder) Berg- beziehungsweise Alpkäse, ein aromatischer Hartkäse. Geschätzt werden weiterhin Rohmilch-Emmentaler und besonders der Bachensteiner, ein feinwürziger roter Weichkäse. Nicht jedermann goutiert den ungewöhnlichen ›Surakäs‹ (Sauerkäs), den man auf manchen Alpen bekommt. Es ist ein magerer, würziger Käse mit einer speckigen Rinde. Nur in Vorarlberg bekommt man den ›Alpzieger‹, der aus Molke herge-

Produktion des Walserstolz-Bergkäses

stellt und durch 40 verschiedene Kräuter deutlich grün gefärbt ist. Die sogenannte ›Wälder-Schokolade‹, auch ›Gsig‹ oder ›Sig‹ genannt, ist dagegen karamelisierter Milchzucker, den man pur essen oder zur Verfeinerung anderer Speisen nehmen kann. Bei soviel Käsebegeisterung ist es naheliegend, auch Mahlzeiten auf Käsebasis zuzubereiten. Die ›Kässuppa‹ mit ihren gerösteten Brotwürfelchen – die oft aber weggelassen werden – ist äußerst nahrhaft. In vielen Haushalten, aber auch Restaurants insbesondere des Kleinen Walsertals ist es üblich, am Freitag Käsknöpfle zu servieren. Die Knöpfle unterscheiden sich zunächst nur in der Form von den schwäbischen Spätzle. Durch den Knöpflehobel werden sie in besonderer Form ins Kochwasser eingestrichen, nur kurz aufgekocht und dann abgeschöpft. Lagenweise werden nun die Knöpfle und der – zuweilen geriebene – Bergkäse aufgeschichtet. Das ganze rundet man mit in Butter gebräunten Zwiebeln und frisch gemahlenem schwarzen Pfeffer ab.

Im Bodenseeraum isst man natürlich mehr Fisch. Um Hard, Fußach, Höchst und Gaißau findet man daher viele Fischlokale. Die beliebtesten Bodenseefische sind Felchen und ›Egli‹, wie man hier zum Barsch sagt. Den letzten Schliff erhält die Vorarlberger Küche durch Lustenauer Senf, der im Land in jedem Haushalt vorhanden ist.

Wenngleich es bei Feldkirch auf dem Ardetzenberg ein kleines Weinbaugebiet gibt, so spielt dieser Wein auch lokal kaum eine Rolle. In Vorarlberg trinkt man daher meist Rotwein aus Südtirol und Weißwein aus Niederösterreich. Bier besitzt einen größeren Stellenwert als in Restösterreich. Beliebt sind das Fohrenburger aus Bludenz oder das Dornbirner Mohrenbräu. Seltener erhält man das Egger Bier aus dem Bregenzerwald. Einige Gasthöfe wie in Lochau der Gasthof Reiner produzieren ihr Bier selbst.

Eine besondere Delikatesse ist der ›Subirer‹, ein vorzüglicher klarer Obstbranntwein aus der Mostbirne, die allerdings als Frucht kaum genießbar ist. Der ›Fraxner Kriasi‹ aus Fraxern ist ein hochedler Kirschenschnaps und eigentlich nur in und um Fraxern zu bekommen.

Rezepte

Vorarlberger Käsesuppe

Zutaten: 1 TL Butter, 1 EL feines Mehl,
1/4 Liter Milch, Schnittlauch,
zwei bis drei Scheiben Bergkäse (kein Sauerkäse),
1 Brühwürfel, Salz, Pfeffer und Muskatnuss.

Zubereitung: Butter und Käse werden zunächst zusammen aufgeschmolzen. Dann gibt man das Mehl dazu und bräunt das Ganze bei schwacher Hitze. Jetzt kommt die Milch hinzu, und man rührt alles mit einem Schneebesen bis zum Aufkochen. Dann würzt man und verfeinert mit Schnittlauch.

Riebel/Stopfer

Zutaten: 250 g Maisgrieß, 500 ml Milch, 1 Prise Salz,
20 g Butter, 30 g Butterschmalz.

Zubereitung: Die Butter in einer Pfanne stark erhitzen, Milch eingießen und mit einer Prise Salz kurz aufkochen lassen. Grieß zügig einrühren und so lange weiterrühren, bis sich die Masse vom Pfannenboden löst, dann die Pfanne vom Herd nehmen. Abgekühlte Masse in Butterschmalz auf starker Hitze anbraten und Grießmasse zerteilen, bis sie goldbraun und genug zerfallen ist.

Serviert werden Riebel heiß oder kalt, mit Apfelmus oder zum morgendlichen Kaffee.

Ofenkatze

Zutaten: 30 g Germ (Hefe), 3 EL Zucker,
100 – 150 ml Milch, 400 g Mehl. 3 – 4 EL Butter,
1 Ei, 2 Eidotter, Zitronenschale, Vanillezucker,
150 g gemischtes, in Rum getränktes Dörrobst,
50 g Nüsse, Butter für die Form.

Zubereitung: Germ, 1 EL Zucker, lauwarme Milch und ein wenig Mehl verrühren und zugedeckt an einem warmen Ort gehen lassen. Butter und restlichen Zucker schaumig schlagen, Ei und Eidotter hinzufügen und mit geriebener Zitronenschale und Vanillezucker verfeinern. Anschließend das Mehl mit der Eiermasse und dem Teig vermengen und erneut ruhen lassen. Währenddessen Nüsse und Dörrobst klein hacken und nach dem Ruhen unter den Teig geben. Teig in eine gut gebutterte Form geben und nochmals aufgehen lassen. Dann die Masse mit flüssiger Butter bestreichen. Im vorgeheizten Backofen (180°C) 30 – 45 goldgelb backen. Zum Ende hin kann die Ofenkatze mit leicht angedünsteten Apfelspalten belegt und mit etwas Eischaum verfeinert werden. Dazu sollte er anschließend wieder wenige Minuten in den Ofen bis der Eischaum hellgelb getrocknet ist.

Speckknödelsuppe auf der Laguz-Alpe

In einer der am stärksten industrialisierten Zonen Österreichs liegen die drei größten und historisch bedeutendsten Städte Vorarlbergs. Dennoch findet man hier noch genug völlig unberührte Bergregionen, und insbesondere Bregenz weist eine ausnehmend reizende Lage auf. Die Nähe zur Schweiz und zu Liechtenstein, natürlich auch zu Deutschland, verleiht der alten Grenzregion von jeher ein ganz besonderes Flair.

An Bodensee und Rhein

Bregenz und seine Umgebung

Die mit knapp 28000 Seelen von der Einwohnerzahl her kleine Hauptstadt Vorarlbergs und dabei nicht einmal größte Stadt des Bundeslandes besitzt zumindest auf dem Gebiet der Kultur Weltrang: Die Bregenzer Festspiele und das Kunsthaus ziehen alljährlich hunderttausende Besucher an. In markanter Lage auf 398 Metern Meereshöhe zwischen Bodensee und dem 1062 Meter hohen Hausberg des Pfänder und dem steilen, ruinengekrönten Gebhardtsberg (585 m) gelegen, besitzt Bregenz fast den Charakter einer Sommerfrische.

Bregenz ist Geburtsort des Schauspielers Sieghardt Rupp (geb. 1931), der in den 1970er Jahren als Zollfahnder Kressin in der ARD-Reihe ›Tatort‹ Schmuggler jagte und gleichsam der deutsche Burt Reynolds war. Auch der Schriftsteller Robert Schneider (geb. 1961), Verfasser von ›Schlafes Bruder‹, kommt von hier. Er ist literaturgeschichtlich und stilistisch kaum einzuordnen und bevorzugt eine Kunstsprache von eigentümlicher Musikalität, die Altertümliches, Modernes und selbstgeschaffene sprachliche Neuschöpfungen vermischt. Weni-

An Bodensee und Rhein

ger ruhmreich war das Leben des Bregenzers Irmfried Eberl (1910–1948), nach 1942 Kommandant des Vernichtungslagers Treblinka. Sein Leben endete in alliierter Haft durch Selbstmord.
Innerhalb des Tourismusbereichs Bodensee-Vorarlberg gibt es eine Bodensee-Vorarlberg-Freizeitkarte. Jeder, der mindestens eine Übernachtung gebucht hat, kann diese Karte für 16 Euro erwerben. Sie gilt von 0 Uhr des Erwerbstags bis 24 Uhr des dritten Tags danach. Sie ist Eintrittskarte für fast alle Ausflugsziele der Region und Fahrkarte für Bus und Bahn. Alle Attraktionen können mehrmals besucht werden, das gleiche Ausflugsziel aber nur einmal pro Tag (mehr Info unter www.bodensee-vorarlberg.com).

Stadtgeschichte

Seit dem zweiten Jahrtausend vor Christus bestanden hier am Ostrand des Bodensees Siedlungen. Während der Keltenzeit (etwa ab 500 v. Chr) existierte ein befestigter Militärpunkt namens Brigantioi. Dieser wurde um die Zeitenwende von den Römern erobert, wobei der alte Name zu ›Brigantium‹ wurde. Um 70 nach Christus brannte Brigantium ab, wurde aber alsbald in sehr repräsentativer Form wieder aufgebaut. Aber immer wieder kam es zu Einfällen der Alemannen, denen es um 250 gelang, die Stadt völlig zu zerstören. Doch wurde sie erneut aufgebaut – allerdings verlagerte man die Stadt auf den strategisch besser zu verteidigenden Hügel der späteren Oberstadt.
Mit dem Niedergang des römischen Reiches endete um 450 die römische Herrschaft über Brigantium. Nun übernahmen die Alemannen die Macht. Zu Beginn des 7. Jahrhunderts wirkten hier als Missionare die irischen Mönche Kolumban und Gallus. Wenig ist über die Stadtgeschichte des frühen Mittelalters bekannt. Ein ›Castrum Brigancia‹ wird 802 urkundlich erwähnt, und etwa um 1000 lebten die Udalrichinger, ein alemannisch-fränkisches Adelsgeschlecht, auf diesem ›Castrum‹, also einer Burg. Mit dem Niedergang dieser Familie nach 1050 wurde Brigantium wieder herrenlos. Um 1200 gelangte Bregenz dann in den Besitz der Montforter, dem bedeutendsten Grafengeschlecht des Mittelalters im Bodenseeraum, unter denen die Stadt eine große Blütezeit erlebte. Die Oberstadt wurde ausgebaut. In den sogenannten Appenzeller-Kriegen zu Beginn des 15. Jahrhunderts, als es zu Aufständen gegen die angebliche Willkürherrschaft des Adels kam, wurde die Stadt mehrmals belagert und teilweise zerstört. Ihren Höhepunkt hatten diese Auseinandersetzungen am 13. Januar 1408 in der berühmten Schlacht bei Bregenz, bei der die Appenzeller aus dem nahen Schweizer Kanton vernichtend geschlagen wurden. 1451 wurden Teile des Bregenzer Gebiets an die Habsburger verkauft, 1523 gelangte die Stadt selber in habsburgische Herrschaft. Damit gehörte Bregenz und seine Umgebung zu Vorderösterreich innerhalb des Erzherzogtums Österreich. 1646/47, in den letzten Jahren des Dreißgjährigen Krieges, erlitt die Stadt durch schwedische Plünderungen und Brandschatzung schwere Schäden. In dieser Zeit ist auch die alte Burg Hohenbregenz auf dem südöstlich der Stadt gelegenen Gebhardtsberg abgebrannt. Es begann eine Zeit der Armut. Durch die Einsetzung eines regionalen Kornmarkts auf dem späteren Platz gleichen Namens versuchte man, den Niedergang aufzuhalten. Und es gelang. Doch wurde Bregenz über die Jahrzehnte

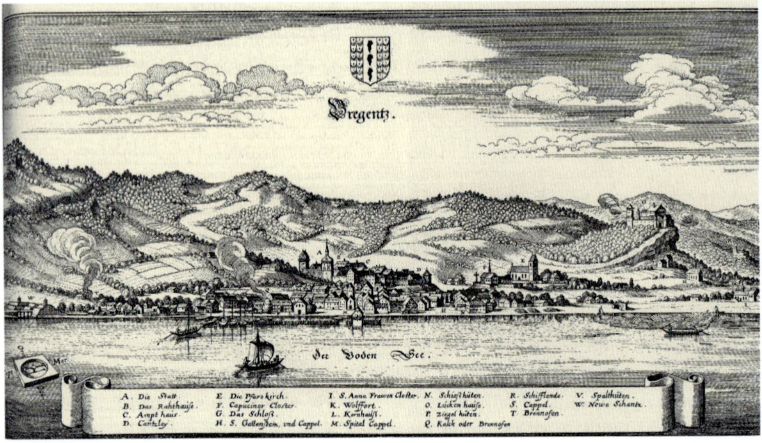

Historische Ansicht von Bregenz

nicht zu einem größeren Verwaltungssitz, sondern blieb stets eine kleine habsburgische Landstadt. Die vorderösterreichische Verwaltung saß in der zweiten Hälfte des 18. Jahrhunderts in Konstanz und Freiburg/Breisgau, das damals österreichisch war.

Im Zuge der napoleonischen Wirren gelangte Bregenz 1805 an Bayern, womit sich ein großer Teil der Bevölkerung nicht abgeben wollte. Tausende Freiwillige zogen gegen die verbündeten bayerischen und französischen Heere ähnlich wie die Tiroler ins Feld. Im unweiten Klien (bei Hohenems) siegten die Vorarlberger Schützen am 29. Mai 1809 gegen die Besatzungsarmeen. Mit dem Wiener Kongress 1815 kehrte Bregenz mit Vorarlberg an Österreich zurück – allerdings als Teil Tirols! Als 1861 der Vorarlberger Landtag in Bregenz seinen Sitz nahm, erhielt die Stadt einen bloßen nominellen Hauptstadtcharakter, denn Vorarlberg gehörte ja immer noch zu Tirol.

▲ Karte S. 50

Trotz der Industrialisierung war der Getreidehandel zu dieser Zeit immer noch der bedeutendste Wirtschaftszweig. 1873 hielten auf der Strecke München–Zürich erstmals Züge in Bregenz. Die Eisenbahn ließ einen starken Aufschwung einsetzen, denn durch sie wurde die Wirtschaft der Monarchie für deutsche und schweizerische Unternehmen erschlossen. Nicht von ungefähr entstanden in den Stadtteilen Rieden und Vorkloster Produktionsorte ausländischer Unternehmen. In jenen Jahrzehnten erfolgte nun der Ausbau der Innenstadt. Es entstand in rechtwinkligem Straßensystem das Viertel zwischen Kornmarkt- und Belruptstraße.

Mit dem Untergang der österreichisch-ungarischen Monarchie 1918 und der Bildung des Staates Österreich endete Vorarlbergs Zugehörigkeit zu Tirol, Bregenz wurde Hauptstadt des neuen Bundeslands Vorarlberg. Doch gut 60 Prozent aller Bregenzer und 80 Prozent aller Vorarlberger plädierten für einen Anschluss an die Schweiz. Doch dazu kam es nicht. Nach 1938 wurde Bregenz Kreisstadt im Reichsgau Tirol-Vorarlberg, der NS-Kreisleiter war Hans Dietrich. Fast tausend Wohnungen wurden neu für die gemäß eines Vertrags zwischen Hitler und Mussolini vertriebenen Südtiroler errichtet, von denen etwa 2000 um Bregenz und insbesondere in der Gemeinde Lochau eine neue Heimstatt fanden. Mit der Besetzung durch französische Truppen am 1. Mai 1945 wurden große Teile der Innenstadt von Bregenz bei einem Bombenangriff zerstört, was man manchen lückenhaften und uneinheitlich wiederaufgebauten Vierteln noch ansieht. In den Nachkriegsjahren erfolgte dann ein groß angelegter Wohnungsneubau, insbesondere um die Arlbergstraße. Anfang Mai 2008 wurden in Bregenz Teile des 007-Films ›Ein Quantum Trost‹ mit Daniel Craig in der Rolle des James Bond gedreht.

Ein Stadtrundgang

Den urban-eleganten Charakter der Stadt erfährt man am besten an der Seepromenade, die bedauerlicherweise durch die breite Eisenbahntrasse vom Rest der Stadt getrennt ist.

An der Seepromenade

27 Kilometer Bodenseeufer gehören zu Vorarlberg. Man ist besonders stolz darauf, dass bis auf wenige kleine Abschnitte das Ufer frei zugänglich ist. An der Promenade gibt es zahlreiche Möglichkeiten, Boote und dergleichen. zu mieten. Die Seepromenade ist Teil der ›Erholungslandschaft Seeufer‹, die sich vom Westrand der Stadt von der Mündung der Bregenzer Ach bis zur Leiblach an der deutschen Grenze erstreckt. Der Seestrand unmittelbar nördlich von Bregenz heißt **Kaiserstrand** und wird als Österreichs schönster Strand überhaupt angesehen.

Ein Bummel auf der Seepromenade bedeutet in Bregenz Sehen und Gesehen werden. Am Westrand der Seepromenade steht das **Festspielhaus** der weltberühmten Bregenzer Festspiele, das gleichzeitig auch eines der modernsten Kongress- und Eventzentren überhaupt ist. Im See selber steht hier mit der **Seebühne** die weltweit größte Bühne dieser Art. 25 Meter ist sie vom Ufer entfernt, 60 Meter breit und 40 Meter

Die gigantische Seebühne der Bregenzer Festspiele 2007/08

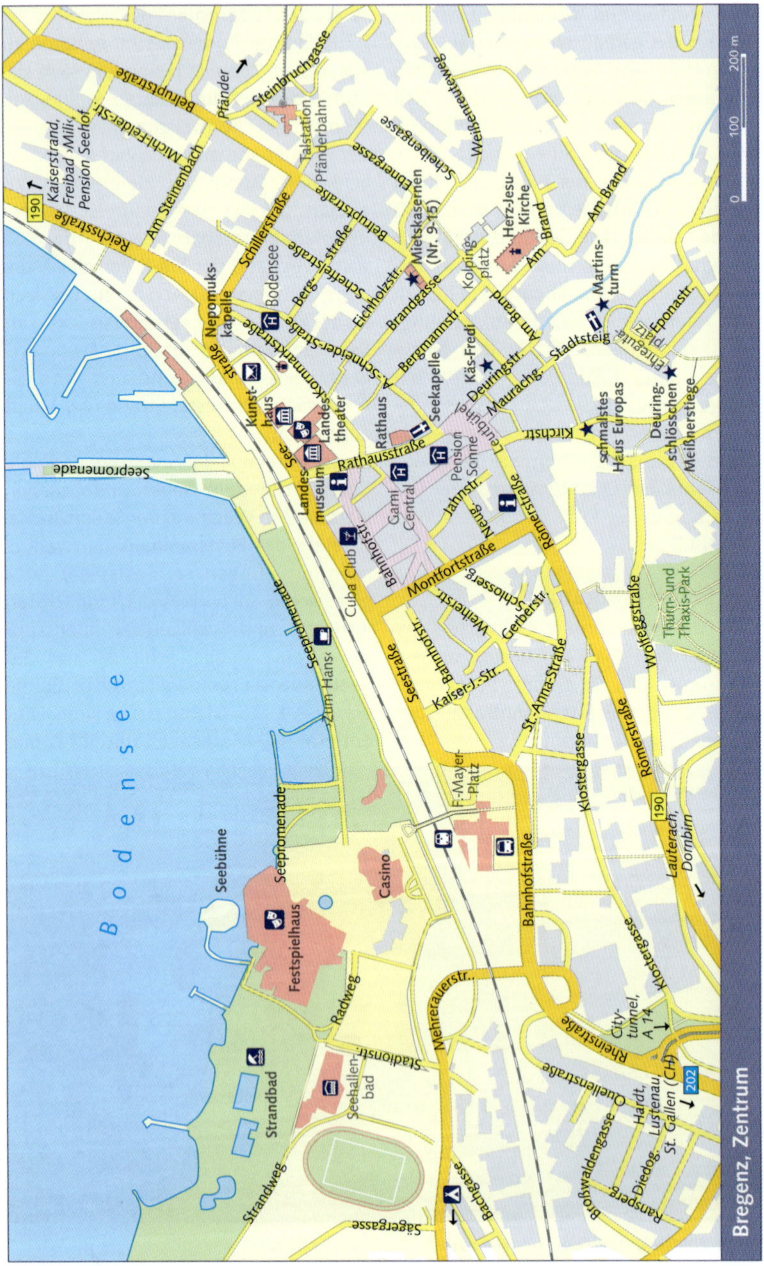

Bregenz, Zentrum

tief ist ihr Korpus, der auf Pfählen verankert ist. 4400 Zuschauer finden Platz. Bei plötzlich einsetzendem Regen wird im Festspielhaus mit 30 Minuten Übergang die Aufführung fortgesetzt. Jeweils Mitte Juli bis Mitte August finden hier Aufführungen auf allerhöchstem Niveau statt - Theater, Operette, Schauspiel, Cross Culture -, wobei aber in jedem Jahr stets nur eine Oper zur Aufführung gelangt. 2010 stand ›Aida‹ im Zentrum der Darbietungen, 2011 wurde die etwas weniger bekannte Oper ›André Chenier‹ von Umberto Giordano, eine Tragödie vor dem Hintergrund der französischen Revolution, auf der Seebühne aufgeführt (Karten zwischen 28 und 132 Euro). In den vier Wochen der Festspiele gibt sich die kunstinteressierte Welt in Vorarlbergs Hauptstadt die Hand. Kein Wunder, dass in dieser Zeit die Preise für Übernachtungen weitaus höher sind als im Rest des Jahres. Bis zu 140 000 Personen sehen jedes Jahr die Bregenzer Aufführungen. Die Festspiele wurden in der Zeit der französischen Besatzung, im Jahr 1946, ins Leben gerufen. Auf zwei Kieskähnen ließ der Intendant der erst im Jahr davor gegründeten Vorarlberger Landesbühne Mozarts Jugendoper ›Bastien und Bastienne‹ aufführen, die mit der ›Kleinen Nachtmusik‹ als Ballett ergänzt wurde. Das Publikum saß hierbei um die Hafenbrüstung auf über Fässer gelegten Brettern.

Vom Hafen um die **Mole**, in Bregenz ›Molo‹ genannt, in der östlichen Hälfte der Seepromenade verkehren viele Ausflugsdampfer von Mitte April bis Mitte Oktober auf dem Bodensee. Mit ihnen kann man die wichtigsten Häfen zwischen Bregenz und Konstanz anlaufen (www.vsu-online.info).

Etwa 500 Meter nordöstlich der Mole liegt die frühere **Militärbadeanstalt**, heute liebevoll ›Mili‹ genannt. Der öffentlich zugängliche Holzpfahlbau im Bodensee ist eine beliebte Bademöglichkeit. Die **Beach Bar** nahe dem Festspielhaus bringt von Ende April bis September ein besonderes südliches Flair nach Bregenz. In diesem Bereich, östlich des Musikpavillons, wo Promenadenkonzerte stattfinden, kann man über eine Unterführung zur dicht befahrenen Seestraße kommen. Sie ist nur einseitig bebaut und zeigt noch manch prächtiges Stadthaus.

Um die Kornmarktstraße

Über die Rathausstraße geht es von der Seestraße ins historische Zentrum von Bregenz. An der breiten, nordostwärts führenden Kornmarktstraße befinden sich mehrere sehr auffällige Gebäude, zunächst an der Ecke zur Rathausstraße am weiten Kornmarktplatz das **Vorarlberger Landesmuseum**, das gerade einen Neubau erhält, der 2013 eröffnet werden soll. Die Sammlungen sind daher zur Zeit nicht zugänglich. Zu seiner Seite steht das **Vorarlberger Landestheater**, ein ursprünglich klassizistischer Bau von 1838, und gleich dahinter die zweite große Säule der Kunststadt Bregenz, das **Kunsthaus**.

Rathausstraße in Bregenz

Geht man die Kornmarktstraße noch etwa 100 Meter weiter, erreicht man die **Nepomukskapelle** von 1757. Leider ist sie nur selten geöffnet. Allerdings kann man durch ein Fenster in der Tür einen Blick auf das Deckenfresko mit der Glorie des heiligen Nepomuk erhaschen. Der nahe **Gasthof zum Kornmesser** stammt aus der gleichen Zeit und ist durch seinen Fassadenschmuck recht sehenswert. Die pompöse, der Wiener Ringstraßenarchitektur angenäherte **Hauptpost** von 1895 schließt das Ensemble ab. Ihr Haupteingang ist allerdings an der Seestraße, an der anderen Gebäudeseite, von wo man auch das Haus der Bezirkshauptmannschaft von 1904, das ebenfalls an der Seestraße steht, sehen kann.

Das Kunsthaus

1993 entschied sich die Bezirkshauptmannschaft für den Bau des Kunsthauses, das nach vierjähriger Bauzeit 1997 eröffnet wurde und der Vorarlberger Landesgalerie für zeitgenössische Kunst ein Heim bieten sollte. Im Kunsthaus finden wechselnde Ausstellungen der Avantgarde bildender internationaler Künstler statt. Der Bau schloss eine langjährig bestehende Lücke zwischen dem Theater und der Bregenzer Hauptpost.

»Im Licht des Bodensees«: das Kunsthaus

▲ Karte S. 54

Die Fassade besteht aus geätzten Glasschindeln und ist eine freitragende Konstruktion, komplett getrennt vom eigentlichen Gebäude. Vier dunkle, von entsetzlicher Schmucklosigkeit gekennzeichnete Etagen bilden das Innere. Die erste Etage ist mit dem Erdgeschoss unter anderem durch eine Rutsche verbunden, durch die pro Jahr 60 000 Besucher gleiten. Der Architekt Peter Zumthor schrieb über die höchst ungewöhnliche Architektur seiner Schöpfung aus verständlicherweise anderer Warte: »Das Kunsthaus steht im Licht des Bodensees, Sein Körper ist aus Glasplatten, Stahl und einer Steinmasse aus gegossenem Beton gebaut, die im Innern des Hauses Struktur und Raum bildet. Von außen betrachtet wirkt das Gebäude wie ein Leuchtkörper. Es nimmt das wechselnde Licht des Himmels, das Dunstlicht des Sees in sich auf, strahlt Licht und Farbe zurück und lässt, je nach Blickwinkel, Tageszeit und Witterung, etwas von seinem Innenleben erahnen.« Viele Besucher sagen aber: »Sieht denn keiner, dass der Kaiser keine Kleider an hat?«

Um die Belruptstraße

Um die Belruptstraße entstand gegen 1890 ein Viertel im Stil der sogenannten ›Gründerzeit‹, wie man dazu in Deutschland sagt. Wenngleich manche Baulücke bestimmend ist und mit ästhetisch wenig ansprechenden Nachkriegsbauten verfüllt ist, gibt es doch noch einiges Hübsche aus dem späten 19. Jahrhundert zu sehen, so die Häuser Belruptstraße 9–15 von 1892, große **Mietskasernen**. Die sicherlich beeindruckendste Architektur des ganzen Viertels ist die **Herz-Jesu-Kirche**, die mit ihren beiden Türmen eine wichtige Dominante der Stadtsilhouette darstellt. Die Bergmannstraße führt von der Kornmarktstraße

Die Herz-Jesu-Kirche

direkt auf sie zu. Die Kirche wurde von Joseph Cades von 1905 bis 1908 erbaut und ist die größte neugotische Kirche ganz Vorarlbergs. Ihre Proportionen – Raumlänge 67,5 Meter, 29 Meter breites Querschiff, 11,60 Meter breites Mittelschiff – sind direkt der norddeutschen Backsteingotik nachempfunden. Die Glasgemälde in Quer- und Seitenschiff von 1958 erinnern mit ihren kräftigen Farben ebenfalls an die Gotik. Vor der Kirche steht wie ein Fragment vergangener Zeiten ein Fachwerkhaus von 1611 mit Staffelgiebel.

■ Um den Leutbühel

Dieser unregelmäßig geformte Platz, an dem sechs Straßen zusammenkommen, ist das tatsächliche Herz der Stadt. In diesem Bereich finden sich die meisten Geschäfte. Aber der Leutbühel zeigt auch noch das älteste Bregenz. Bei dem Bau der Fußgängerpassage, die ihn untertunnelt, wurden die Reste der Westmole des römischen Hafens Brigantium gefunden – der Bodensee erstreckte sich vor zweitausend Jahren bis hierher. Diese Relikte sind allerdings nicht mehr zugänglich. Vom Leutbühel in Richtung Norden führt die belebte Kaiserstraße, die Fußgänger- und Shopping-Zone von Bregenz. Parallel zu ihr verläuft die Rathausstraße Richtung Seeufer und Landesmuseum. In ihr steht an der Ecke Anton-Schneider-Straße das **Rathaus**. 1686 entstand es als Kornspeicher, wurde mehrmals umgebaut und dient seit 1810 als Sitz der Stadtverwaltung. 1898 wurde es (wenig gelungen) im Stil der Neorenaissance umgeformt und mit Portraits der vorarlbergischen Herrscher versehen (Kaiser Augustus, Ulrich von Montfort, Maria Theresia u.a.). Am Rathaus steht die berühmte **Seekapelle** von 1698 mit ihrem Zwiebeltürmchen. Sie hat ihren Namen vom Bodensee, der noch im 17. Jahrhundert bis hierher reichte. Unter ihr befinden sich Gräber von im Appenzellerkrieg gefallenen Schweizer Belagerern der Stadt. Die **Apotheke**, die der Kapelle gegenüber liegt, ist bester Jugendstil von 1913. In der Deuringstraße 9 ist der Laden von **Käs-Fredi** (www.kaesefredi.eu) landesweit bekannt für seine riesige Auswahl an feinstem Käse. Das Haus Kirchstraße 29 wird sehr oft übersehen, da es mit 57 cm (!) Breite das **schmalste Haus Europas** ist. Doch ist es in der Tat ein eigenständiges katasteramtlich erfasstes Gebäude.

■ Die Oberstadt

Durch die Maurachgasse und den Stadtsteig geht es hinauf in die Oberstadt, dem ältesten Teil von Bregenz, der ungewöhnlicherweise nicht mit dem jetzigen

Zentrum identisch ist und sogar einen ganz anderen Charakter besitzt. Die Oberstadt ist ein stiller, poetischer Ort. Reste der alten montfortischen Stadtmauer, Efeu umschlungen und die Ruhe, die hier nur selten von Kraftfahrzeugen gestört wird, schaffen eine fast irreale Stimmung.

Das Haus Maurachgasse 3 stammt aus dem 16. Jahrhundert. Über die Treppe des Stadtsteigs erreicht man das **Untere Tor**, an dem ein Relief der keltischen und römischen Pferdegottheit Epona auf die antike Abkunft der Stadt hinweist. Im Durchgang selbst hängt eine merkwürdige hölzerne Darstellung eines drachenähnlichen Wesens.

Hinter dem Tor erreicht man den **Ehregutaplatz**. Er trägt seinen Namen nach einer Sagengestalt, die im Appenzellerkrieg die Stadt vor dem Angriff der Aufständischen warnte. Hier steht auch ein **Denkmal des Hugo von Montfort** (1357 - 1423), der als Minnesänger in der Steiermark lebte, doch in der Bregenzer Oberstadt zur Welt gekommen sein soll. In der Südwestecke des Platzes steht das sogenannte **Deuringschlösschen**, ein palastähnlicher Bau, der auf das Mittelalter zurückgeht, aber um 1690 im Stil der Epoche umgestaltet

Bereits Maler Egon Schiele hatte es zum Motiv: das Deuringschlösschen

▲ Karte S. 54

Antike Idylle in der Oberstadt

wurde. Es beherbergt heute eines der vornehmsten Haubenrestaurants Vorarlbergs. Egon Schiele hat es übrigens oft gezeichnet.

An der gegenüberliegenden Ecke der Oberstadt steht der **Martinsturm** aus dem 14. Jahrhundert, ursprünglich ein Kornspeicher. 1601 wurde er als Wachturm umgestaltet und erhielt seine gewaltige Zwiebel. Angeblich soll es der größte Zwiebelturm überhaupt sein. Im Martinsturm befinden sich kleine Ausstellungen zur Militärgeschichte Vorarlbergs. Die **Martinskirche** daneben entstand aus einer kleinen Kapelle aus dem 14. Jahrhundert, die durch einen Wanddurchbruch mit einem benachbarten Haus verbunden worden war, wodurch erst die eigentliche Kirche entstand und die Kapelle nun die Funktion des Chores übernehmen konnte. Sehr sehenswert sind die Fresken eines unbekannten Malers von 1360.

Wo der Ehregutaplatz in die Georgenschildstraße übergeht, befindet sich zwischen den Häusern ein schmaler Steig, die **Meißnerstiege**, der in den Graben des Thalbaches hinab und an der gegenüberliegenden Seite bis zur Galluskirche emporführt. Ein Spaziergang über diesen Weg zählt zu einem der schönsten Stadterlebnisse des ganzen Landes Vorarlberg. Von der gegenüberliegenden Seite bietet sich eine pittoreske Aussicht auf die Oberstadt.

Um die Galluskirche

Im Thalbachgrund steht unterhalb der Galluskirche das **Dominikanerinnenkloster** von 1675, das mehrfach umgebaut wurde. Die **Stadtpfarrkirche St. Gallus**, die heute recht weit außerhalb steht, geht auf das 11. Jahrhundert zurück. Der heutige barocke Bau enstand um 1738, zeigt jedoch noch Relikte älterer Epochen wie den Turm oder die von außen zugängliche Michaelskapelle, beide aus der Zeit um 1480. Überwältigend sind die Farbenpracht des Inneren und die reichen Stuckarbeiten. Hierbei wirkt die Breite des Schiffs angesichts der geringen Höhe merkwürdig.

Neben der Kirche existiert ein **Denkmal** für gefallene Bregenzer. Insbesondere wird auch an Ernst Volkmann erinnert. Volkmann wurde 1941 in Berlin-Plötzensee hingerichtet, da er den Eid auf Adolf Hitler nicht schwören wollte, nachdem er als österreichischer Patriot gegen seinen Willen in der Wehrmacht hatte dienen sollen.

Die barocke Innenausstattung der Galluskirche

Die Ausblicke hinauf zur Oberstadt von der Thalbachgasse aus, über die man hinab zum Leutbühel gehen kann, sind ausnehmend malerisch. Wer aber hinunter einen kleinen Umweg machen möchte, geht von der Galluskirche über ein Brückchen, über die Schlossbergstraße hinweg zur Kapuzinergasse. Gegenüber deren Einmündung in die Gallusstraße befindet sich der Eingang zum **Thurn-und-Taxis-Park** und zum **Palais Thurn und Taxis**, heute Künstlerhaus unter anderem mit monatlich wechselnden Ausstellungen (www.kuenstlerhaus-bregenz.at). Der auf den ersten Blick bescheidene Park bietet viele exotische Gewächse wie Sternmagnolien, Gingkos, Himalajazedern und auch kalifornische Mammutbäume. Die Parkanlage gibt es seit 2000 Jahren: In der Römerzeit bestand hier die Nekropole.

Die Gallusstraße hinab passiert man rechts alsbald auf das von 1636 bis 1639 erbaute **Kapuzinerkloster**. Wegen der vielen Umbauten ist aus der ersten Bauphase aber nur ein Rest des Kreuzgangs erhalten. Nachdem die Kapuziner wegen mangelnden Nachwuchses vor einigen Jahren das Kloster verließen, begann der Verfall. Private Initiativen stoppten ihn erfolgreich, und Klarissinnen konnten das Kloster neu besiedeln.

Zum Gebhardtsberg

Von der Galluskirche kann man mit etwas Kondition noch weiter hinaufsteigen: auf das Massiv des Pfänderstocks. Über den Kirchplatz und die Schlossbergstraße empor, erblickt man ein prächtiges **Palais**. Der polnische Graf Raczynski ließ es 1875 für seine Frau erbauen. Heute ist es eine Mädchenschule, viele Räume werden dabei auch unter anderem für Kongresse genutzt.

Die Schlossbergstraße zieht sich weiter empor und erreicht bei einem Kriegerdenkmal die Fluherstraße. Der Einmündung gegenüber befindet sich in einem aufgelassenen Kloster die **Vorarlberger Landesbibliothek**, wobei in der Klosterkirche nun ein höchst beeindruckender Lesesaal existiert (www.vorarlberg.at).

Etwa 250 Meter ostwärts der Bibliothek kann man über den Schlosssteig zu Fuß dann direkt zum 585 Meter hohen Gebhardtsberg kommen. Die Reste einer mittelalterlichen **Burg**, ein angeschlossenes erstklassiges Restaurant und ein wahrhaft prachtvoller Blick über Rheintal und Bodensee belohnen den Aufstieg in jedem Fall. Auch bieten sich eine Fülle von Wandermöglichkeiten an, und für das leibliche Wohl ist überall im Wald gesorgt. Viele seltene Gehölze wie Japanlärchen und Weymouthkiefern erhöhen den Zauber des Pfänderwaldes.

Direkt unter dem Berg verläuft die Autobahn A14 durch den Pfändertunnel, der auf 6720 Meter Länge den Pfänderstock durchzieht und erst kurz vor der deutschen Grenze nahe der Ausfahrt Hörbranz endet.

Die **Wallfahrtskirche** auf dem Gebhardtsberg von 1723 ist ein besonderes barockes Kleinod. Der heilige Gebhardt (949–995) war Bischof von Konstanz, Sohn des Grafen Ulrich von Bregenz und Begründer des Benediktinerklosters Petershausen bei Konstanz. Er soll hier in einer der Vorläuferbauten der seit 1647 nur noch als Ruine bestehenden Burg Hohenbregenz zur Welt gekommen sein. Auf dem Gebhardtsberg findet jedes Jahr am 27. August eine Wallfahrt statt.

▲ Karte: s.. hintere Umschlagklappe

Sehenswürdigkeiten außerhalb der Altstadt

Etwas außerhalb des Zentrums, im Süden der Stadt, steht an der Ecke Gallus-/Josef-Huter-Straße ein historisches Gebäudeensemble mit dem sogenannten **Weinschlössle**, einem frühbarocken Fachwerkhaus, dem sich zwei weitere Häuser jener Epoche anschließen. Das Ensemble wird durch eine **Siechenkapelle** mit einer bezaubernden Madonnenfigur ergänzt, beides durch den Minnesänger Hugo von Montfort um 1400 gestiftet.

Fährt man von hier die Gallusstraße in ihrer Verlängerung, der Landstraße, noch etwa einen Kilometer stadtauswärts, trifft man auf die **Kolumban-Kirche**, ein architektonisch hoch interessantes modernes Gotteshaus mit einem Betongerüst als Glockenturm. Es entstand 1962 nach Plänen des Architekten Hans Burtscher. Direkt an den Kirchenbau sind Priesterwohnung, Gemeindesaal und ein Kindergarten angebunden. Ein Felsenstück von der irischen Küste bei Bangor steht symbolisch für den Herkunftsort des Missionars Kolumban.

Von ähnlichem Bau ist die **Kirche Mariahilf** (Mariahilferstraße 50–52) etwa anderthalb Kilometer nordwestlich der

Der ungewöhnliche Turm der Kirche Mariahilf

Kolumbankirche. Ein offener Hof war für das Kriegerdenkmal gedacht, die einzelnen Flügel waren für Gemeindehaus, Pfarr- und Kaplansräume vorgesehen. Die Kirche (1925–1937) stammt von Clemens Holzmeister, einem bedeutenden Architekten der Zwischenkriegszeit. Sie sollte gleichzeitig eine zentrale Gefallenengedenkstätte des Landes bilden. Auffällig ist der ungewöhnliche Turm, der an fernöstliche Architektur erinnert. Der Hochaltar der Kirche zeigt eine schmale Madonna, von einem Silberbaldachin umgeben, die durch einen ganz besonderen Lichteinfall beleuchtet ist.

Kloster Mehrerau

Sicherlich die bedeutendste Bregenzer Sehenswürdigkeit außerhalb der Innenstadt ist das Kloster Mehrerau, ganz im Westen unweit des Seeufers gelegen (Mehrerauer Straße). Es gilt als bedeutendstes Zisterzienserkloster im Bodenseegebiet. Schon 1097 siedelten hier die ersten Mönche, die aus Petershausen bei Konstanz gekommen waren. Franz Anton Beer erbaute von 1740 bis 1743 eine barocke Kirche. Die Steine des Turmes des baufälligen romanischen Vorgängerbaus wurden für den neuen Ostturm verwendet. 1808 wurde die Kirche auf Befehl Napoleons von den bayerischen Besatzern abgebrochen, wobei man die Bruchstücke zum Bau der Lindauer Mole verwendete. Erst 1854 wurden Kirche und das Kloster im neoromanischen Stil rekonstruiert. Doch 1962 erfolgte ein weiterer Umbau durch Hans Purin, der dabei von der alten Substanz nur den Chorturm von 1872 übrig ließ. Die neue Westfassade wird fast vollständig von einem beeindruckenden Betonrelief der Apokalypse eingenommen. Die Kirche wirkt im Inneren ungewöhnlich hell, da das Licht durch große Schlitze einfallen kann. In den Kapellen des Langhauses finden sich bedeutende sakrale Kunstwerke des Spätmittelalters. Während des Umbaus konnten die Fundamente der ersten, romanischen Basilika freigelegt werden. Sie sind in der neuen Unterkirche zugänglich. Unter www.mehrerau.at erfährt man mehr über das Kloster.

Auf den Pfänder

Ein Besuch des fast 1100 Meter hohen Pfänders, dem Hausberg der Bregenzer, gehört bei allen Besuchen der Stadt zum Pflichtprogramm. Der Zugang zum Berg kann mit der Seilbahn, zu Fuß und auch mit dem Auto erfolgen. Von der Talstation der Seilbahn an der Ecke Schiller-/Beltruptstraße fahren täglich von 8 bis 19 Uhr zu jeder vollen und halben Stunde Gondeln auf den Berg (hier gibt es auch einen großen Parkplatz, Zufahrt über die Steinbruchgasse). Unter Tel. 05574/42160-0 und unter www.pfaenderbahn.at gibt es weitere Informationen. Die Fahrradmitnahme ist von 9 bis 10 Uhr und von 18 bis 19 Uhr frei. Während die Gondel über die vornehmen Villenviertel am Westhang des Pfändermassivs aus der Stadt hinausschwebt – hier lassen sich viele architektonisch ungewöhnliche und avantgardistische Privatvillen erblicken –, werden Bodensee, Rheintal und die Appenzeller Berge immer gewaltiger sichtbar. Vom Pfändergipfel aus ist der Blick überwältigend: 240 Alpengipfel sind bei guter Witterung zu sehen. Der Blick reicht bis zum Westgestade des Bodensees, von Süden her wirkt das Rheintal wie ein steiler Trog, durch den der Fluss mit sichtlichem Gefälle herabströmt. Und westlich von Bregenz ergießt er sich in einer schmalen Rinne bei Hard in den Bodensee; die Rinne setzt sich in der

Blick auf Bregenz, rechts der Westhang des Pfänders

Begrenzung des Flusses durch zwei schmale Molen weit in den See hinein fort. Auf dem Pfänder gibt es nahe dem **Pfänder-Berghaus** mit seinem prächtigen Panoramarestaurant in der Adlerwarte beeindruckende **Greifvogel-Flugschauen** (1. Mai bis 3. Oktober tgl. 11 und 14.30 Uhr, www.pfaender.at) und einen kleinen **Alpenwildpark** mit Rundwanderweg. Des weiteren bestehen ein **Käselehrpfad** (er beginnt beim Bauernhof Vogler, 20 Minuten Gehzeit ab Pfänderbahn Bergstation) und natürlich unzählige Wandermöglichkeiten über das Pfändermassiv hinweg. Auch in Blickrichtung Ost, dem See gegenüber, eröffnen sich ungeahnte herrliche Fernsichten und Landschaften.

Wer zu Fuß auf den Pfänder will und nicht zu viel Zeit übrig hat, beginnt am besten im Dörfchen Fluh östlich von Bregenz – zu erreichen über die Fluherstraße –, das an einer gleichnamigen lotrechten Felswand liegt, und steigt von hier, westlich der Wendelinskirche beim Haus 5a empor. Es gibt ein Hinweisschild ›Pfänder‹, jedoch keine dezidierte Markierung durch diesen Waldweg. Etwa anderthalb Stunden benötigt man für den Aufstieg.

▲ Karte: s. hintere Umschlagklappe

Bregenz

Vorwahl: 05574.

Bodensee-Vorarlberg Tourismus, Römerstraße 2, 6900 Bregenz, Tel. 43443-0, www.bodensee-vorarlberg.com.

Bregenz Tourismus und Stadtmarketing, Rathausstr. 35a, Tel. 4959-0, www.bregenz.ws. Auf dieser offiziellen Seite des Stadttourismus gibt es Informationen zu allen Veranstaltungen in der Stadt. Auch bietet man für die Festspiele Pakete mit Übernachtung und Ticket an (empfehlenswerte Möglichkeit zum Opernbesuch!).

Hotel Bodensee, Kornmarktstr. 22, Tel. 4230000, www.hotel-bodensee.at, p.P. im DZ je nach Saison 45–75 €, während der

Festspiele 88 €. Gemütliche und preiswerte Unterkunft direkt im Zentrum von Bregenz, auch zur Pfänderbahnstation ist es nicht weit. Tipp des Autors.

Hotel Garni Central, Kaiserstr. 26, 6901 Bregenz, Tel. 42947, www.central-bregenz.at, p.P. im DZ 55–70 €, während der Festspiele 85 €.

Pension Sonne, Kaiserstr. 8, Tel. 42572, www.bbn.at/sonne, p.P. im DZ 40–52 €.

Gasthof-Pension Seehof, Seehofweg 1, Tel. 42824, p.P. im DZ 35–55 €.

Gasthaus Gösserbräu, Anton-Schneider-Str. 1, Tel. 42467, www.greber.cc. Ort gepflegter Bierkultur.

Café-Restaurant Zum Hans, Fritz-Mayer-Platz 1 (unweit der Uferpromenade), Tel. 52674. Nicht ganz schickes Lokal im Bahnhofsgebäude, doch gute bürgerliche Küche, tgl. 10–22 Uhr.

Burgrestaurant Gebhardtsberg, Gebhardsberg 1, Tel. 42515. Außerhalb der Innenstadt ganz im Süden, zu erreichen über Gallusstraße und Fluherstraße.

Hotel-Gasthof Lamm, Mehreraner Str. 51, Tel. 71745, www.gasthof-hotel-lamm.at., p.P. im DZ 28–39 €.

Gasthaus Adler, Fluh 11, Tel. 44872.

Camping Mexico am Bodensee, Hechtweg 4, 6900 Bregenz, Tel. 73260, www.camping-mexico.at.

Neptun, Deuringstr. 3, Tel. 53873, www.neptun-bar.at, Mo–Do 9–2, Fr/Sa 9–3 Uhr, So geschlossen.

Nullzwo, im Schoeller-Areal (Alte Markthalle) Mariahilfstraße 29, www.nullzwo.at. Kölsch in Bregenz mit interessanten Rockveranstaltungen.

Cuba Club, Bahnhofstr. 8, Tel. 47052, www.cuba-club.at, Mo–Sa 11–2, So und Fe 14–2 Uhr.

Corona-Espressobar, Inselstr. 8, www.coronaespressobar.com, Mo–Fr 8.30–1, Sa 10–1, So 13.30–24 Uhr.

Café-Bar Rudi B., Anton-Schneider-Str. 11, Tel 54245. ›Cocktails, Kaffee und appetitliche Typen (und Typinnen) am Ende des Tresens‹ (Eigenwerbung).

Paschanga-Bar, www.paschangabar.at, Mi–So 19–2, Fr/Sa 19–4 Uhr.

Kunsthaus Bregenz, Karl-Tizian-Platz, 48594-0, www.kunsthaus-bregenz.at, Di–So 10–18, Do 10–21 Uhr, während der Festspiele tgl. 10–20 Uhr.

Bregenzer Festspiele, Platz der Wiener Symphoniker 1, Tel. 407-228, www.bregenzerfestspiele.com.

Martinsturm, Martinsgasse 3, Tel. 46632, www.martinsturm.at, Apr.–Okt. tgl. 10–17 Uhr. Kleines Museum/berühmte Fresken in der Martinskapelle nebenan.

Seehallenbad, Strandweg (westlich von Festspielhaus und Seebühne), Tel. 44242-0, www.stadtwerke-bregenz.at, Di–Fr 9–21, Sa 9–19, So 10–18 Uhr. Besuchenswert nicht nur wegen des schönen Bodenseeblicks, sondern auch wegen des Saunaparadieses ›Vitalium‹ mit 1500 m² Saunalandschaft: Di–Do 14–22, Fr 12–22, Sa 9–20, So 10–19 Uhr.

Aufstieg zum Pfänder: Rother-Wanderführer Bodensee-Rätikon. Die detaillierte Kompass-Wanderkarte 292 bietet viele weitere Möglichkeiten für Wanderungen im Pfändermassiv an.

Sa/So ganztägig, wochentags zwischen 12 und 13.30 Uhr sind die Parkplätze in der Innenstadt kostenlos.

Hard und seine Umgebung

Bregenz' unmittelbare westliche Nachbargemeinde ist halb so groß wie die Landeshauptstadt, von der es durch die Bregenzer Ach getrennt ist. Auch jenseits des Flusses gibt es viel Sehenswertes, insbesondere bieten die Bodenseeauen besondere Naturerlebnisse.

Hard

Hard entstand im 13. Jahrhundert mit einer kleinen Fischer- und Schiffersiedlung. Außerhalb des Zentrums, südlich der breiten Rheinstraße, steht die **Mittelweiherburg**, die einst einzige Wasserburg Vorarlbergs. Sie wurde um 1570 erbaut, war aber im 20. Jahrhundert verfallen. Heute gibt es hier ein **Museum des Textildrucks**. Denn von 1794 bis 1880 befand sich hier die erste Stoffdruckfabrik Vorarlbergs. Man erfährt nicht nur alles über dessen Technik, sondern auch über die soziale Situation der Textilarbeiter in der Region durch die Jahrhunderte.

Von der neoromanischen Sebastianskirche unweit des Seeufers lässt sich eine beeindruckende **Wanderung zur Rheinmündung** machen (Rother-Wanderführer Bodensee-Rätikon), um das sogenannte Binnenbecken auf die aufgeschütteten schmalen Landzungen und zurück zum Lustenauer Kanal, den man überquert und zum Fischerheim am Schleienloch gelangt. Die sogenannten **Schleienlöcher** sind kleine, weitgehend abgeschnittene Becken zwischen Bodensee, Rheinmündung - nicht zu verwechseln mit der Mündung des Alten Rheins weiter westwärts - und den beiden Rheinkanälen und sind reich an Fischen. Von hier kann man, weiter nordwärts, auf einer der schmalen den Rhein begrenzenden Molen weit in den See hinein spazieren. Eine fast unwirkliche Wattwelt umfängt den Wanderer! Am nördlichen Ende der Straße ›Im Böschen‹ auf der linken Rheinseite lohnt sehr ein Besuch im **Naturschutzgebiet Rheindelta** mit seinem kleinen Infozentrum und auch des nahen und sehr beliebten **FKK-Areals** (www.hard-sportfreizeit.at).

Die Umgebung

Das Gebiet der Rheinmündung in den Bodensee gilt als größtes Süßwasserdelta Europas. Viele gefährdete Pflanzenar-

Karte S. 50

▲ *Rheinmündung bei Hard*

ten konnten hier zusammen mit 330 Vogelarten ein Refugium finden. Der ganze Seeuferbereich ist für Radler über den Bodensee-Radweg erschlossen. Besonders besuchenswert ist hierbei die **Landzunge des Rohrspitz** im Westen der Fußacher Bucht, sicherlich der einsamste Punkt an der ganzen Bodenseeküste. In knapp zwei Stunden einfacher Wanderung kommt man von Fußach aus dorthin. Wer den Bodenseeradweg benutzt, beginnt die Fahrt am besten am Infozentrum des Naturschutzgebiets Rheindelta.

Doch unweit dieser anscheinend so weltfernen unberührten Natur liegt mit Höchst eine der stärkst industrialisierten Gemeinden Vorarlbergs. Vom westlich gelegenen Dörfchen Gaißau gelangt man auf eine weitere Landzunge, die **Rheinspitz**, direkt an der Schweizer Grenze gelegen. Unmittelbar vor dem Grenzübergang in die Schweiz biegt man hier rechts ab, und hält sich direkt am Alten Rhein, bis die Weiterfahrt nicht mehr möglich ist. Bodenseeradweg und Wanderweg führen in die Rheinspitz hinein, wo es stillverträumte Badeplätze gibt (siehe auch Rother-Wanderführer Bodensee-Rätikon). Ein Besuch der Auwälder, überhaupt der wunderbaren Sumpfgebiete um die Rheinmündungen, bietet besondere Eindrücke und ist unverzichtbar. Über die Seite des Bodenseeradwegs (www.bodensee-radweg.com) gibt es viele weitere Informationen.

Besuchenswert ist auch die großflächige Feuchtwiesenlandschaft des **Lauteracher Rieds** südöstlich von Hard, wo es Brutplätze des seltenen Brachvogels und der Bekassine gibt. Auffallend ist der Bestand an großen Eichen. Ausgangspunkt für einen Spaziergang ist am besten der kleine Riedsee am Westrand von Lauterach (Wanderkarte mitnehmen!).

i Hard

Tourismusamt Hard, Marktstraße 18 bzw. Salbachstraße, 6971 Hard am Bodensee, Tel. 05574/69720, www.hard.at.

Jugendherberge Hard, Allmendstr. 87, 6971 Hard, Tel. 05574/73435, www.jugendherberge-hard.at, p.P. im DZ 28 €. Sehr schönes Haus, nicht nur für Jugendliche.

Fischerheim am Schleienloch, Am rechten Rheindamm 60, 6971 Hard, Tel. 05574/78220, tgl. 11–23, So 10–21 Uhr, Mi/Do geschlossen.

Campingplatz Salzmann/Rohrspitz, Rohr 1, 6972 Fußach, Tel. 05578/75708, www.salzmann.at.

Textildruckmuseum Mittelweiherburg, 6971 Hard, Apr.–Okt. Mi und Sa 17–19, So 10–12 Uhr. Führungen mit Anmeldungen beim Tourismusamt Hard.

Vorarlbergs äußerster Norden

Sicherlich zählen die Gebiete zwischen der deutschen Grenze und der Hauptstadt Bregenz zu den weniger besuchten Vorarlbergs. Zu oft fährt man hier nur durch. Doch einiges Hübsche lohnt auch hier den Halt. Überhaupt lassen sich aus diesen Gebieten schöne Wanderungen auf den Pfänder und ins Pfändermassiv unternehmen: Nicht nur von Fluh, sondern auch vom weiter östlich gelegenen Langen gibt es viele Wandermöglichkeiten. Bequem ist der etwa dreistündige Aufstieg von hier auf den 1095 Meter hohen **Hirschberg**, von dem man bis zum Säntisstock in der Schweiz blicken kann. Im Dorf **Langen** selbst, das schon zum Bregenzerwald zählt, sind einige schöne Bauernhäuser erhalten. Die Dorfkirche erhielt 1897 eine Neugestaltung ihres Inneren durch den bekannten Volksmaler Jacob Bertle. Am Südrand des Pfändermassivs gelegen, ist die **Wallfahrtskirche Bildstein** bei **Wolfurt** erwähnenswert. Hier soll 1629 während einer Pestepidemie die Jungfrau Maria zwei Knaben erschienen sein. Doch bestand hier schon vorher eine Kapelle. Nach der Marienerscheinung, die nach Meinung der Gläubigen die Pest eindämmte, entstand bis 1676 durch Michael Kuen ein erweiterter Neubau. Sehenswert sind die 1947 entstandenen, dabei den Barockstil imitierenden Kreuzwegstationen wie auch die Kirchenfensterbemalungen von 1941. In der Gruft vor dem Hochaltar ist ein Graf Starhemberg beigesetzt, der sich im 17. Jahrhundert für den Kirchenbau besonders eingesetzt hatte. Seine Gebeine sind in seinem Grab sichtbar geblieben. Wolfurt ist aber österreichweit eher durch die 1892 gegründete Firma Doppelmayr bekannt, die landesweit der

▲ Karte S. 50

Schloss Hofen bei Lochau

größte Hersteller von Aufzugsanlagen ist. In 77 Staaten der Erde befördern fast 14 000 Doppelmayer-Lifte jährlich drei Milliarden Personen.

Unmittelbar nördlich von Bregenz tritt das Pfändermassiv im strategisch wichtigen Punkt der Klause bis an das Seeufer heran. Hier blieb von einer besonderen Befestigung ein alter **Torturm** von 1830 erhalten. Vom unweiten Lochau führt hinter der Kirche die schmale und äußerst kurvenreiche Pfänderstraße auf den Berg empor. Die Fahrt selbst ist für geübte Automobilisten ein besonderer Genuss.

Östlich von Lochau steht **Schloss Hofen**, ein Renaissancebau von 1585, heute nach manchem Umbau Landesbildungszentrum. Schloss Hofen ist Geburtsort von Wolf Dietrich von Raitenau (1559–1617), der von 1587 bis 1612 Fürsterzbischof von Salzburg war und dessen Kunstsinn die Stadt und ihre Bauten heute noch prägt. Salzburgs Gesicht als Barockstadt ist letztlich ihm zu verdanken. Konflikte mit Kurfürst Maximilian von Bayern und zusätzlich eine distanzierte Position gegenüber der damaligen Katholischen Liga brachten ihn als Erzbischof zu einem solchen Fall, wie er für einen solchen Amtsträger außerordentlich selten ist. Der Einmarsch salzburgischer Truppen 1611 in das zu Bayern gehörige Berchtesgadener Gebiet, auf das er Anspruch erhob, führte zu seiner Gefangennahme und zur Festsetzung auf der Festung Hohensalzburg, wo er bis zum Tode verblieb.

Von Lochau und Hofen führt eine landschaftlich schöne Strecke über Eichenberg nach Möggers und weiter ins deutsche Scheidegg. In **Hörbranz** ist die **Dorfkirche** äußerlich zwar klassizistisch-bescheiden, im Inneren jedoch ein großzügiger Saal mit wertvoller Deckenbemalung: Der heilige Martin teilt seinen Mantel vor der Heiligen Dreifaltigkeit. Ungewöhnlich ist ein Brauch zum Fronleichnamsfest in Hörbranz. Hier rückt seit etwa 1850 eine Fronleichnams-Schützenkompanie nur anlässlich dieses Festes aus und feuert bei der Lesung der Evangelien Salven ab.

Ziegen begegnen Wanderern in Vorarlberg immer wieder

Weiter nordwärts führt die Straße am **Kloster Mariastern** vorbei, dessen Gebäude aus dem 19. Jahrhundert stammen. Der Verlauf dieser Straße stammt noch aus der Römerzeit und ist deren alte Trasse nach Kempten, damals Campodunum genannt.

Nördlichste Siedlung Vorarlbergs ist **Hohenweiler**. Die ursprünglich gotische **Georgskirche** ist mehrfach verändert worden. Sehenswert ist das Deckengemälde. Unter anderem ist hier die Anbetung der Hirten dargestellt, alle Szenen jedoch in heimischer Landschaft mit dem Bodensee im Hintergrund.

Dornbirn und sein Umland

Mit gut 45 000 Bewohnern ist Dornbirn Vorarlbergs größte Stadt; sie gilt auch als das gewerbliche Zentrum des Landes. Mit 121 Quadratkilometern ist Dornbirn auch flächenmäßig eine der größten Gemeinden Vorarlbergs. Dornbirn ist ein überregionaler Messeplatz und ein bedeutender Wirtschaftsstandort. Dabei entstand es erst 1901 durch Zusammenschluss der vier kleinen Dörfer Niederdorf, Oberdorf, Hatlerdorf, Haselstauden, wobei man der Stadt diese Geschichte im Straßennetz und Teilen der Bebauung noch durchaus ansieht. Insbesondere in den aus dem Tal der Dornbirnerach ansteigenden Stadtvierteln findet sich neben Bürgerhäusern auch noch manch kleineres bäuerliches Anwesen.

Die Stadt bietet eine Ausflugscard an (18 Euro für Erwachsene), die vier Tage gültig ist und alle Buslinien (auch die nach Ebnit) sowie einmaligen Eintritt in alle Museen, Bäder und eine Karrenseilbahnfahrt einschließt. Man bekommt sie beim Dornbirn Tourismus und im Museum inatura.

Stadtgeschichte

Archäologische Grabungen haben eine Besiedlung schon zur Steinzeit nachgewiesen, und im 7. Jahrhundert gab es bereits alemannische Siedler. Zu Beginn des 9. Jahrhunderts ist ein Adliger namens Thorro auf einem Gut Thorinpuiron nachgewiesen. Wie in Bregenz ist auch hier die mittelalterliche Geschichte wenig dokumentiert. Von den Bregenzer Montforts übernahmen die Habsburger 1380 den Ort, seither sind Stadt und Land österreichisch.

Doch die örtlichen Geschicke bestimmten die Grafen von (Hohen-)Ems. Die hohe Verschuldung der Emser gab der Dornbirner Bürgerschaft 1771 die Möglichkeit sich ›freizukaufen‹, womit der Aufstieg der Stadt begann. Erst 1901 erfolgte die Stadterhebung. Französische Truppen nahmen am 2. Mai 1945 die Stadt in Besitz, wobei es wie in Bregenz zu Zerstörungen kam.

Dornbirns Wirtschaft war über zwei Jahrhunderte durch die Textilindustrie geprägt; bedeutende Unternehmen waren F.M. Hämmerle, Rhomberg und Mäser. Eine sehr große Rolle spielt der Messestandort Dornbirn. Die Stadt besitzt Vorarlbergs größtes Einkaufszentrum (›Messepark‹), und die Mohrenbrauerei August Huber, die älteste Bierbrauerei Vorarlbergs, ist ein immer noch existierendes Traditionsunternehmen. An die Stelle der Textilindustrie, die in den letzten 30 Jahren viel an Bedeutung verloren hat, ist eine stark wachsende metallverarbeitende Industrie wie auch die Elektro- und Elektronikindustrie getreten. Das hiesige Unternehmen Zumtobel ist europaweit durch designerisch hochwertige Lampen und Leuchten bekannt.

Sehenswürdigkeiten

Fast alle Sehenswürdigkeiten der Stadt sind um den Markt zu finden, wo – im Zentrum des früheren Niederdorf – sechs Straßen zusammenlaufen. Kaum

Das Mohrenbier wird in Dornbirn produziert

▲ Karte S. 69

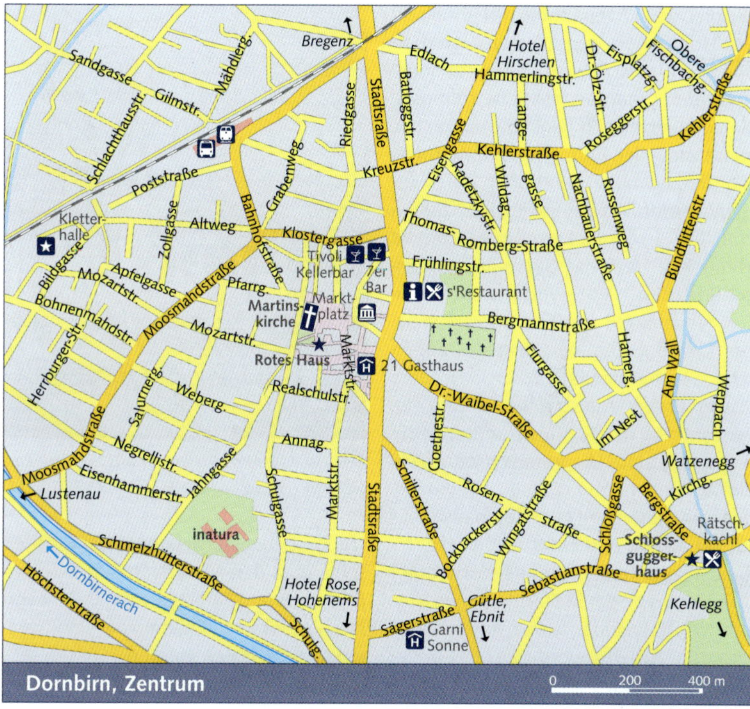

Dornbirn, Zentrum

zu glauben, dass sich bis 1985, bevor es die Zentrumsumfahrung gab, hier der ganze Lkw- und Pkw-Verkehr seinen Weg hindurch bahnen musste. Dominante des Platzes ist die klassizistische **Martinskirche** von 1840, die durch ihre ungewöhnliche tempelartige Vorhalle mit sechs Säulen wahrhaft ehrfurchtgebietend ist. An dieser Stelle haben sich früher nachweislich vier weitere Kirchenbauten befunden. Der freistehende Turm, der gar nicht zur Kirche passen will, stammt aus dem Jahr 1493, seine obere Hälfte ist 1767 hinzugefügt worden. Im Giebel der Vorhalle stellt ein Mosaik aus 1,5 Millionen Glassteinen den Einzug Christi in Jerusalem dar. Mosaik und das kolossale Wandgemälde ›Die vier letzten Dinge‹ am Eingang der Kirche schuf Joseph Huber 1924. Das Fresko zeigt in der Mitte Christus beim Jüngsten Gericht, verzichtet aber ungewöhnlicherweise auf die Darstellung der Hölle – die wiederum symbolisiert ist durch die Darstellung von Künstlern, die sie in ihren Werken schilderten wie Dante oder Michelangelo. Das Kircheninnere wirkt wie ein festlicher Saal. Der Hochaltar aus Stuck hat den Sakramentsaltar von St. Peter in Rom zum Vorbild. Ungewöhnlich sind auch die Fresken im Chor: Hier hat der Dornbirner Künstler Carl Joseph Rick Szenen des Alten und Neuen Testaments um die Krippe zu Bethlehem drapiert.

Das Wahrzeichen Dornbirns ist aber nicht die Stadtkirche, sondern das **Rote Haus** gleich daneben. Es gilt als Paradebeispiel des sogenannten Rheintalhauses. Über einem gemauerten Unterbau sind in Holzbauweise mehrere rot angestrichene Obergeschosse vorhanden, die von vierteiligen Fenstergruppen mit phantasievollen Rahmungen mit grotesken Renaissance-Figurationen unterbrochen werden. An der Stelle eines älteren Pfarrhofs ließ die Dornbirner Familie Rhomberg 1639 das **Gasthaus zum Engel** errichten. 1955 wurde es durch einen Nachfahren der Familie renoviert. Der Kirche gegenüber steht das **Lugersche Geschäftshaus** von 1902, in dem Vorarlberger Volksbauweise und Jugendstil auf das Schönste miteinander verbunden sind. Ursprünglich war es ein bloßes Nebengebäude des angrenzenden sogenannten Feuersteinhauses. Es ist ein Werk des österreichischen Jugendstilarchitekten Hanns Kornberger (1868–1933), der in Dornbirn eine Vielzahl von Gebäuden schuf, unter anderem die Arbeiterwohnhäuser an der Schmelzhütterstr. 30, die Villa Schwendinger am Grabenweg 8 und die Villa Lins an der Schulgasse 17.

Um den Marktplatz gibt es noch einige andere **Bürgerhäuser**, die einen Blick lohnen wie das Haus Riedgasse 9. Das sogenannte **Kaplanhaus** etwa 800 Meter südlich des Marktes (Schmelzhütter-

Wahrzeichen Dornbirns: das ›Rote Haus‹

▲ Karte S. 69

Der Dornbirner Marktplatz mit Lugerschem Geschäftshaus

str. 3) ist ebenfalls sehenswert. Besuchen sollte man den Markt von Dornbirn am Mittwoch und Samstag vormittag, wenn hier Produkte aus heimischer Landwirtschaft feilgeboten werden.

Das sogenannte **Schlossguggerhaus** in der Sebastianstraße 24 (Ecke Bergstraße), im ehemaligen Oberdorf, das vermutlich gegen 1300 errichtet wurde, gilt als das älteste erhaltene Gebäude der Stadt. Es ist in der Ständerbauweise errichtet, bei der Ständer, die vom Boden bis zum Dach reichen, das tragende Gerüst des Hauses bilden.

Zu Dornbirns größten Anziehungspunkten zählt die **Inatura** in der Jahnstraße unweit der Dornbirnerach. Es ist ein sehr phantasievoll angelegtes interaktives, naturkundliches Museum in einer aufgelassenen Maschinenfabrik, die hier von 1827 bis 1984 bestand. Die belebte und unbelebte Natur des Landes ist hier unter anderem in 3D-Projektionen, mit lebenden Kleintieren, mit sechs gesonderten technischen ›science zones‹ und anderem dargestellt. Das Museum ist in seiner Konzeption zweifellos eines der gelungensten seiner Art. Die ›Inatura‹ ist Nachfolgeeinrichtung der ›Vorarlberger Naturschau‹, die früher in der Marktstraße 33 ihre Sammlungen zeigte. Um das Museum präsentiert der ›Stadtgarten‹ auf 2,5 Hektar eine Gehölzesammlung, für Kinder gibt es einen Wasser- und Dornröschengarten sowie einen Abenteuerspielplatz. Die ›Inatura‹ entstand aus dem geologisch-paläontologischen Privatmuseum des Dornbirner Textilkaufmanns Siegfried Fußenegger (1894–1966), der es 1940 der Öffentlichkeit zugänglich machte. Fußenegger hatte in über 30 Jahren sämtliche im Ländle vorkommenden Gesteine, Minerale und die gesamte Flora Vorarlbergs gesammelt. Das Museum wurde 1960 als ›Voralberger Naturschau‹ neu konzipiert und zeigt heute auf eine sehr attraktive Weise Vorarlbergs Natur.

Dornbirns nähere Umgebung

Unweit von Dornbirn gibt es mehrere bedeutende Sehenswürdigkeiten Vorarlbergs auf engem Raum zu finden.

Kehlegg

Das kleine Dorf Kehlegg voll sehenswerter alter Häuser liegt nur wenige Kilometer ostwärts des Dornbirner Zentrums. Beliebt ist dorthin die Waldwanderung von Watzenegg aus (Hin- und Rückweg etwa drei Stunden). Sie führt über Schwendenbach und Schauner entlang einsamer Wege und brausenden wilden Bächen (Rother Wanderführer Bodensee-Rätikon). Watzenegg ist gut von Dornbirn aus mit dem Bus zu erreichen. Eine Wanderkarte 1:50 000 ist nötig.

Auf den Karren

Dornbirns Hausberg und zugleich einer der beliebtesten touristischen Orte der Region ist der 976 Meter hohe Karren. Zu ihm führt aus dem Tal der Dornbirnerach, am Ostrand der Stadt, eine Seilbahn empor. Sie ist täglich von 9 bis 23 Uhr in Betrieb, im Winter ab 10 Uhr und Fr und Sa bis 24 Uhr. Auch hierher kommt man vom Zentrum mit Dornbirns berühmter Buslinie 7. Das Panoramarestaurant auf dem Karren bietet mit einem besonderen Mittagsticket (Mo–Fr 11.30–14 Uhr) für 12 Euro eine mit einem Mittagessen kombinierte Berg- und Talfahrt an (Tel. 05572/54711, www.karren.at). Ähnlich wie vom Pfänder ist die Aussicht vom Karren phänomenal. Man überblickt das Dreiländereck Schweiz-Liechtenstein-Österreich und den ganzen Ostteil des sanft in der Ferne verblauenden Bodensees. »Wenn man auf die zu Füßen gleich einem Garten ausgebreitete Landschaft blickt, mit ihren schönen Kirchen, gartengeschmückten Häusern und eleganten Villen modernsten Styles, den saftgrünen Fruchtangern, Feldern und Wiesen, dann begreift man, dass der Dornbirner auf sein Heim stolz ist wie kaum eine anderer Vorarlberger.« So beschrieb es der Schriftsteller Ludwig von Hörmann.
Besuche des Karrens sind für die Dornbirner und ihre Gäste fast eine Art Kult.

Schöne alte Häuser findet man in Kehlegg reichlich

Ganz gleich ob zu Fuß oder mit der Seilbahn, sich auf dem Karren aufzuhalten, scheint mindestens einmal in der Woche Pflicht zu sein. Der Aufstieg erfolgt über einen an der Talstation beginnenden Wanderweg (Wanderkarte anzuraten). Es lassen sich aber auch bei der Auffahrt mit der Seilbahn schöne Rundwanderungen um den Karrengipfel machen. Beliebt ist die sogenannte Karrenrunde über den Kühberg (hier gute Einkehrmöglichkeit) südwärts bis zur Schuttannenhütte, dann nordostwärts um den Staufen herum bis zur Staufen-Alpe, von wo es über den Kühberg wieder zur Bergstation auf dem Karren geht. Für diese etwa zweieinhalbstündige Wanderung auf guten Bergwegen ist keine übermäßige Kondition erforderlich. Sehr erlebnisreich ist der Weg von Schuttannen weiter südwärts bis zum Bergdorf Ebnit, von wo man mit dem Bus nach Dornbirn zurückkehren kann. Von der Schönermann-Alpe nördlich von Ebnit gibt es eine überwältigende Fernsicht (Wanderkarte anzuraten). Eine gute ›offizielle‹ Karte 1:25 000 gibt es bei der Dornbirner Touristeninformation.

■ Gütle und die Rappenlochschlucht

In diesem an der Dornbirnerach gelegenen winzigen Ort finden sich gleich zwei der meistbesuchten Attraktionen Vorarlbergs. Das hiesige private, weltweit größte **Rolls-Royce-Museum** präsentiert auf drei Etagen mehr als tausend Fahrzeuge aller Baujahre. Man kann bei der Restaurierung der noblen Fahrzeuge zusehen, auch bietet das Museum besondere Veranstaltungen für die ganze Familie und ein kleines Restaurant mit originalen Stilmöbeln. In Gütle beginnt der Wanderweg in die **Rappenlochschlucht**. Die Dornbirnerach hat hier einen über 60 Meter tiefen Einschnitt in die Berge gefräst. Ein Spaziergang durch die wilde Schlucht hinauf zum Staufensee und zum zweitältesten der Vorarlberger Kraftwerke, nach Ebensand, ist sicherlich genauso Pflicht wie ein Besuch des Karren. Oberhalb des Kraftwerks, das seit 1901 Strom für Dornbirn liefert, liegt die etwas schwieriger zu begehende **Alplochschlucht**, über die man bis Ebnit vordringen kann. Doch sind es vom Kraftwerk noch gute sechs Kilometer bis dorthin. Gütle erreicht man auch mit öffentlichen Verkehrsmitteln bequem: Die Buslinie 7 fährt es von Dornbirn aus täglich mehrmals an.

▶ Karte S. 50

■ Ebnit

Es wird oft als ›Dornbirns Kleinod‹ angepriesen. Und in der Tat ist das abgelegene Bergdorf auf 1088 Metern Höhe, das eine Walsergründung ist, viel besucht aufgrund der besonders reinen Luft und der (noch) unberührten Natur, obwohl es keine sechs Kilometer Luftlinie vom Dornbirner Zentrum entfernt ist. Es gibt **Reitmöglichkeiten auf Islandpferden** (Tel. 0676/7357457) und einen **Hochseilgarten** (Tel. 0664/9264592). Aber den größten Genuss bietet die Fahrt nach Ebnit selbst: Es ist eine der unbekannteren, aber nicht weniger spektakulären Bergstraßen. Die zwölf Kilometer lange Straße, die kurz vor Gütle aus dem Achetal emporführt, ist teilweise sehr schmal, führt durch Felstunnel, ist äußerst steil und kurvenreich und fordert vom Fahrer nicht weniges Können. Die Ausblicke von der

Stege führen durch die Alplochschlucht

Straße in die Rappenlochschlucht sind überwältigend. Leider kann man nur an wenigen Stellen halten. Ebnit ist nur über diesen Weg zu erreichen. Und auf dem fahren seit einigen Jahren während der Woche zahllose Baufahrzeuge und Ähnliches, denn der Ort wurde zum bevorzugten Neusiedlungsgebiet vermögender Vorarlberger. Ebnit erreicht man mit öffentlichen Verkehrsmitteln vom Bahnhof Dornbirn mit dem Kleinbus 47 (hält auch an der Karrenbahn).

Lustenau

Sicherlich ist diese mit über 21 000 Bewohnern größte Marktgemeinde Österreichs nicht der große Touristenmagnet, doch gibt es einige Einzelheiten, die den Besuch durchaus lohnen. Lustenau ist eigentlich eine Ansammlung von Einzelgebäuden, geschlossene Bebauung fehlt fast vollständig, bis auf die Ecke rund um die Kirche.

Straße auf dem Weg von Dornbirn nach Ebnit

▲ Karte S. 50

Die **Peter-und-Paul-Kirche** entstand 1832 nach Plänen von Alois Negrelli, der eigentlich Brücken- und Eisenbahnbauer war, was übrigens der seither mehrfach umgebauten Kirche stilistisch anzusehen ist. In den Kirchplatz hinein ragt von einem Einkaufszentrum her Europas größtes ungestütztes Vordach. Obwohl Lustenau ganz neuzeitlich wirkt, ist es eine sehr alte Siedlung, die schon 887 erwähnt wurde. Hier befindet sich das Zentrum des österreichischen Stickereiwesens, wie es hier auch ein großes Stickereimuseum gibt. Auch wird in Lustenau der Nachlass der expressionistischen Malereien Stephanie Hollenstein (1886–1944) aufbewahrt. Ihre Landschaftsmalerei zählt zum Besten dieser Gattung ihrer Epoche. Eine gewisse Berühmtheit erlangte sie als eine der beiden einzigen Frauen, die in der österreichischen Armee im Ersten Weltkrieg Dienst taten, denn sie schmuggelte sich als Mann verkleidet in eine Freiwilligenkompanie ein. **Stickereimuseum und Hollenstein-Nachlass** mit fast 100 Ölgemälden und fast 200 Aquarellen und Grafiken befinden sich im Haus Pontenstraße 20. Ein interessantes Museum ist das **Rhein-Schauen-Museum**. Hier gibt es Technik zum Anfassen und die Geschichte des Rheins und seiner Regulierung. Auch fährt vom Museum das **Rheinbähnle** mit Dampflok entlang des Rheindamms.

Ein Spaziergang entlang eines Altwasserarms des Alten Rheins südlich von Lustenau auf der Trasse des Bodenseeradwegs bietet ähnlich des Besuchs von Rhein- und Rohrspitz eine Begegnung mit einer ungewöhnlichen Auenlandschaft. Ausgangspunkt für die Wanderung ist günstigerweise die Rheinbrücke an der Straße von Lustenau ins schweizerische Widnau.

Dornbirn und Umgebung

Vorwahl: 05572.

PLZ: 6850.

Dornbirn Tourismus, Rathausplatz 1, Tel. 22188, www.dornbirn.info.

Hotel Garni Sonne, Sägerstraße 8, Tel. 22212, www.gh-sonne.at, p.P. im DZ je nach Saison 53–58 €.

Hotel Rose, Hatlerstraße 31, Tel. 22461, www.rose.co.at, p.P. im DZ 40–60 €. Idealer Ausgangspunkt für Besuche der inatura und der Rappenlochschlucht.

Hotel-Restaurant Hirschen, Haselstauderstr. 31, Tel. 26363, www.hotel-hirschen-dornbirn.at, p.P. im DZ 45–60 €. Stadthotel in zentraler Lage, Restaurant ab 16 Uhr.

Gasthaus Firstblick, Kehlegg 6a, Tel. 27512, Sa–Mi 10–23, So 10–19 Uhr.

s'Restaurant (im Kulturhaus), Rathausplatz 1, Tel. 205742, www.dersaal.at, So–Di 10–15, Mi–Fr 10–14 Uhr und 17.30–20 Uhr. Günstige und gute Mittagsmenüs.

21 Gasthaus, Marktstraße 21, Tel. 386353, Di–Fr 12–1, Sa 9–1 Uhr, So und Mo geschlossen. U.a. ausgezeichnete Schweinekrustenbraten und Backhendl.

Rätschkachl, Bergstraße 22, Tel. 21995, www.raetschkachl.com, Di–Sa ab 19 Uhr, jeder 1. Montag im Monat ebenfalls geöffnet, leider Juni–Aug. geschlossen. Hervorragende Steaks in Club-Atmosphäre.

Campingplatz in der Enz, Gütlestraße, Tel. 29119, www.camping-enz.at.

Tivoli Kellerbar, Riedgasse 8, 24172, www.tivoli-kellerbar.at, Mi–Mo 19–1 Uhr. Schönes Bier- und Weinlokal mit Garten.

Café Erika und **7er Bar**, Eisengasse 7, www.7er-bar.at, So–Do 17–1, Fr/Sa 17–2 Uhr. Eventreicher Szenetreff.

Inatura, Jahngasse 9, Tel. 23235-0, www.inatura.at, tgl. 10–18 Uhr.

Stadtmuseum Dornbirn, Marktplatz 11, Tel. 33077, www.stadtmuseum-dornbirn.at, Di–So 10–12 und 14–17 Uhr.

Buchdruckmuseum druck werk, im Winsauer Center, Arlbergstraße 7, Tel. 32111, www.druckwerk-dornbirn.at, Di–Fr 10–16, jeden dritten So 10–13 Uhr. Führungen und Besuch von Gruppen auch an anderen Terminen nach Absprache.

Rolls-Royce-Museum, Gütle 11a, Tel. 52652, www.rolls-royce-museum.at, Apr.–Okt. tgl. 10–18 Uhr, Nov.–März 10–17 Uhr, Mo stets geschlossen, an Feiertagen stets geöffnet. Weltweit einzigartige Kollektion von 1000 originalen Rolls Royce, v.a. auch solche bedeutender historischer Persönlichkeiten. Ein Muss! Zu erreichen von Dornbirn direkt mit Stadtbus Linie 5.

Stickereimuseum Lustenau, Pontenstr. 20, 6890 Lustenau, Tel. 5522/305221, Do/Fr 15–19 Uhr.

Galerie Hollenstein, Pontenstr. 20, 6890 Lustenau, Tel. 5577/84542.

Rhein-Schauen-Museum und Bähnle, Höchster Str. 4, 6890 Lustenau, Tel. 5577/20539, www.rheinschauen.at, Mi, Fr–So 13–17 Uhr, Bahnfahrten Fr–So 15 Uhr.

Kletterhalle Dornbirn, Bildgasse 10, Tel. 394810, www.k1-dornbirn.at. Klettern lernen und ausüben in Halle und Natur.

Karte: WK 364 von Freytag und Berndt, Bregenzerwald-Rheintal.

Erlebnis-Einkaufszentrum Messepark an der Ausfahrt Dornbirn-Süd, Lustenauer Straße.

Hohenems

Einer der bedeutendsten Orte Vorarlbergs ist Hohenems (14200 Bewohner). Hier hatte das bedeutende Geschlecht derer von Ems beziehungsweise Hohenems seinen Sitz, hier wurden in der Schlossbibliothek Abschriften des Nibelungenlieds gefunden, hier gab es jahrhundertelang eine große jüdische Gemeinde und nicht zuletzt wurde Hohenems ein Mekka der Kultur, als 1976 hier die ›Schubertiade Hohenems‹ gegründet wurde.

Stadtgeschichte

Die Position der späteren Stadt Hohenems war schon im Mittelalter als strategisch bedeutender Punkt erkannt worden. Hier schob sich das Gebirge im Bereich der heute begradigten Diepoldsauer Rheinschleife dicht an den Fluss heran, was die Anlage einer Burg begünstigte, von der aus die Herren von Ems die wichtige Straße aus Süddeutschland nach Italien kontrollieren konnten. Die Burgen des Rheintals hatten auch wegen der Italienfahrten der Staufer große infrastrukturelle Bedeutung. Die Burg Alt-Ems gehörte seit dem Ende des 11. Jahrhunderts mit 350 Metern Länge zu den größten Burgen ihrer Zeit im süddeutschen Raum und war gegen Ende des Mittelalters zu einer uneinnehmbaren Festung ausgebaut. Stauferkaiser Heinrich VI. ließ hierher Wilhelm, den zehnjährigen, letzten normannischen Herrscher von Sizilien bringen. Er ließ ihn blenden und gefangennehmen, um seinem eigenen Sohn Friedrich II. die Herrschaft über das Königreich Sizilien erlangen zu lassen. In späteren Jahrhunderten hatten es die Emser bei Kaiser Ferdinand I. zu solchem Ansehen gebracht, dass er ihr Territorium 1560 in den Rang einer Reichsgrafschaft erhob. Das alte Schloss war als Repräsentationsbau nicht mehr ausreichend, so dass man am Fuß des Burgberges ab 1562 einen großen Renaissancepalast zu bauen begann, dem auch große Parkanlagen bis zum Rheinufer hinab angeschlossen waren. Die alte Burg wurde in einem weiteren Umbauakt im Stil der neuen Epoche renoviert. Auch ein Gästehaus (das heutige Rathaus) entstand in dieser

Historische Ansicht von Hohenems

Karte S. 50

Zeit. Handel und Verkehr erlebten einen großen Aufschwung. Nahe dem Palast wurde daher eine Marktstraße (die spätere Christengasse) angelegt und zur Belebung des Ganzen kamen nach 1617 Juden in den Ort, die zunächst westlich dieser Markstraße siedelten. Dieses erste Judenviertel hatte um die heutige Schweizer Straße, die Harrachgasse und die Schulgasse seine Lage. Hohenems wurde ein Ort voll kommerziellen Lebens, auch kamen Heilungssuchende in die vorher kaum benutzten Schwefelquellen im Süden des Orts. Die jüdische Gemeinde genoss viele Privilegien. Sie konnte eine Synagoge, ein Ritualbad (Mikwe), ein Armenhaus und auch einen eigenen Friedhof errichten. Große Bedeutung erlangte auch die Buchdruckerei. Mit der ›Emser Chronik‹, einer Art Landeskunde Vorarlbergs, erschien hier 1616 das erste im Land gedruckte Buch. Für die Literaturgeschichte vielleicht noch bedeutender wurden die Funde von drei fragmentarischen Abschriften des Nibelungenlieds, die 1755 (Abschrift C) und 1779 (Abschrift A) in der Palastbibliothek gemacht wurden. 1765 übernahm das Haus Habsburg die Lande um Hohenems. Damit wurde auch dieser Teil des späteren Landes Vorarlberg österreichisch.

Sehenswürdigkeiten

Schloss Hohenems ist ein rechteckiger, äußerst imposanter Renaissancebau von Martino Longo aus Mailand, der nach nur fünfjähriger Bauzeit 1567 beendet war; ihm wurden aber 1603 bis 1610 zwei Seitentrakte und an der Bergseite eine Blendmauer hinzugefügt. Beeindruckend ist das plastische Portal mit der Wappenkartusche des Bauherrn Markus Sittikus (auch Sittich; s Geschichte der Reichsgrafen von Hohenems; S. 81). Im schönen Arkadenhof sind der Brunnen und die Friese mit Harnischen, Jagdsymbolen und Musikinstrumenten sehenswert. Architekturgeschichtlich ist es außerordentlich bedeutend: Es gehört zu den reinsten frühen Renaissance-Profanbauten nördlich der Alpen. Am Schlossplatz (der eigentlich einen langen Straßenzug darstellt) vor dem Palast erinnert ein **Nibelungenbrunnen** an den Fund der Handschriften. Die **Pfarrkirche St. Karl Borromäus** von 1581 wurde von 1796 bis 1798 umgebaut. Ihr besonderes Kleinod ist ein Renaissancehochaltar, der die Krönung Marias durch die Heilige Dreifaltigkeit zeigt. Die Kirche ist die alte Grablege der Emser Grafen. So ist auch das Wandgrabmal des Kaspar von Ems aus rotem und schwarzem Marmor sehenswert.

Zurück zum Schlossplatz: An der Ecke zur Bahnhofstraße steht das 1567 als Gästehaus der Emser erbaute **Rathaus**, das durch seinen Treppenturm auffällt. Dem Rathaus gegenüber steht die **Amannsche Villa**, die der Dornbirner Jugenstilarchitekt Hanns Kornberger 1905 baute und die durch ihr ›maurisches‹ Couleur auffallend ist.

Das Judenviertel und die jüdische Gemeinde

Nördlich der Stadtkirche befindet sich um die Schweizer Straße, die J.-Hannibal-Gasse und die Harrachgasse das alte Judenviertel von Hohenems. Seine Bausubstanz stammt überwiegend aus der Mitte des 19. Jahrhunderts. Viel besucht ist hier das **Jüdische Museum**, die ehemalige Villa Heimann-Rosenthal im Haus Schweizer Str. 5, wo wechselnde Ausstellungen zu jüdischen Themen stattfinden. Unter anderem besitzt das Museum einen eigenen Radiosender, Radio Mikwe genannt, der erste

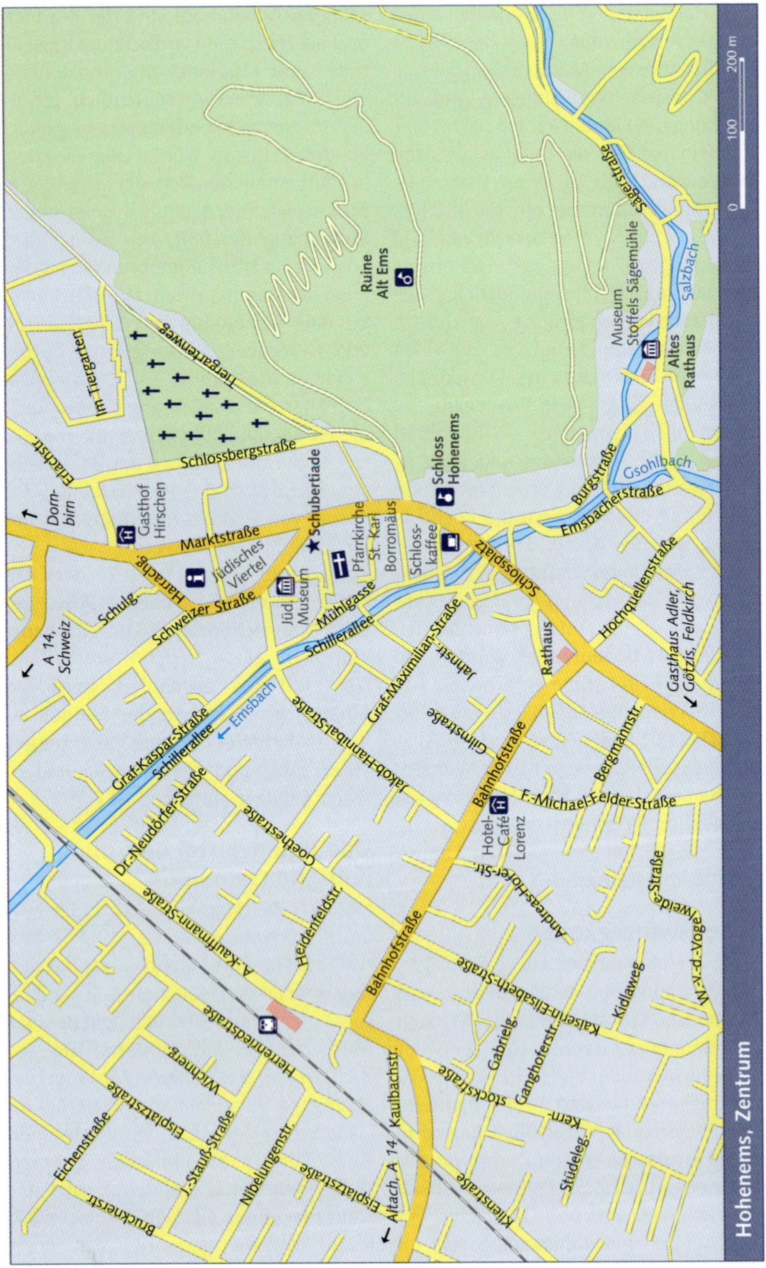

Hohenems, Zentrum
0
100
200 m
Ruine Alt Ems
Schloss Hohenems
Schubertiade
Pfarrkirche St. Karl Borromäus
Schlosskaffee
Jüdisches Viertel
Jüd. Museum
Gasthof Hirschen
Hotel-Café Lorenz
Museum Stoffels Sägemühle
Altes Rathaus
Rathaus
Gasthaus Adler, Götzis, Feldkirch
Dornbirn
A 14, Schweiz
Altach, A 14
Emsbach
Salzbach
Gsohlbach
Tiergartenweg
Im Tiergarten
Schlossbergstraße
Erlachstr.
Marktstraße
Harrachg.
Schulg.
Schweizer Straße
Mühlgasse
Schillerallee
Schlossplatz
Burgstraße
Emsbacherstraße
Sägerstraße
Hochquellenstraße
Graf-Maximilian-Straße
Jahnstr.
Gilmstraße
Jakob-Hannibal-Straße
Graf-Kaspar-Straße
Dr.-Neudörfer-Straße
Goethestraße
Bahnhofstraße
F.-Michael-Felder-Straße
Bergmannstr.
Andreas-Hofer-Str.
Heidenfeldstr.
A.-Kaufmann-Straße
Kaiserin-Elisabeth-Straße
Kidlaweg
W.-v.-d.-Vogelweide-Straße
Herrenriedstraße
Wichnerg.
Gabrielg.
Ganghoferstr.
Kaulbachstr.
Kernstockstraße
Stüdeleg.
Klienstraße
Eichenstraße
Eisplatzstraße
J.-Strauß-Straße
Nibelungenstr.
Brucknerstr.

Das Jüdische Museum

deutschsprachige jüdische Radiosender im Internet. Er ist täglich von 9 bis 20 Uhr auf Sendung (www.radiomikwe.at). Sehenswerte Relikte des jüdischen Viertels und des einstigen jüdischen Lebens sind das **Gasthaus Engelburg**, genau an der Spitze zwischen Schweizer und Marktstraße, das vormalige **Café Kitzinger** (Ecke Schweizer/Jakob-Hannibal-Str.) – übrigens seit 1797 Vorarlbergs erstes Kaffeehaus und das **Armenhaus** (Jakob-Hannibal-Str. 6, hinter ihm ein weiteres jüdisches Gasthaus). Zu dem kleinen Gebäudekomplex um die Musikschule (Schweizer Str. 21) zählt das **Brettauerhaus** (Josef Brettauer war ein bedeutender Augenarzt seiner Zeit), die **ehemalige Synagoge** (1772 m, spätbarock, heute umgebaut zum Salomon-Sulzer-Saal) und das **Geburtshaus des Salomon Sulzer** (1804–1890), eines berühmten Kantors, der auch Professor am Wiener Konservatorium war und den Synagogalgesang reformierte. Franz Schubert komponierte für ihn eine Vertonung des 23. Psalms. Sulzer selbst war aber ein ebenso produktiver Tonsetzer. Viele volkstümliche Chorlieder von ihm waren bis weit ins 20. Jahrhundert auch bei Nichtjuden viel gesungen. Gegenüber, an der Ostseite der Schweizer Straße sind viele jüdische Bürgerhäuser erhalten geblieben. In der unweiten Harrachgasse sind ein jüdisches **Schulhaus** und insbesondere das Ritualbad, die **Mikwe**, erhalten. Der jüdische **Friedhof**, der bis auf das Jahr 1617 zurückgeht, befindet sich weit außerhalb des Stadtzentrums im Süden, an der Römerstraße unterhalb des sogenannten Schwefelbergs.

Durch einen Schutzbrief des Reichsgrafen Kaspar von Hohenems gesetzlich geregelt, zogen ab 1617 viele jüdische Familien nach Hohenems. In der zweiten Hälfte des 19. Jahrhunderts erreichte die Zahl der Gemeindeglieder mit knapp 900 Personen ihren Höchststand. Nachdem 1867 ebenfalls durch Gesetz die freie Niederlassung der Juden möglich wurde, schwand die Zahl der Hohenemser Juden rasch, und 1890 lebten nur noch 118 Glaubensgenossen in der Stadt. Bis in die 1930er Jahre sank die Zahl weiter herab, so dass 1938 nur noch 35 Juden in der Stadt lebten. In diesem Jahr erfolgte die Beschlagnahmung des jüdischen Eigentums und zwei Jahre später die Auflösung der jüdischen Kultusgemeinde. Alle verbliebenen Hohenemser Juden, soweit sie nicht schnell

Die Israelitengasse um 1900

in die Schweiz hatten fliehen können, wurden deportiert. Am 25. Februar 1942 ging mit Frieda Nagelberg die letzte Vorarlberger Jüdin den Weg nach Auschwitz oder Treblinka.

Die Schubertiade Hohenems

Der berühmte deutsche Bariton Hermann Prey (1929 – 1998) gründete 1976 in Hohenems die Schubertiaden. Mit diesem Begriff waren schon zur Zeit des Komponisten dessen familiäre Treffen mit befreundeten Sängern und Musikern in den Wiener Salons und auch Gasthöfen umschrieben, bei denen die neuesten Lieder und Klavierwerke des Meisters zur Aufführung kamen. Seitdem gilt die Hohenemser Schubertiade als weltweit bedeutendstes Schubert-Festival. In den ersten Jahren fanden die Konzerte im Rittersaal des Schlosses statt. In den letzten Jahren kam Schwarzenberg im Bregenzerwald als weitere Aufführungsstätte hinzu. In Hohenems selbst ist heute der Markus-Sittikus-Saal in der Graf-Maximilian-Straße unweit des Schlossplatzes die Aufführungsstätte. Spielzeiten sind in Hohenems im Allgemeinen die zweite und dritte Maiwoche sowie die erste im Oktober; in Schwarzenberg führt man in der zweiten Junihälfte beziehungsweise in den ersten zehn Septembertagen die Werke Schuberts und inzwischen auch viele seiner Zeitgenossen auf (www.schubertiade.at). Grundsätzlich kommen nur Lieder, Chöre, Klavier- und Kammermusikwerke zu Gehör. Orchesterkompositionen Schuberts werden nicht aufgeführt. Das war die Konzeption Preys, nach der Schuberts Werke, innerhalb derer die kleineren Formen überwiegen, nur in einem solchen intimen Rahmen aufgeführt werden können, für den sie der Komponist auch vorgesehen hatte.

▶ Karte S. 50

Wanderungen um Hohenems

Von der Stadtkirche aus sollte man einmal über die Schlossbergstraße, einem steilen Serpentinenweg empor zur **Ruine Alt-Ems** (696 m) steigen, die man nach etwa einer Stunde erreicht. Auf einem unweiten Höhenzug trifft man auf **Burg Neu-Ems**, auch Burg Glopper (692 m) genannt. Sie wurde um 1340 erbaut, in den Appenzellerkriegen zerstört, doch erneut wieder aufgebaut und ist heute als erhaltenes spätgotisches Architekturdenkmal von Bedeutung. Zu ihr gelangt man am besten über die Straße nach Emsreute, die südlich um den Schlossberg herumführt (Trasse der Burg-, Säger- und Reutestraße). Von Emsreute kann man zu einem Teich unterhalb der Volksschule zur Burg in etwa 30 Minuten emporsteigen. Eine dritte sehr empfehlenswerte Wanderung führt zur **Emser Hütte** (Einkehr- und Übernachtungsmöglichkeit), auf 1272 Metern am Strahlkopf östlich der Stadt gelegen. Die Ganztagestour ist eine schöne Waldwanderung, bei der aber bis zur Hütte 430 Meter Höhenunterschied bewältigt werden müssen (Wanderkarte/Rother Wanderführer Bodensee-Rätikon). Anfragen und Reservierung unter Tel. 5576/77865.

Primeln am Wegesrand

Die Reichsgrafen von Ems

Das bedeutende Geschlecht derer von Ems hatte seit 1170 die Burg Alt-Ems als erbliches Lehen des Kaisers inne. Der erste Vorarlberger Dichter, der Minnesänger und Chronist Rudolf von Ems (um 1200–um 1254) kam auf ihr zur Welt. In seinem Hauptwerk, der unvollendet gebliebenen ›Weltchronik‹, wollte er den Staufern ihr Hohelied singen, gelangte jedoch in der Darstellung nur bis zur Zeit des Königs Salomo. 1269 wurde die Familie reichsunmittelbar, ihre Angehörigen konnten nun selber große Politk betreiben. Ihr Herrschaftsbereich wurde zu einem kleinen Territorium, das für die vorarlbergische Landeseinheit lange störend bleiben sollte. Die vermögenden Emser erweiterten ihre Macht, da sie den verschiedenen Kaisern des Heiligen Römischen Reichs Darlehen geben konnten, und erwarben Lustenau und Dornbirn. Gegen Ende des 14. Jahrhunderts waren die Emser eine schier unüberwindliche politische Macht geworden, was auch mit ihren Diensten gegenüber Habsburg zusammenhing. Denn für diese waren die Emser ein nützliches Bollwerk gegenüber den kriegerischen Eidgenossen. Im politischen, aber diplomatisch ausgewogenen Wechselspiel entwickelte sich eine gegenseitige Abhängigkeit. Einige Emser wurden zu habsburgischen Vögten in den Bezirken des Landes, was wiederum ihren Machtbereich vergrößerte. Den großen Aufstieg der Familie bewirkte, dass viele aus ihr als Landsknechtsführer in Italien für die kaiserliche Armee kämpften. Markus Sittikus I. (1446–1533) unterstützte Kaiser Karl V. in der Schlacht von Pavia 1525. Zur gleichen Zeit gelang es, den letzten verbliebenen Rest des Montfortschen Besitzes zu erwerben, womit die Emser zum einzigen bedeutenden Adelsgeschlecht des Landes wurden. Denn seit etwa 1290 waren die Montfortschen Besitztümer zersplittert und nach und nach an neue Besitzer übergegangen.

Wolf Dietrich von Ems, der Sohn des Markus Sittikus I., heiratete 1529 Clara Medici aus dem Mailänder Zweig der Familie. Deren Bruder Gian' Angelo de Medici bestieg als Pius IV. 1559 den päpstlichen Stuhl. Damit erfuhren die Emser auch Förderung durch den Vatikan und konnten durch diese Verbindung in höchste europäische gesellschaftliche Kreise aufsteigen. Wolf Dietrichs Sohn Jakob Hannibal I. (1530–1587) war päpstlicher Gesandter in Madrid und stieg später zum Oberbefehlshaber der päpstlichen Truppen im Kirchenstaat auf. Als hochvermögender Mann half er mehrmals dem verschuldeten Erzherzog von Tirol aus und konnte dadurch weiteren Machtgewinn verzeichnen. Sein Bruder Markus Sittikus II. (1533–1595) war Soldat und Offizier, entschloss sich aber 1560 für eine geistliche Laufbahn, nachdem sein Onkel als Pius IV. Oberhaupt der katholischen Kirche geworden war. Über den Zwischenposten eines Domherrn in Konstanz konnte er 1561 dort Fürstbischof werden und sich einen ›langgehegten Wunsch einer fetten Pfründe‹ erfüllen, wie es der Vorarlberg-Kenner Franz zu Sayn-Wittgenstein ausdrückte. In seiner Zeit als Konstanzer Erzbischof ließ er den Bau des Hohenemser Schlosses beginnen, das er später seinem Bruder als Residenz zum Geschenk machte. Beliebt wurde Sittikus II. in geistlichen Kreisen nie, da er ein etwas ungehobelter Mann war, der zu lange Soldat gewesen war und insbesondere die höheren geistlichen Weihen nie empfangen hatte. Der lebenslustige Erzbischof hatte lebenslang ein Verhältnis mit einer schönen Genueserin und aus diesem Konkubinat auch einen Sohn, Roberto. Seit 1573 lebte er in Rom als vermögender Mann mit großem Einfluss, der oft in Finanz- und Militärfragen Ratgeber war und bald dem Kardinalskollegium angehörte. Viel hätte 1572 nicht zur seiner Papstwahl gefehlt.

Der Sohn von Jakob Hannibal I., Kaspar Graf von Hohenems (1573–1640), war ein Förderer der Künste und des Handels. Er ließ das Schloss des Sittikus erweitern und Gärten anlegen, und vor allem kamen unter seiner Ägide die Juden nach Hohenems. Graf von Hohenems ist auch Begründer der Schlossbibliothek, die in ihrer Vielfalt und der Zahl der wertvollen Handschriften und Drucke in der damaligen Zeit in Vorarlberg einzigartig war. Während seiner Zeit hatten die Emsischen Besitzungen die stärkste Ausdehnung erreicht. Leider gelang es ihm nicht, einen uralten emsischen Traum zu verwirklichen: die Gründung eines Reichsfürstentums Hohenems entlang des Rheins, als Grenzstaat zwischen dem Habsburgerland und der Schweiz. Kaspars Bruder war Markus Sittikus III. (1574–1619). Er erwarb sich Ruhm als Fürsterzbischof von Salzburg und Erbauer des Schlosses Hellbrunn, begründete eine eigene Hofkapelle und engagierte viele Künstler an seinem Hof. Den Ruhm als Musikstadt verdankt Salzburg ihm.

Markus Sittikus I.

Die beiden Brüder waren wegen ihrer unterschiedlichen Lebensauffassung – der eine ein pragmatischer Politiker, der andere ein lebensbejahender, dem Luxus zugeneigter Bischof – nicht die besten Freunde. Kaspars Sohn Jakob Hannibal II. hatte wegen seines liederlichen Lebenswandels auch mit dem Vater ständig Auseinandersetzungen zu beklagen. Der Vater verbannte ihn und seine Frau daher für einige Zeit auf die Burg Neu-Ems. Seine maßlosen Schulden und der Dreißigjährige Krieg ließen den Emsischen Besitz nach und nach schwinden. Die Wirren der Nachkriegszeit bewirkten das Ihrige, und die Emser, deren Machtfülle den Tiroler Fürsten schon lange ein Dorn im Auge gewesen war, mussten nach und nach die in vielen Jahrhunderten erworbenen Vorrechte wieder abgeben, insbesondere die Pfandschafts- und Vogteirechte, aus denen die Familie hohe Renten hatte beziehen können.

Jakob Hannibals Enkel Franz Karl musste 1687 sogar das finanzielle Ende des Hauses Ems eingestehen und floh nachts außer Landes. Im Jahr 1688 geriet die Konkursmasse in den Besitz der Vaduzer Seitenlinie der Emser, an Franz Wilhelm II., was aber auch bedeutete, dass Liechtenstein emsischer Besitz wurde. Mit dem Tod des Sohns von Wilhelm II., Friedrich Wilhelm III., 1759 erlosch das ruhmvolle Geschlecht der Emser. Unbestritten bleibt aber deren Bemühen, im Mittelalter und der Neuzeit das in unterschiedliche Gebiete, Obrigkeiten und Teilstaaten zerstückelte Vorarlberg zumindest in Teilen geeint zu haben.

Hohenems

Vorwahl: 05576.

PLZ: 6845.

Tourismus & Stadtmarketing Hohenems, Schweizer Str. 10, Tel. 42780, www.hohenems.at.

Gasthof Hirschen, Marktstr. 56, Tel. 72345, www.pension-hirschen.at, Gasthaus Mo–Fr 9–14 und Mo–Sa 16.30–24 Uhr, So geschlossen, p.P. im DZ 32 €.

Hotel-Café Lorenz, Bahnhofstr. 17, Tel. 72332.

Gasthaus Adler, Kaiser-Franz-Josef-Str. 104, Tel. 72292, Mo, Mi–Fr 11–13 und 16–24 Uhr. Sa/So 10–24 Uhr, Di geschlossen. Traditionsgasthaus auf hohem kulinarischen Niveau.

Café-Restaurant im Viertel, Schweizer Str. 33, Tel. 73480, Mo–Sa 10–24 Uhr, So geschlossen. Modern ausgestattetes Restaurant im jüdischen Viertel; allerdings keine koscheren Speisen.

Schlosskaffee, Schlossplatz 10, Tel. 72356, www.schokoladengenuss.at, Mo, Mi–Sa 9–23, So 9–21 Uhr, Di geschlossen. Berühmte Torten- und Schokoladenspezialitäten.

Jüdisches Museum, Villa Heimann-Rosenthal, Schweizer Str. 5, Tel. 73989, www.jm-hohenems.at, Di–So 10–17 Uhr und nach Vereinbarung. Das einzige Museum seiner Art im Bodenseeraum erinnert an Geschichte und Schicksal der großen Hohenemser Judengemeinde, zeigt aber auch viele Wechselausstellungen.

Museum Stoffels Sägemühle, Sägerstraße 11, Tel. 72434, www.museum-stoffels-saege-muehle.at, 25.4. bis 31.10 tgl. 9–18 Uhr. Einzigartige kulturgeschichtliche Dokumentation zu 200 Jahren Mühlentechnik.

Bergbewohner

Um Götzis und Rankweil

Götzis und das nahe Altach sind in den letzten Jahren fast mit Hohenems zusammengewachsen. Dadurch übersieht der Reisende manchmal, dass ein Stopp in Götzis durchaus lohnt.

Götzis

Sehenswert ist die im Wald versteckte **Ruine des Montfortschen Stammschlosses Neumontfort** aus dem 13. Jahrhundert (zu erreichen über die Straße nach Klaus/Rankweil). Sehenswert ist die ältere der beiden **Stadtpfarrkirchen**, die beide St. Ulrich heißen. Das 1514 geweihte Gotteshaus wird wegen der naturalistischen Darstellung seiner Fresken von Kunstfreunden viel besucht. Im Chorbogen gibt es eine erschütternde Darstellung des Jüngsten Gerichts mit gewaltig auffahrenden Flammen. Die **Wallfahrtskirche St. Arbogast** (an der Straße nach Rankweil links auf der Höhe, unweit der Burgruine) zeigt an der Außenseite im Süden eine kleinen Kapellenvorsprung. Hier ist der sogenannte **Stein des Arbogast** zu sehen, der zwei schalenähnliche Eindrücke aufweist, in die sich gut knien lässt. Der

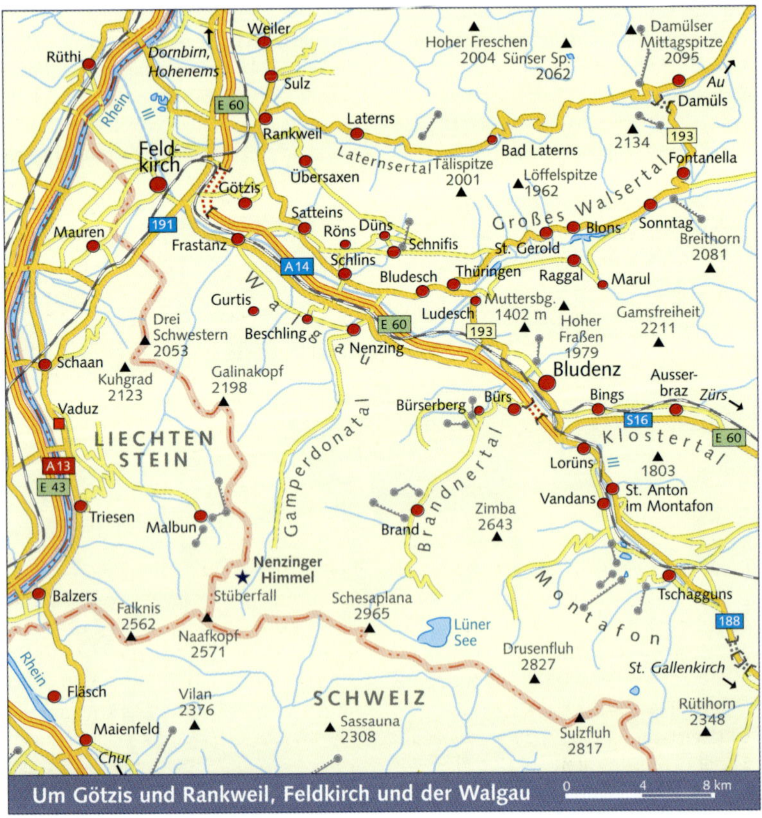

Um Götzis und Rankweil, Feldkirch und der Walgau 0 4 8 km

Legende nach hilft das Knien in diesen Vertiefungen bei Beinleiden; einer anderen Legende nach soll Jesus Christus hier zu Gott gebetet haben, wobei diese Eindrücke im Gestein entstanden sein sollen. Über das Leben des Arbogast erzählt ein Bilderzyklus über dem Portal in der hölzernen Vorhalle der Kirche. Arbogast war ein Prediger aus Aquitanien, trieb Dämonen aus und erweckte den Sohn des Merowingerkönigs Dagobert von den Toten. Später wurde er Bischof von Straßburg und beendete sein Leben im Jahre 550, in dem er sich unter einem Galgen lebendig begraben ließ, nachdem dort ein Unschuldiger hingerichtet wurde.

Eine beliebte Wanderung führt westlich von Götzis auf den 667 Meter hohen **Kummenberg**, den die Autobahn direkt von der Stadt trennt. Man findet im und am Rheintal viele der sogenannten **Inselberge**, die die Schmelzwässer der Nacheiszeit stehenließen. Meist haben sie einen Steilhang im Norden und sind im Süden flach geneigt, was auf die Arbeit des Rheingletschers zurückzuführen ist. Ausgangspunkt für den Spaziergang ist dabei die seltsame Kirche im Dorf **Koblach**, die gleichzeitig im neogotischen, neobarocken und im Neorenaissance-Stil gehalten ist. Eine Stunde benötigt man für den einfachen Weg, doch lohnt die Aussicht auf Rheintal und Bodensee. In Koblach gibt es auch ein kleines Museum zur Urgeschichte der Region. Sehr besuchenswert ist auch die wilde **Örflaschlucht** nahe dem Ortsteil Götznerberg im Osten von Götzis im Tal des Emmebachs. Von hier kann man mit dem Auto weiterfahren bis zum Gasthof Millrütte auf 1106 Meter und über das **Götznerhaus** (1140 m) bis auf die **Hohe Kugel** (1645 m) steigen. Der Blick von dort zieht sich über ein einzigartiges

Der legendäre Stein des Arbogast

Gipfelmeer, das sich vom Bodensee bis zur Schesaplane am Rand des Montafons erstreckt. Fernsicht im Vollkreis. Die Hohe Kugel erreicht man auch vom Parkplatz am Talende bei Fraxern in etwa zweieinhalb Stunden. Westlich von Fraxern stehen oberhalb der Straße die kümmerlichen **Reste der Burg Altmontfort**, wie ihre nahe Schwester eine Stammburg des Geschlechts. Um **Fraxern** gibt es viele **Kirschgärten**, aus denen die lokale Spezialität des ›Fraxner Kriasi‹, ein klarer Kirschschnaps, hergestellt wird. Ein Besuch Fraxerns zur Kirschblüte Anfang Mai ist ein ungeheures Erlebnis, wenn sich Dorf und Umgebung vollständig in ein weißes Blütenmeer verwandeln.

Von **Röthis**, wo es ein kleines **Schmiedemuseum** gibt (Schmiedevorführungen), lohnt die Fahrt auf den 840 Meter hohen **Viktorsberg** mit seinem 1785 aufgelassenen Kloster (heute Tagungszentrum). Auch von hier ist die Aussicht grandios. Aber auch eine Wanderung dort hinauf ist wegen der stillen Natur, die der Weg durchzieht, sehr reizvoll. Ausgangspunkt dafür ist der kleine Ort Dafin östlich von Röthis.

Das Laternsertal

Südöstlich von Röthis zieht sich das Laternsertal ostwärts bis kurz vor Damüls im Bregenzerwald, wo es am Furkapass auf 1760 Metern endet. Das Tal trennt das Massiv des Hohen Freschen (2004 m) vom Walserkamm und ist nicht nur wegen des **Familienskigebiets** um den Gapfohl und den 1785 Meter hohen Nob viel besucht. 27 Kilometer Pisten in allen Schwierigkeitsgraden sind über zwei Seilbahnen von Innerlaterns Dorf aus einfach zu erreichen (www.laterns.net). Im Sommer ist die **Rodelbahn** von gleicher Attraktivität (Anfang Juni bis Ende Oktober von 10 bis 18 Uhr bei gutem Wetter, Tel. 05526/252).

Der Ort **Bad Innerlaterns**, einige Kilometer weiter östlich, war früher wegen seiner **heißen Quellen** viel besucht. Von hier geht es in knapp vier Stunden auf den **Hohen Freschen**, eine Wanderung, die teils recht steil ist, 850 Höhenmeter überwindet, doch kaum alpinistische Fertigkeiten erfordert. Einkehrmöglichkeiten bestehen auf dem Freschenhaus (Juni–Oktober, Tel. 0664/3272725).

Die wildromantische Straße von Rankweil ins Laternsertal führt zunächst durch einige Tunnel hindurch. Von der Kirche (Parkplatz am Infozentrum) im Dörfchen Thal sollte man einmal die sogenannte **Üble Schlucht** besuchen (Wegweiser Gemeindeamt), wo der Bach Frutz durch eine Klamm mit 220 Meter hohen Steilwänden rauscht. Sie ist nicht gut begehbar und erfordert Trittsicherheit, teilweise gibt es einen nur mit Drahtseil gesicherten Weg. Im Winter sehr gefährlich! Doch sind die landschaftlichen Eindrücke überwältigend.

▲ Karte S. 84

Nördlich, oberhalb von Thal, gib es einen **Vier-Länder-Panoramapunkt**, zu dem man mit dem Auto über Betschuns gelangt. Der Blick nach Deutschland, über Vorarlberg in die Schweiz und Liechtenstein ist hinreißend.

Rankweil

Röthis ist mit Rankweil (11 600 Einwohner) fast zusammengewachsen, und kaum ist die Orientierung möglich, in welchem Ort man sich gerade befindet. Doch schon von weitem sieht man einen ungewöhnlichen Berg, gekrönt von einer ebenso ungewöhnlichen Kirche, aus der Tiefebene herausragen. Es ist sicherlich die markanteste architektonische Sehenswürdigkeit Vorarlbergs. Die Kirchenburg **Mariä Heimsuchung**, auch Liebfrauenbergkirche genannt, auf einem Hügel, der seit der Steinzeit Ort kultischer Handlungen war, ist schon äußerlich von phantastischer Wirkung. Während der Römerzeit stand hier ein befestigtes Kastell, doch soll bald nach dem Untergang des Römerreiches bereits eine Kapelle errichtet worden sein. Eine Kapelle bestand auch später, als hier um 1160 die Udalrichinger eine erste Burg bauten, die von den Mont-

›Maria Heimsuchung‹ in Rankweil

forts später übernommen wurde. Seit dieser Zeit wurde bereits ein wundertätiges silbernes Kreuz verehrt, das seit der Barockzeit in einer Silberhülle geborgen ist. Die Kirchenburg, wie sie sich heute darstellt, geht auf das letzte Viertel des 14. Jahrhunderts zurück. Nach einem Brand wurde die Anlage umgewandelt: Bei diesem Umbau wurde der Burghof zum Friedhof, der Bergfried zum Kirchturm, der Palast zum Schiff und die vormalige Kapelle zum Chor der neuen Kirche. Der alte Wehrgang ist um die Anlage herum noch deutlich auszumachen. Die 1658 angebaute **Loretokapelle** ist Wallfahrtskirche. Das Gnadenbild ist hier eine Maria mit Kind von 1470. Bemerkenswert ist die **Fridolinskapelle** von 1690 (Fridolinsstatue aus dem 20. Jhd.). In ihr gibt es einen Marmorstein mit Abdrücken, die der Heilige selbst hinterlassen haben soll, als er hier betete. Auf die vielen Gläubigen, die hier beteten, verweisen auch die Risse und Kratzer im Stein. Die verwinkelte, fast verwunschene Burganlage besitzt im Außenbereich einen einzigartigen Zauber: »Man meint, das Gotteshaus schwebe in den Lüften, denn durch die kleine Türe, weit drüben, unter der Orgel gegenüber dem Hochaltar, blendet die mächtige Landschaft im Zwielicht der Kirche; da sieht man aufs flimmernde Rheintal hinaus - hinüber -hinunter ...«, wie es Grete Gulbransson, die erste Frau des berühmten Zeichners Olaf Gulbransson, ausdrückte. Die hölzernen Heiligen in den Wandnischen bezaubern die Besucher beim Emporsteigen, doch welche Enttäuschung letztlich beim Betreten der Kirche: ihr Inneres ist durch verschiedenste Umbauten in den 1950er und 1980er Jahren nicht unbedingt denkmalgerecht verändert worden, nachdem schon im 19. Jahrhundert die gotischen Altäre entfernt wurden (Führungen/ Besichtigungen unter 5522/44224 - Voranfrage anzuraten).

Die **Kirche** (1959) in **Brederis** ist äußerlich wenig ansprechend, besitzt aber im Inneren einen beeindruckenden, gotischen Flügelaltar. Die Kirche ist dem heiligen Eusebius von Rankweil geweiht, der hier im Jahr 884 den Märtyrertod erlitt, nachdem er einen arbeitenden Bauer an die Sonntagsruhe ermahnt hatte, worauf ihm dieser mit einer Sense den Kopf abschlug. Eusebius soll seinen Kopf aufgenommen haben und bis auf den nahen Viktorsberg gelaufen sein. Seine Reliquien befinden sich in der Klosterkirche von St. Gallen, die kleine Annenkapelle am Südrand von Brederis ist an der Stelle errichtet, wo der Legende nach die Enthauptung erfolgt sein soll. Viel besucht wird in Brederis ein freigelegter römischer **Gutshof** aus der Zeit vom 2. bis zum 5. Jahrhundert.

Um Götzis und Rankweil

Marktgemeinde Rankweil, Am Marktplatz 1, 6830 Rankweil, Tel. 05522/4050, www.rankweil.at.

Urgeschichtsmuseum Koblach, Dorf 2, Tel. 05572/52652.

Schmiedemuseum, Badstraße 8, 6532 Röthis, Tel. 05522/44655.

Küblereimuseum, Dr.-Griß-Str. 5 (Schlosser-Amann-Haus), 6830 Rankweil, Tel. 05522/405-105, nach Vereinbarung. Geschichte des Küfner- und Böttcherwesens in der Region.

Golfclub Montfort, Rankweil, Tel. 05522/ 72000, www.golfclub-montfort.com.

Feldkirch

Feldkirch ist mit rund 31 000 Seelen Vorarlbergs zweitgrößte Stadt und nach Bregenz sicherlich auch der historisch bedeutendste Ort des Landes. Wichtige Behörden und Institutionen wie das Landeskonservatorium, die Pädagogische Hochschule oder die Landesfinanzdirektion haben hier ihren Sitz. Feldkirch ist auch Bischofssitz. Die Stadt schmiegt sich um den ovalen Rücken des Ardetzenberges (631 m). Die recht kleine historische Altstadt liegt am Ufer der Ill, die sich hier einen Durchbruch am Ardetzenberg vorbei Richtung Rhein schafft. Feldkirchs Stadtgebiet grenzt direkt an Liechtenstein und die Schweiz. Seit alters wird die idyllische Lage der Stadt gerühmt: »Unter den drei Städteperlen Vorarlbergs nimmt Feldkirch einen hervorragenden Platz ein... Wie man Bregenz das alemannische Gmunden [im Salzkammergut, Anm. des Verf.] genannt hat, so kann man ebenso zutreffend Feldkirch das alemannische Ischl heißen, nur ist es weitaus schöner und anlockender, weil es an der Flanke des weiten Rheinthals liegt und die harmonische Vereinigung von Tanne und Rebe, von Norden und Süden aufweist. Gleich dem genannten Mekka des Salzkammergutes liegt es traulich zwischen den Rebenhügeln des Ardetzenberges und den waldbekränzten Felsenpartien des Steinwalds und Stadtschrofens eingebettet. An ihm vorbei braust durch zwei malerische Schluchten die grünliche Ill und fächelt ihm stets frische Luft zu«. So schwärmerisch schrieb Friedrich Hörmann 1859.

Das bekannte Gauklerfestival vereint Künstler aus aller Welt

▲ Karte S. 91

Stadtgeschichte

Um den nördlichen Vorort Altenstadt fanden sich bronzezeitliche Reste von Siedlungen. 909 wird ein karolingischer Königshof Veldkirichium genannt, der sich ebenfalls um das heutige Altenstadt befunden hat. Gegen 1200 ließ Graf Hugo von Montfort dann auf einem gut zu verteidigenden Felsen über der Ill einen Vorläuferbau der heutigen Schattenburg anlegen, die zu seinem neuen Herrschaftssitz wurde. Denn er hatte sich entschlossen, seine Hofhaltung von Bregenz hierher zu verlegen. Gründe dafür waren die weitaus bessere Lage an dem wichtigen Handelsweg nach Venedig und Trient mit der Straße aus Deutschland nach Mailand und Genua. Um die Schattenburg entstand eine Stadt, die 1218 als ›civitas newstatt‹ erstmals erwähnt wurde. Die Lage an den erwähnten Handelswegen ließ den Ort schnell zu großer Bedeutung gelangen. Der Name Veldkirichium wurde jetzt für diese Neustadt übernommen, während die frühere Lokalität zur ›alten stat‹ wurde. Die aufstrebende Stadt erhielt nach 1318 im sogenannten Feldkircher Freiheitsbrief eine Reihe von Freiheitsrechten, die keiner Stadt im Land damals gewährt wurden. Ganz bewusst räumte man der Stadt politische Sonderrechte ein. Die Bürger und Handwerker Feldkirchs waren im 14. Jahrhundert so wohlhabend geworden, dass sie es sogar wagen konnten, gegen die St. Gallener Äbte und die mit ihnen verbundenen Habsburger einen Aufstand zu machen. Es entstand der ›Bund ob dem See‹, der im Appenzeller Krieg 1405 mit dem Ziel kämpfte, in der Region einen adelsfreien Bürgerstaat zu errichten. Doch gelang das nicht. Die Habsburger besiegten den Bund 1408 bei Bregenz und zerschlugen ihn. Der bedeutende Handelsplatz Feldkirch brannte aber 1460 vollständig nieder. Feldkirch war im 16. Jahrhundert ein Zentrum des europäischen Humanismus. Insbesondere war es Georg Joachim Rheticus oder Rhaeticus (1514–1574), der hier maßstabsetzend wirkte. Der Feldkircher Rheticus war Mathematiker, Astronom, Kartograph, Mediziner und Theologe und war gut mit Nikolaus Kopernikus befreundet, bei dem er von 1537 bis 1541 in ermländischen Frauenburg lebte. Nach dem Tod des Kopernikus 1543 trat Rheticus als eifriger Verbreiter der kopernikanischen Lehre auf. Ab 1554 lebte er als Arzt in Krakau und seit 1573 in Kaschau im damaligen Ungarn (heute Košice, Ostslowakei), wo er auch starb. Bedeutend waren auch seine Lehrbücher der Trigonometrie.

Bedeutsam für die Stadtgeschichte war 1649 auch die Gründung eines Jesuitenkollegs, das innerhalb der Gegenreformation in den habsburgischen Ländern die lutherische Ketzerei zurückdrängen sollte. Aus ihm entstand 1856 das Elitegymnasium der ›Stella matutina‹, aus dem viele bedeutende Männer hervorgingen. Wie andere Städte Vorarlbergs fiel auch Feldkirch in der napoleonischen Zeit an Bayern, gelangte aber nach dem Wiener Kongress an Österreich zurück. 1910 wurde die Stadt während einer Illflut total überschwemmt und schwerst beschädigt. Im Zweiten Weltkrieg erlitt die Stadt am 1. Oktober 1943 einen schweren Luftangriff. Wegen schlechten Wetters konnten die Amerikaner die Messerschmitt-Werke in Augsburg nicht bombardieren und wählten das unbedeutende Feldkirch als Ersatzziel. Dabei wurde unter anderem ein Lazarett getroffen und 100 Kranke getötet.

Ehemalige Residenz der Montforts: die Schattenburg

Ein Stadtrundgang

Wer mit dem Auto in die Stadt kommt, stellt sein Fahrzeug idealerweise im Osten der historischen Innenstadt auf dem Großparkplatz Wichnergasse/Jahnplatz ab. Auch hinter der Schattenburg, an der Göfiser Straße, gibt es ausreichend Parkmöglichkeiten.

Ein Blick auf die Karte zeigt die planmäßige Anlage der Stadt. Zwei große Achsen, die Neustadt – mit der Verlängerung im Domplatz – und der mehr einer langen breiten Straße ähnelnde Marktplatz, bestimmen den Straßengrundriss. Beide Achsen sind durch einige kleine Gassen im rechten Winkel mit einander verbunden. Letztlich bestehen drei nicht unbedingt voneinander getrennte, aber geschichtlich doch unterschiedliche Stadtteile: die eigentliche Neustadt – mehr als die bloße Straße gleichen Namens – mit Dom unterhalb der Schattenburg, das Marktviertel als der Bereich um den Marktplatz mit der Johanneskirche und die Vorstadt an der Ill. Neustadt und Marktviertel wurden nur kurze Zeit nacheinander angelegt, die Illvorstadt entstand nach 1380. Feldkirchs Stadtbild war zu Beginn des 15. Jahrhunderts vollendet und ist im Großen und Ganzen trotz aller Brände in dieser Form erhalten geblieben.

■ Dom St. Nikolaus

Ein guter Ausgangspunkt für eine Stadtbesichtigung ist der Dom St. Nikolaus, ein äußerlich eher unscheinbares Gotteshaus. Im Inneren fasziniert die unwirkliche Dämmerstimmung des Kirchenschiffs, die die Glasmalereien Martin Häusles (1959–1961) bewirken. Ein 1287 geweihter Vorgängerbau brannte 1460 nieder. Baumeister Hans Sturn errichte danach um 1478 das Langhaus mit seinen beiden Schiffen, 1520 war die Kirche zusammen mit dem Chor vollendet. Anscheinend pflegte der Architekt des Chores ein andere Bauphilosphie als Hans Sturn. Denn er wirkt durch seine Breite weniger befreiend als das freie, hochfahrende Langhaus. Hans Sturn hat sich mit einem kurzen Spruch im Deckengewölbe verewigt. Wertvollstes Kunstwerk der Kirche war der **Annen-Bruderschaftsaltar** von Wolf Huber (um 1485–1553), geschnitzt um 1515. Um 1820 wurde der Altar aber abgebaut, gelangte über Umwege in das Wiener Kunsthistorische Museum und 1967 ins Bregenzer Landesmuseum. Nur noch einige Fragmente sind in Feldkirch geblieben: Am rechten Seitenaltar ist noch eine Rücktafel des Huberschen Altars, die ›Beweinung Christi‹ zu sehen, wie auch die Predella des Altars mit dem ›Schweißtuch der Veronika‹.

▲ Karte S. 91

Sehr sehenswert ist die europaweit einzigartige schmiedeeiserne **Kanzel** von 1655, die aus einem Sakramentshäuschen von 1509 hervorging. Die Kanzel besitzt einen hölzernen Schalldeckel mit darüber befindlichem reichen gotischen Verzierungswerk. Im Chor bewegt die 1300 erstellte Grabplatte des Hugo I. von Montfort (gest. 1235), des ›Vaters des Vaterlands‹.

Vor der Kirche gibt es eine interessante astronomische Vorrichtung: Ein betstuhlähnliches Gebilde mit einem Durchganggschlitz für die Sonnenstrahlen. Wenn die Strahlen beim Durchgang durch diesen Schlitz auf den Boden kommen und eine bestimmte Markierung erreichen, ist der tatsächliche jeweilige Sonnenhöchststand, der ›Wahre Mittag‹ erreicht. Und der liegt unabhängig von der Normierung durch die MEZ zwischen 12.05 Uhr im Oktober und 12.35 Uhr im Februar.

■ Zwischen St. Nikolaus und der Ill

Hinter der Nikolauskirche, schon jenseits des ehemaligen Grabens, steht in der Straße Schlossgraben das **Kapuzinerkloster** von 1602. Dessen Verwalter Fidelis von Sigmaringen (1578–1622) war ursprünglich Philosph und Jurist, entschloss sich aber dann für eine geistliche Laufbahn und wirkte um 1620 in Feldkirch auch als Soldatenpfarrer, Krankenpfleger und Ähnliches. In Graubünden wurde er am 24. April 1622 ermordet, als er bei einem lokalen Bauernaufstand beruhigend einwirken wollte. In der Fideliskapelle der Klosterkirche ist der Kopf des nach seiner Ermordung Heiliggesprochenen, verdeckt mit einem Schleier, in einem Glasschrein noch zu sehen. Der Körper des Fidelis liegt dagegen im Dom zu Chur.

Vom Domplatz kommt man über die Herrengasse mit ihrer einheitlichen Reihe der sogenannten **Kanonikerhäuser** zum Sparkassenplatz. Das Gebäude Herrengasse 12 ist das **Sterbehaus des Leberecht Dreves** (1816 – 1870), einem

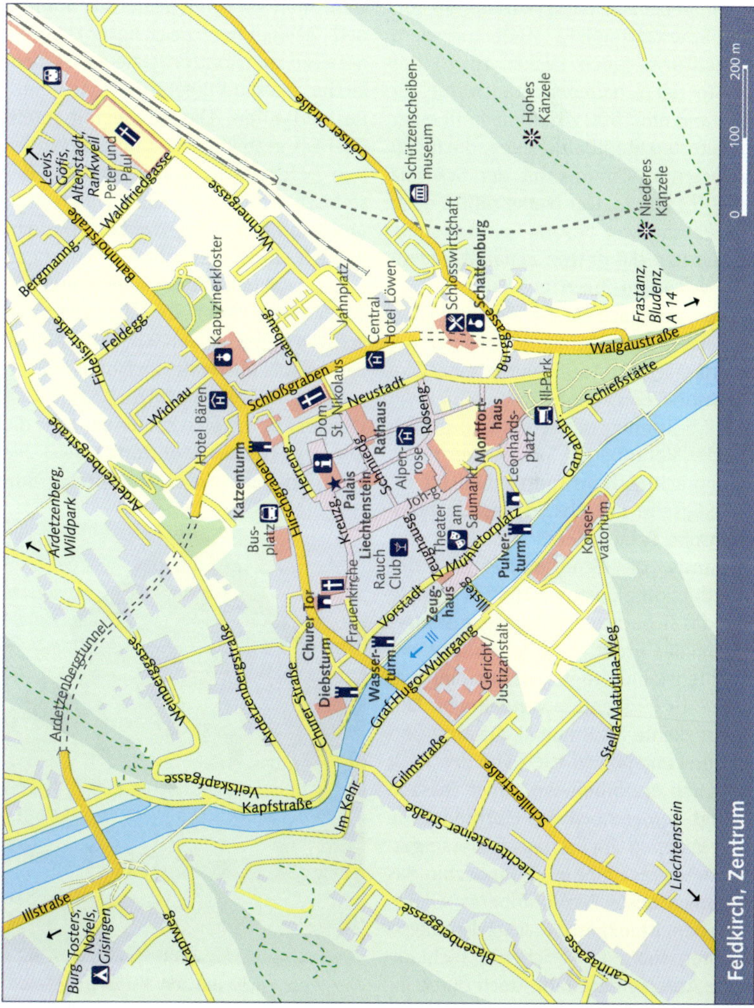

Feldkirch, Zentrum

aus Hamburg stammenden Juristen und Schriftstellers, der sich in Gedichten in Eichendorffscher und Rückertscher Manier damals einen Namen machte und auch als politischer Autor des Vormärz bekannt wurde. Robert Schumann komponierte Dreves' Gedicht ›Requiem‹ (von dem er einen unbekannten altkatholischen Verfasser annahm) und nahm es in seinen Lenau-Liederzyklus op. 90 auf.

Am Sparkassenplatz steht mit dem **Katzenturm** (auch Dicker Turm) der größte der erhaltenen Stadttürme. Er entstand um 1500 zusammen mit einer erweiterten Stadtbefestigung, die für zu erwartende Kämpfe mit der Schweiz errichtet wurde. Der Name rührte nach einer Lesart von besonderen Kanonenkugeln her, die Katzen genannt waren, und von dem Turm aus zum Einsatz kamen, und nach einer anderen Version von einem gleichnamigen fahrbaren Belagerungsgerät. 1665 wurde eine Glockenstube eingebaut. In ihr hängt die mit 7,5 Tonnen schwerste und größte Glocke Vorarlbergs. Sie ist besonders klangprächtig. Dem Turm antwortet auf der Südseite des Platzes das **Liechtensteinsche Palais**. Heute Sitz des Tourismusamts, des Stadtarchivs und der Stadtbibliothek, ist der 1697 errichtete Bau das sicherlich prächtigste Profangebäude der Stadt. Es war der Sitz der Liechtensteiner Vögte, die von hier zeitweilig ihr Fürstentum verwalteten. Der Palast diente als Brauerei, Gasthof und Färberei und wurde 1967 von der Stadt Feldkirch erworben. An seiner Fassade prangt immer noch das Liechtensteinische Wappen. Im Eckhaus Schlossergasse/Kreuzgasse gibt es im **Pinocchio** das sicherlich beste Eis Vorarlbergs. Gleich daneben, Kreuzgasse 7, liegt die Kneipe **Mohrenstüble**. Es ist sicherlich nicht die erste Adresse der Stadt, doch durch ihr urtümlich-einfaches Ambiente durchaus besuchenswert.

▶ Karte S. 91

Über einen Teil des alten Stadtgrabens, dem Hirschgraben, geht es vom Katzenturm westwärts zum **Churer Tor** (oft auch Salztor). Durch das Tor ging der Weg aus der Stadt hinaus Richtung Schweiz. Der Torturm mit seinen sechs Geschossen war auch Geschützbastion. Geht man von ihm wieder ins Stadtinnere, gelangt man gleich linker Hand an der Ecke zur Montfortgasse zur **Frauenkirche**, die die Bürger 1473 nach einer Pest erbauten. Die Kirche mit ihrem über Eck gestellten Turm mit geschindeltem Zwiebelhelm wurde um 1990 der serbisch-orthodoxen Kirche übergeben und kann nicht ohne weiteres besucht werden. Bisweilen gibt es Führungen (www.feldkirch.at). Daneben stand von 1511 bis 1905 der alte Salzstadel. Er ist vollständig verschwunden. Nur eine hölzerne Säule überlebte: im Hof der Schattenburg als Treppenstütze.

Genauer betrachten sollte man sich die **Türe des Hauses Montfortgasse 3**. Sie zeigt eines der für die Feldkircher Bür-

Der Wasserturm mit dem Wappen

gerhäuser typischen Schwalbenlöcher auf, durch das die Vögel aus und in das Haus beziehungsweise den Hof gelangen können. Im **Café Zanona** daneben bietet sich eine Einkehr an. Es ist bekannt durch seine hervorragenden Kuchen und Torten und durch seine gediegene Wiener Kaffeehausatmosphäre.
Am westlichen Ende der Montfortgasse trifft man auf zwei weitere Türme der Stadtbefestigung, zum **Wasserturm**, der gleichzeitig auch den Kopf der Illbrücke flankiert. Auffallend ist sein großes rotweiß-rotes Bindeschildwappen Österreichs. Etwas zugebaut befindet sich auf der anderen Straßenseite, jedoch nicht über der Ill, der **Diebsturm**, der einst als Gefängnis diente. Im 17. Jahrhundert befand sich in ihm auch eine Folterkammer zur ›hochnotpeynlichen‹ Befragung von angeblichen Hexen.
Vom Wasserturm führt die reizvolle Promenade des Graf-Rudolf-Wuhrgangs illaufwärts. Man hat einen schönen Blick auf die Rückgebäude der Häuser an der Vorstadt und man sieht jenseits des Flusses zunächst das Landesgericht und das Landesgefängnis, beide im Stil des Historismus gehalten. Wo der Illsteig den Fluss quert, öffnet sich die Promenade nach links zum Elisabethplatz. Hier steht das alte **Zeughaus** von 1440, einst Waffenlager der Stadt, doch gegen Ende des 30-jährigen Krieges von den Schweden geplündert. Am anderen Platzende steht das **Theater am Saumarkt** (www.saumarkt.at), der moderne Theaterbau der Region.
Bleibt man beim Spaziergang auf der Uferpromenade, erscheint gegenüber das **ehemalige Internat Stella Matutina**, 1900 mit deutlichen Anklängen an den Barockstil von Peter Hutter erbaut. Das gewaltige Gebäude, in dem sich die Jesuitenschule bis 1979 befand, birgt heute das Landeskonservatorium. Zu den bedeutendsten Zöglingen des Internats zählen der englische Krimiautor Sir Arthur Conan Doyle (1859–1930), der unsterbliche Schöpfer des ›Sherlock Holmes‹, der hier von 1872 bis 1874 ›einsaß‹, Österreichs etwas glückloser letzter Kanzler (vor dem Anschluss 1938) Kurt von Schuschnigg (1897–1977) und Dr. Gerhard Grabner, der bekannte deutsche Umweltmediziner.
Wo die Promenade in der breiten Ganahlstraße aufgeht, findet sich am Mühleplatz mit dem **Mühletor** (auch Sautor genannt) ein weiteres historisches Stadttor. Um das Mühletor findet sich ein Stück modernstes Bregenz: Das **Ill-Park-Einkaufszentrum** und das **Montforthaus**, die ganz junge Stadthalle. Ungewöhnlich ist hier auch ein innerstädtisches Kraftwerk. Für Vorarlberg ist dieser Komplex am alten Leonhardsplatz etwas ganz Einmaliges. Sommers und winters ist es ein beliebter Treffpunkt der Feldkircher. Sehenswert ist hier am Platz auch die Plastik **Die Ruhende** von Rudolf Köb (1979), bei der man zumindest weiß, was sich der Künstler dabei gedacht hat.

Rund um den Marktplatz

Über die Johannitergasse geht es jetzt nordwärts Richtung Marktplatz, dem tatsächlichen Herz und Mittelpunkt von Feldkirch. Jeden Samstag ist hier großes Markttreiben mit frischen Erzeugnissen aus der Region. In der kurzen und schmalen Johannitergasse steht die **Johanneskirche**, gegründet 1218 von Hugo von Montfort, der auch unter dem Chor begraben liegt und der sie dem Johanniterorden geschenkt hatte. Die Kirche ist seit langem nicht mehr geweiht und wird heute für Ausstellungen und verschiedene kulturelle Veranstal-

Das Lingghaus am Ende der Marktgasse

tungen genutzt. Auf ihrem Giebel sitzt unter einem Dach die Figur des Bläsi, der an einem Glöckchen die Stunde schlägt. Der Kirche gegenüber steht nun der **Johanniterhof** aus der Zeit um 1450, doch oftmals umgebaut. Heute ist er ein beliebtes Gasthaus. In einem seiner Laubenbögen gibt es an der Decke die Darstellung einer Schwurhand und die Jahreszahl 1405. Der Legende nach rührt dieses Bild daher, dass ein Verurteilter oder Beschuldigter, wenn er denn den Stadtbütteln entkommen war, nicht mehr behelligt werden durfte, wenn er diese Stelle hier am Johanniterhof erreichen konnte.

Die Johannitergasse verbreitet sich zum Marktplatz, der eine große Zahl sehr schöner **Bürgerhäuser** aufweist. Nr. 3 besitzt ein gotisches Spitzbogenportal, einen sehr schönen Erker und eine Madonna auf einer Mondsichel; der Erker im Nebenhaus ist zwar ursprünglich gotisch, doch 1870 umgestaltet worden. Der Gasthof zum Ochsen war von 1698 bis 1779 das Hubamt. Die Gebäude Nr. 9 und 11 sind ursprünglich spätgotisch, aber in den letzten Jahren des 19. Jahrhunderts umgebaut worden. Nr. 13 hat eine schöne Jugendstilfassade, ist aber im Kern spätgotisch. Erwähnenswert sei noch die Fassade von Nr. 16 mit ihrem Neogotik- und Neorenaissanceschmuck. An der Kopfseite wird die Marktgasse durch das Lingghaus repräsentativ abgeschlossen. Florus Scheel, der bedeutende Feldkircher Maler schuf 1888 die Ornamentik dieser Fassade. Nicht zu vergessen seien noch die beiden gusseisernen Brunnen von 1862, die ebenso wie die Häuserfassaden zur selbstbewussten Ausstrahlung von Feldkirchs guter Stube beigetragen. Wie in Bregenz erfolgte auch im Mai 2008 der Dreh einiger Szenen des James-Bond-Films ›Ein Quantum Trost‹, bei denen eine Verfolgungsjagd über die Marktgasse geht und das Gasthaus Lingg deutlich zu erkennen ist.

Durch die enge **Schmiedgasse**, wo es auch viele prächtige Bürgerhäuser gibt – erwähnenswert das Leonehaus mit seinem schmiedeeisernen Altangitter – geht es von der Marktgasse hin zum **Rathaus**. Eine Vorgängerbau vernichtete der Stadtbrand 1460 und erst 1697 wurde hier der Neubau aufgerichtet. Ein Umbau (1932–1936) bezog das alte Spital mit ein, aus dieser Zeit stammen auch die markanten Darstellungen Feldkircher Bürger und Bauern auf der Rathausfassade, ebenso wie Szenen aus der Stadtgeschichte. In der Rathausvorhalle existiert eine große Stadtansicht, die sehr genau das alte Feldkirch darstellt. Vom Ende des Rathauskomplexes gibt es in der Schmiedgasse einen Durchgang in die höchst malerisch-verwinkelte **Entenbachgasse**, von deren Ende man in die ebenso pittoreske **Rosen-**

▲ Karte S. 91

gasse einbiegen kann und man am Fuß der Schattenburg auf die Straße Neustadt trifft.

Die Schattenburg

Zur Schattenburg gelangt man zu Fuß oder mit dem Auto über die breite Burggasse, es ist jedoch unmittelbar vor dem Straßentunnel unter dem Burgberg (Schlossgraben) auch ein einfacher Aufstieg über eine Treppe möglich. Die sicherlich besterhaltene und größte vorarlbergische Burg hat ihren Namen vom mittelhochdeutschen ›schate‹, was Schutz oder Schirm bedeutet. Sie wurde um 1200 erbaut und war bis 1390 die Montfortsche Hauptburg und dann bis 1773 Sitz der habsburgischen Vögte. Nachdem die Verwaltung in die Stadt verlegt wurde (heutiges Haus der Bezirkshauptmannschaft), kaufte die Stadt Feldkirch die Burg. Im Appenzeller Krieg wurde die Burg 1408 niedergebrannt, doch gab es nach dem schnellen Wiederaufbau weitere Zerstörungen, als sie durch Friedrich von Toggenburg belagert wurde, der versucht hatte, als ehemaliger Vogt Feldkirchs die Macht über diese Stadt wiederzugewinnen und erfolgreich die Burg einnahm. Er baute sie zu einer prächtigen Residenz aus und führte eine verschwenderische Hofhaltung. Doch nach 1773 begann der Verfall der Burg. 50 Jahre wurde sie als Gefängnis genutzt, danach war sie Kaserne und sollte als Armenhaus enden. 1914 stand sie kurz vor dem Abriss. Doch der neugegründete Museums- und Heimatschutzverein konnte sie unter Führung des Feldkircher Malers Florus Scheel retten und birgt seit 1917 das Feldkircher Heimatmuseum. Am 7. Juni 1965 wäre die Burg fast abgebrannt, da es in einem der Wirtschaftsräume zur Explosion eines Elektrogroßgeräts kam. Der Hund Hasso weckte die Mutter des Burgdirektors, die selbst in der Burg lebte, aus tiefem Schlaf, während der

Ein Fresko in der ehemaligen Burgkapelle zeigt Adam und Eva

Wirtschaftsraum schon in hellen Flammen stand. Durch den Rauch und andere Gase wurde die Frau jedoch schnell ohnmächtig, doch Hasso konnte sie ins Freie schleppen, worauf sie wieder zu sich kam und die Feuerwehr rufen konnte. Hasso jedoch wurde in diesem Chaos vergessen und später erstickt in der Burgküche gefunden. In einem Geschützrondell am Burgeingang liegt das treue Tier begraben. Sein Grab wird täglich mit frischen Blumen geschmückt. »Hier ruht Hasso, der Lebensretter und Retter der Burg beim Brand am 7. Juni 1965. Treue war sein Leben, heldenhaft sein Tod.« kann man darauf lesen.

Der Bergfried ist der einzige Gebäudeteil, der aus der ersten Bauphase um 1200 übrig geblieben ist. In ihm befindet sich eine reichhaltige mittelalterliche Waffensammlung, die auf Gebhard Wendelin Gunz zurückgeht, neben Florus Scheel der andere große Heimatfreund, ohne den das Burgmuseum nicht denkbar ist. Der Burghof besitzt einen schönen Brunnen. Von ihm geht es über einen hölzernen Treppenvorbau in den Palas. Die Treppen wird durch eine Holzsäule aus dem Jahr 1504 gestützt. Die Innenräume des Palas' beherbergen eine außergewöhnliche Kunstsammlung, darunter die berühmte ›Statue des heiligen Georg den Drachen tötend‹ eines unbekannten Meisters von 1450. In der ehemaligen Burgkapelle sind die Fresken Wolf Hubers ausnehmend bedeutende Kunstwerke (Adam und Eva am Baum der Erkenntnis).

Sehenswertes außerhalb der Innenstadt

▲ Karte S. 84

Nördlich des Landesgerichts führt die **Heiligkreuzbrücke** an einer historischen Stelle über die Ill. Hier steht eine **Kapelle**, die Rudolf von Montfort um 1380 bauen ließ. Sie soll einen Splitter des heiligen Kreuzes als Reliquie beinhalten. Im Ortsteil Tosters, um die Straße ins liechtensteinische Mauren gelegen, steht in der neuen **Pfarrkirche St. Cornelius und Cyprian** eine sogenannte ›Erbärmdegruppe‹ von 1495, die zu Vorarlbergs bedeutendsten spätgotischen Plastiken zählt. Das Deckengemälde Martin Häusles zeigt die beiden Heiligen, aber mit ungewöhnlichen Gesichtszügen von Menschen der Gegenwart. Oberhalb der Kirche stehen auf dem Kamm des Tostner Walds die **Reste der Burg Tosters**, die 1271 erbaut wurde.

Über die Bahnhofsstraße und die Reichsstraße in Feldkirch kommt man Richtung Rankweil in den Stadtteil **Levis**. Einen Stopp lohnt das Haus Reichsstraße 161. Dieses ursprünglich gotische, **Wohlwendhaus** genannte Gebäude, zeigt noch ein Portal aus der Gotik, das aber ausladend im Rokokostil verziert ist. Im 18. Jahrhundert lebte hier Joseph Wocher, der Entdecker der Nibelungenhandschriften in der Hohenemser Bibliothek. Weiter stadtauswärts erreicht man den Komplex der **Magdalenenkirche** und des **Siechenhauses** (Reichsstraße 117). Aus dem 14. Jahrhundert stammend, ist das Siechenhaus als Heim für Aussätzige weit außerhalb der Stadt gebaut. Etwas älter ist die Magdalenenkirche mit ihren Fresken an der Außenfassade von 1320. Die Wandmalereien im Inneren stammen aus der Zeit um 1410, wobei 1550 und 1912 die Malereien ergänzt wurden, so dass mehrere Stilformen vorliegen. Oberhalb der Magdalenenkirche steht am Hang des Tilliswalds das turmartige **Schloss Amberg** von 1502, das Kaiser Maximilian I. gehörte. Man veranstaltet hier heute Lesungen, Tagungen, Events aller Art (www.schloss-amberg.at). Hier

Wolf Huber - Meister der Donauschule

Er gilt als die bedeutendste Künstlerpersönlichkeit Vorarlbergs: Wolf (Wolfgang) Huber, geboren um 1485 in Feldkirch, gestorben 1553 in Passau. Huber war Maler, Zeichner und Bildschnitzer. Seine Werke und die seines Altersgenossen Albrecht Altdorfer (1480-1538) werden im Begriff der Donauschule zusammengefasst. Schon 1510 gelangte Huber, über dessen Leben kaum etwas bekannt ist, nach Passau, wohin ihn vermutlich der Fürstbischof berufen hatte. Denn 1540 ist er dort nachweislich als Hofmaler geführt. Entlang der Donau, von Regensburg bis Wien, entstand im ersten Drittel des 16. Jahrhunderts eine Kunst, die erstmals der Landschaftsdarstellung höchste Priorität einräumte und dabei einen unverwechselbaren Stil hervorbrachte. In dieser Zeit, zu Beginn der Renaissance, trat auch innerhalb vieler religiöser Darstellungen das geistliche Motiv zugunsten der neu entdeckten Landschaft etwas zurück. Der Stil der Donauschule wird unter anderem charakterisiert durch die Darstellung von Wäldern und einzelnen Bäumen, die seltsam zerrupft und voller Flechten und mit Eiszapfen behangen sind. Die Bäume erscheinen individualisiert, als bewusste Lebewesen, die mit merkwürdigen Gesten eine eigenartige Stimmung erzeugen. Die dargestellten Personen - Christus, Maria oder andere Heilige - agieren zwar im Vordergrund, wirken aber wie eine Staffage in einer ungewöhnlich intensiven Naturdarstellung, innerhalb der Hochgebirge, dunkle Wälder, breite Auen und Felslandschaften nebeneinander stehen. Die Malweise ist von einer hochexpressiven Farbigkeit, wie sie selbst der Zeitgenosse Albrecht Dürer nicht pflegte.

Huber und sein Zeitgenosse Altdorfer werden nach Konrad Witz (um 1400-um 1446) als erste Landschaftsmaler der deutschen Kunstgeschichte angesehen. Huber, der viele Jahrhunderte vergessen war, wurde im frühen 19. Jahrhundert wiederentdeckt, doch weiteren Kreisen erst vor 60 Jahren bekannt. Besonders geschätzt sind seine Landschaftszeichnungen voll sensiblen Naturempfindens, doch ist Huber auch das Dämonische vertraut. Das früheste von Hubers Hauptwerken ist der Annen-Bruderschaftsaltar, der sich heute im Bregenzer Landesmuseum befindet und der von einem tiefromantischen Gefühl für Licht und Farbe erfüllt ist, wie es eigentlich erst der Kunst späterer Jahrzehnte innewohnte. Obwohl er schon in Passau angestellt war, kehrte Huber 1515 nach Feldkirch zurück, um mit der Stadt den Vertrag über die Erstellung des Altars zu machen. Die ›Kreuzerhöhung‹ von 1525 und die ›Erlösungsallegorie‹ zählen zu seinen großartigsten Gemälden. Sein Schaffen gipfelte und endete 1548 in einem Porträt des Humanisten Jacob Ziegler, hinter dem sich grüne Ebenen und gewaltige Berge türmen. Seiner künstlerischen Idee, der allem innewohnenden Natur, blieb er bis zum Ende treu.

Wolfgang Hubers ›Erlösungsallegorie‹

wurde die Dichterin Paula Ludwig (1900–1973) geboren. Ihre Lyrik steht gleichwertig neben der Annette von Droste-Hülshoffs oder Gertrud Kolmars. Die leider wenig bekannt gewordene Dichterin ist eine der größten Frauengestalten der deutschen Lyrik.

Unbedingt sehen sollte man auch in **Altenstadt** an der Klosterstraße das gewaltige **Dominikanerinnenkloster** von 1551 und die zugehörige **Klosterkirche** von 1695. In der linken Seitenkapelle wird eine Kopie der Mutter Gottes aus Tschenstochau sehr verehrt. An die Klosterkirche schmiegt sich die Pfarrkirche St. Pankratius und Zeno an, deren Innenraum als Saal gestaltet ist. Der modernen Altar von Herbert Albrecht enthält Heiligenreliquien des Zeno und der Fidelis. Martin Häusle, der auch im Feldkircher Dom die Glasfenster gestaltete, schuf im Chor das beeindruckende Fresko ›Christus inmitten der Apostel‹.

Wer aber außerhalb Feldkirchs auch die Natur genießen will, dem sei eine Fahrt in den Ortsteil **Nofels** empfohlen, von wo er über die Rheinstraße bis zum Rhein selbst gelangen kann. Hier liegt unmittelbar vor der Schweizer Grenze das **Bangser Ried**, ein abgelegenes Feuchtgebiet in Österreichs westlichster Ecke. Zu einem anderen Auengebiet gelangt man von der Kirche in Nofels. Gleich hinter dem Kreisverkehr bei der Illbrücke führt ein ausgeschilderter Weg in die **Auenwälder der Illspitze**, zur Illmündung. Etwa dreieinhalb Stunden sollte man für Hin- und Rückweg ansetzen, wobei eine Wanderkarte unverzichtbar ist, da die Ausschilderung des Wanderwegs nicht überall erfolgte. Der Rückweg kann am Ostufer der Ill erfolgen.

Einen großartigen Ausblick auf Feldkirch erhält man vom Rücken des **Känzele**, oberhalb der Schattenburg. Von der Göfiser Straße, im Bereich oberhalb des Bahnhofs, beginnt der Aufstieg. Es gibt zwar Wegweiser, doch ohne Stadtplan oder Wanderkarte findet man es nicht. Leichter dagegen ist ein Spaziergang auf den **Ardetzenberg** mit seinem **Wildpark**. Oberhalb der Weinberggasse gibt es einen Parkplatz. Obwohl heute nur noch wenig Weinbau hier betrieben wird, war der Ardetzner einst ein sehr berühmter Tropfen. Kaiser Maximilian I. liebte ihn besonders. Der Weinanbau hatte solch eine Bedeutung für die Stadt, dass jeder Bürger verpflichtet wurde, in die Weingärten Dung hinaufzufahren und damit die Qualität des Bodens zu verbessern. Im Wildpark auf dem Ardetzenberg leben heute etwa 160 Tiere mit 18 Arten. Der Eintritt ist frei, Führungen sind auf Anfrage möglich (Tel. 0664/3084382, 5522/74105 und www.wildpark-feldkirch.org).

i Feldkirch

Vorwahl: 05522.

PLZ: 6800.

Stadtmarketing und Tourismus Feldkirch, Palais Liechtenstein, Schlossergasse 8, Tel. 73467, www.feldkirch.at.

Hotel Alpenrose, Rosengasse 4–6, Tel. 72175, www.hotel-alpenrose.net, p.P. im DZ 65–75 €. Direkt im Zentrum am Fuß der Schattenburg gelegen.

Central Hotel Löwen, Schlossgraben 13, Tel. 72070, www.central-hotel-loewen.at, p.P. im DZ 58–68 €.

Hotel Bären, Bahnhofstraße 1, Tel. 35500, www.hotel-baeren.at, Preise auf Anfrage.

Hotel und Landgasthof Schäfle, Naflastr. 3, Feldkirch (Altenstadt), Tel. 72203-0, www.schaefle.cc, DZ p.P. 46–62 €.

▶ Karte S. 84/91

Waldcamping Feldkirch, Stadionstraße 9, Feldkirch-Gisingen, Tel. 76001-3190, www.waldcamping.at.

Schlosswirtschaft Schattenburg, Burggasse 1, Tel. 72444, www.schattenburg.at. Mo geschlossen, Tischreservierungen erbeten.

Café Zanona, Montfortgasse 3, Tel 73635, www.zanona.a. Mo–Fr 8.30–24, Sa 8–17, So 14.30–18 Uhr (im Winter).

Congress Tanzbar, Königshofstr. 57, Tel. 31078, Do–Mo ab 21 Uhr.

Rauch Club, Marktgasse 9–11, Tel. 353950, www.rauch.sonderbar.at, Mi–So 21–3 Uhr. Elektronische Musik.

Museum Schattenburg, Burggasse 1, Tel. 71982, www.schattenburg.at, Jan.–Apr. tgl.13–16 Uhr; Mai–Okt. tgl. 9–12 und 13.30–18 Uhr. Vedutenkabinett mit historischen Stadtansichten, Schatzkammer mit erlesenen geistlichen Kunstwerken aus Mittelalter und Renaissance; im Bergfried bedeutende Sammlungen mittelalterlicher Waffen.

Schützenscheibenmuseum (im Restaurant Schützenhaus), Göfiser Str. 2. Größte Sammlung im deutschsprachigen Raum. Eintritt frei, doch nur während der Öffnungszeiten des Schützenhauses.

Alle weiteren Informationen und genauen Termine zu den Festen unter www.feldkirch.at.

Februar: Faschingsumzug (größtes Faschingsfest Vorarlbergs).

Mai: Montfortspektakel (zweitägiger, großer mittelalterlicher Markt), Feldkirch Festival (internationales Musikfestival, Klassik, Jazz, Folklore), www.feldkirchfestival.at.

Juni: Johannimarkt.

Juli: Gauklerfestival (hundert Straßenkünstler aus aller Welt), Weinfest.

September: Michaelimarkt.

November: ArtDesign Feldkirch (internationale Messe für Kunst des 20. und 21. Jhdts.), http://www.artdesignfeldkirch.at.

Nov./Dez.: Weihnachtsmarkt und Adventssingen (www.advent.feldkirch.at).

Dezember: Thomasmarkt.

Die Darstellung der ›Schwurhand‹ am Johanniterhof

Der Walgau

Das bis zu 3,5 Kilometer breite und 20 Kilometer lange Tal der Ill (keltisch ›ilara‹, eilig) zwischen Feldkirch und Bludenz nennt sich Walgau, Gau der Walchen (=Welschen). Die Ill selbst (genau genommen ist es die rechtsrheinische Ill, da es im Elsass auch eine linksrheinische Ill gibt), entspringt am Fuß von Vorarlbergs höchster Erhebung, dem Piz Buin, in der Silvrettagruppe, durchfließt das Montafon und den Walgau und mündet nach 72 Kilometern Lauf bei Meinigen nördlich von Feldkirch in den Rhein. Eiszeitliche Gletscher, die sich aus dem Montafon und anderen Tälern zum Rhein niederwälzten, haben dabei das Tal ausgeschürft. Das Gefälle der Ill wird bei Nenzing und in Lutz in zwei Wasserkraftwerken zur Energiegewinnung genutzt. Der Walgau, zusammen mit der Stadt Bludenz, ist ähnlich wie die Bodenseeregion ein besonders stark industrialisiertes Gebiet in Vorarlberg. Durch den Walgau zieht sich seit alters ein wichtiger Verkehrsweg, der Vorarlberg (und damit auch die Schweiz) über den Arlbergpass an Tirol, Italien und die östlicheren Landesteile Österreichs anbindet. Die wirtschaftlich bedeutende A14 verläuft auf dieser uralten Trasse.

Im Süden wird der Walgau begrenzt vom Rätikongebirge, das in der Schesaplana 2965 Meter Höhe erreicht, sein Nordsaum wird überragt vom Walserkamm, der auch das Große Walsertal nach Norden hin begrenzt. Richtung Feldkirch wird der Walgau durch die schmale Schlucht der Felsenau abgeschlossen, zum Montafon hin begrenzt ihn die sogenannte Stehbösi bei Lorüns. Der Walgau gilt als historischer Siedlungsort der Rätoromanen, einem heute noch im schweizerischen Graubünden ansässigen Volk mit einer eigenen Spra-

▲ Karte S. 84

Von Wald umgeben liegt die kleine Insel im Schwarzen See

Extremsport an der Zimba

che, in der er ›Vutruschauna‹ genannt wird. Viele Orts-, Berg- und Flurnamen zeigen heute noch die rätoromanische Abkunft.

Wanderungen im Walgau

Die beschauliche Wanderung zum **Heidenberg** östlich von Göfis kann einen ersten Eindruck vom Walgau bringen. Von der Kirche in Göfis (560 m) folgt man einfach dem Wegweiser ›Heidenburg‹. Nach etwa einer Stunde ist man oben auf 685 Metern Höhe. Der Rückweg kann über den sogenannten **Schwarzen See**, ein schmales, bananenförmiges Gewässer mit einer Miniatur-Insel, erfolgen, wo es eine Jausenstation gibt. Von hier geht es weiter über Schildried (großartige Sicht auf Rätikonmassiv und Walgau), kurz hoch zur **Ruine Sigberg** und von dort zurück nach Göfis. Eine Wanderkarte sollte auf der insgesamt dreistündigen Tour dabei sein.

Etwa vier Stunden sollte man für die ebenso beliebte Tour von **Satteins** über **Röns** nach **Düns** ansetzen. Sie beginnt an der Kirche von Satteins (495 m), verläuft über einen schönen Wiesenweg hinauf nach Röns (bezauberndes Dorfkirchlein), dann etwas abwärts zur Kirche von Rönsberg, von dort geht es ostwärts den Vermülsbach entlang bis zur Straße Röns-Schnifis und nochmals empor nach Düns (740 m). Von hier geht es auf einem Forstweg – mit schönem Blick rückwärts zur Felsspitze der **Zimba** (2643 m) – zum Ausgangspunkt Satteins (Rother Wanderführer Bodensee-Rätikon). In Satteins sollte man es nicht versäumen, sich das Gebäude der **Dorfbibliothek** und das **Pfarrhaus** anzusehen. Sie zählen zu den herausragendsten Beispielen der modernen Vorarlberger Holzarchitektur.

Frastanz

Die erste größere Ortschaft des Walgau, kommt man von Feldkirch, ist Frastanz, das als Gemeinde aus vielen Orten zusammengesetzt ist, wobei Hofen die Ortsmitte von Frastanz darstellt. Historisch bedeutend wurde der Ort durch eine Schlacht von 1499, in der die Schweizer die Österreicher vernichtend geschlagen haben. Heutzutage ist der Ort eher bekannt durch sein hervorragendes Bier. Im Zentrum sehenswert sind einige Beispiele von Industriearchitektur, wie die **Spinnerei** von 1835 oder die **Maschinenfabrik** von 1836 und verschiedene Arbeiterwohnhäuser. Die neugotische **Sulpitiuskirche** lohnt ebenso den Blick. Oberhalb von Frastanz liegt mit der **Bazora** ein ausgedehntes Wander- und Wintersportgebiet mit dem kleinen Ort Gurtis im Zentrum. Das sehr schöne Bergdorf ist über eine abenteuerliches Serpentinenstrecke zu erreichen. Sehr empfehlenswert ist die Wanderung von Gurtis (904 m) über die Bazora (1406 m) schroff empor zur **Gurtisspitze** und von dort über die Sattelalpe zurück; eine gut sechsstündige Wanderung mit kleinen Klettereinlagen, die Trittsicherheit erfordern (Rother Wanderführer Bodensee-Rätikon, Wander-

Blick von der Großen auf die zwei kleineren Schwestern

karte 364 von Freytag & Berndt ›Bregenzerwald-Rheintal‹). Das Saminatal, das von Liechtenstein her bei Frastanz auf den Walgau trifft, ist für Wanderungen mangels geeigneter Wege weniger attraktiv. Vom Frastanzer Ortsteil Amerlügen, der im Saminatal liegt, kann man aber den Aufstieg zu den **Drei Schwestern** (2053 m) an der Grenze zu Liechtenstein wagen. 1300 Höhenmeter sind dabei auf dieser Ganztageswanderung zu überwinden, die allerdings wegen einiger steiler und diffiziler Stellen (Eisenleiter, Drahtseilsicherung) nur Geübten empfohlen sei. Der Weg verläuft über die Feldkircher Hütte, wo man einkehren und übernachten kann (Tel. 05522/77979, Anfang Mai bis Mitte Oktober und an den Wochenenden von November bis Mitte April).

Beschling

Weiter walgauaufwärts erreicht man den Weiler Beschling, der schon zur Gemeinde Nenzing gehört. Hier steht das für die Stromerzeugung des Landes so bedeutende **Walgau-Schachtkraftwerk**. Die Illwasser, die im Montafoner Becken von Vandans gespeichert werden, treiben es an. Eine großartige Ingenieursleistung ist der 21 Kilometer lange Tunnel, durch den das Wasser herangeführt wird, welches die Turbinen in Bewegung setzt und über einen unterirdischen Zwischenspeicher, damit Vibrationen vermieden werden, wieder in die Ill zurückfließt. Eine Milliarde Kubikmeter Wasser laufen jährlich durch die Anlage (Werksbesichtigung nach Voranmeldung unter 5574/601 88206, www.illwerke.at). Neben den Denkmalen der Technik heischt jedoch auch die **Dorfkirche** von Beschling den Besuch. Sie hat eine sehr schöne bemalte Kassettendecke aus der Zeit um 1695. Westlich von Beschling, an der Straße nach Latz, gibt es am sogenannten Scheibenstuhl eine **archäologische Grabung**, bei der Reste einer prähistorischen Siedlung gefunden wurden.

▲ Karte S. 84

i Frastanz, Beschling und Umgebung

Frastanz Tourismus, 6820 Frastanz, Tel. 05522/51500, www.frastanz.at.

Tourismusinformation, 6820 Gurtis, Tel 05522/51589, www.gurtis.at.

Gasthof Stein, Illweg 4, 6811 Göfis, Tel. 05522/71734, p.P. im DZ 35 €.

Nenzing und das Gamperdonatal

Dieser Ort konnte im Kern viel seines dörflichen Charakters bewahren, erwähnenswert sei das Haus Alte Straße Nr. 2. Sehenswert ist die **Mauritiuskirche**, die auf einen karolingischen Bau zurückgeht, ebenso die **Ruine Ramschwag**, westlich oberhalb des Orts. Zahllose Touristen kommen nach Nenzing aber nicht deshalb, sondern wegen des **Gamperdonatals**, dem vielleicht spektakulärsten Tal des ganzen Rätikon. Auf knapp 17 Kilometern Länge zieht sich dieses Tal entlang des Mengbachs von Nenzing südwärts, um auf 1370 Metern Höhe am sogenannten **Nenzinger Himmel** zu enden. Die etwas groß geratene Sommersiedlung Nenzinger Himmel liegt wunderbar abgeschieden auf einer der schönsten Almflächen Vorarlbergs. Allerdings ist die Straße dahin für den normalen Pkw-Verkehr (und auch für Radfahrer!) vom Parkplatz am Hocheck oberhalb Nenzings gesperrt und ist auch nur in der schneefreien Zeit befahrbar. Von Nenzing fahren regelmäßig Kleinbusse von der Haltestelle an der Kirche zum Nenzinger Himmel (www.nenzin gerhimmel.at). Nicht wenige Touristen ziehen die fast fünfstündige Wanderung hoch zum ›Himmel‹ jeder Fahrt vor.

Die Meng selbst weist gleich am Ortsausgang von Nenzing eine wilde **Klamm** auf und zumindest die sollte man sich als Besucher des Gamperdonatals nicht entgehen lassen. Von der Nenzinger Kirche geht man durch die Andreas-Gassner-Straße bergan. Wegweiser ›Mengschlucht‹ geben die Richtung an. Etwa eine Stunde ist für die einfache Wegstrecke nötig, bis man an der Mautstelle der Gamperdonastraße wieder herauskommt.

Wer hier weiterspazieren will, erfährt nun weitere grandiose Natureindrücke. Das ganze Tal wie auch der Himmel ist seit alters her besiedelt. Es gibt hier fruchtbare Weideflächen und Jagdgründe. Durch die Jahrhunderte kam es hier im Grenzgebiet zu Liechtenstein Schweiz zu großen Auseinandersetzungen der Einheimischen mit Wilddieben und Schmugglern. Der Bach strömt teilweise tief unterhalb des Weges dahin. Wo die **Wallfahrtskirche Kühbruck** auf 937 Metern steht, zieht der Weg auf die Westseite des Bachs herüber. Die Landschaft ist überkrönt vom Bruchfelsen des 1563 Meter hohen Eckskopfes. Immer neue Berge schieben sich rechts über dem Talgrund auf, der immer enger zu werden scheint, jedoch ab der Valsalpe sich wieder öffnet. Dann erreicht man endlich den ›Himmel‹ mit dem ausladenden Alpengasthof Gamperdona. Mit schier überweltlicher Wucht schließt die Mauer des Panüelerkopfes wie eine archaische Burg den Talgrund ab. Es ist eines der überwältigendsten Bergerlebnisse der Alpen.

Von hier kann man noch weiter emporsteigen. Nochmals drei Stunden sind es bis zur 2108 Meter hoch gelegenen Pfälzer Hütte genau auf der Grenze zu Liechtenstein. Sie ist ganzjährig bewirtschaftet (Tel. 00423/2633679) und bietet eine gute Nächtigungs- und Einkehrmöglichkeit. Unentwegte Bergfreunde pflegen von hier einen weiteren Aufstieg zum **Augstenberg** (2365 m) und steigen von dort über das Sareiser Joch zum Nenzinger Himmel hinab, wofür nochmals drei bis vier Stunden anzusetzen sind. Die Tour ist nicht gefährlich, erfordert aber wegen längerer steiler Strecken gute Kondition.

Geübte schätzen den Anstieg zum **Naafkopf** wegen der kolossalen Fernsicht (2571 m). Von der Pfälzer Hütte ist es

Kirche am Nenzinger Himmel

bis dorthin nochmals etwa eine Stunde. Wer sich's etwas bequemer machen will, wandert zumindest bis zum **Stüberfall**. Überhaupt sind die Bergblicke bereits um das Talende am Nenzinger Himmel so überwältigend, dass auch Besucher, die nicht auf den Kamm des Rätikon emporsteigen wollen, hingerissen sein werden.

Schlins und Umgebung

Nenzing gegenüber liegt Schlins mit der malerischen **Ruine Jagdberg**, wo es eine Freilichtbühne gibt, und dann unterhalb des Schnifiserbergs das schon erwähnte **Schnifis**, Geburtsort des Barockdichters Laurentius von Schnüffis (1633 - 1702). In seinen Romanen und Gedichten macht er das Verhältnis Mensch-Gott, überhaupt das Wirken von Gut und Böse zum Gegenstand. Viele seiner Bücher sind als geistliche Unterweisungslektüre entworfen. Ein ebenso bedeutender Sohn des Dorfes ist Johann Jakob Schwarzmann (1728 - 1784), einer der größten Ornamentiker und Stuckateuren seiner Zeit. Im Ortsteil Frommengärsch beherbergt die kleine **Annenkapelle** einige der bedeutendsten gotischen sakralen Schöpfungen Vorarlbergs. Der Hochaltar von 1516 und der rechte Seitenaltar von 1481 sind innerhalb des Interieurs die wichtigsten Kunstwerke.

Im nahen **Bludesch** besitzt die **Nikolauskirche** ein spätromanisches Langhaus und einen frühgotischen Turm, der ungewöhnlicherweise bis zur Spitze gemauert ist. Im Turm hängt auch die älteste Glocke Vorarlbergs. Von besonderer Dramatik sind die Fresken mit ihren Darstellungen des Jüngsten Gerichts, wo unter anderem ein um einen Kessel grotesk hüpfender Teufel die armen Seelen erwartet. An einer anderen Stelle greifen Teufel die gefesselten Allegorien der Todsünden an und ziehen sie vor den Höllenschlund. Der obere Walgau etwa zwischen Nenzing und Bludenz trägt übrigens den Namen Blumenegg, abgeleitet vom rätoromanischen ›Florimont‹, dem Blumenberg oberhalb des Ortes Thüringen, wo es auch eine Ruine Blumenegg gibt. Thüringen wird im Kapitel Großes Walsertal behandelt.

Der Walgau wurde literarisch verewigt durch Norman Douglas' (1868 - 1952) Erinnerungsbuch ›Together‹ (1923), ein Werk das wie kein anderes tiefe Liebe zu Vorarlberg und seinen Leuten schildert. Douglas war der Enkel des Schotten John Douglas, der 1837 in Thüringen (s. S. 111) eine Baumwollspinnerei gegründet hatte. Norman wurde in Falkenhorst bei Thüringen geboren, bereist die ganze Welt, war Diplomat, brach diese Karriere aber ab, um nur noch Reiseschriftsteller zu sein. Mit dem Tod Norman Douglas' 1952 auf Capri erloschen leider die fast 120-jährigen Verbindungen zwischen Schottland und Vorarlberg.

Nenzing und Gamperdonatal

Alpengasthof Gamperdona, Nenzinger Himmel, 6774 Tschagguns, Tel. 05525/64606, www.nenzinger-himmel.info, p.P im DZ 35 €.

Alpencamping Nenzing, Garfrenga 1, 6710 Nenzing, Tel. 05525/62491, www.alpencamping.at.

Die Nikolauskirche beherbergt beeindruckende Malereien

»Die Landschaft ist kaum ein Tal zu nennen – die schmale Ebene am Wasser verliert sich ganz und gar und alles, was des Menschen eigen, Auen und Wälder, Sennhütten, Höfe und Dörfer, liegt hinauf nach einander an den steilen Berghängen. So gestaltet sich eine der schönsten Alpengegenden ...«

Ludwig Steub 1860

Das Große Walsertal

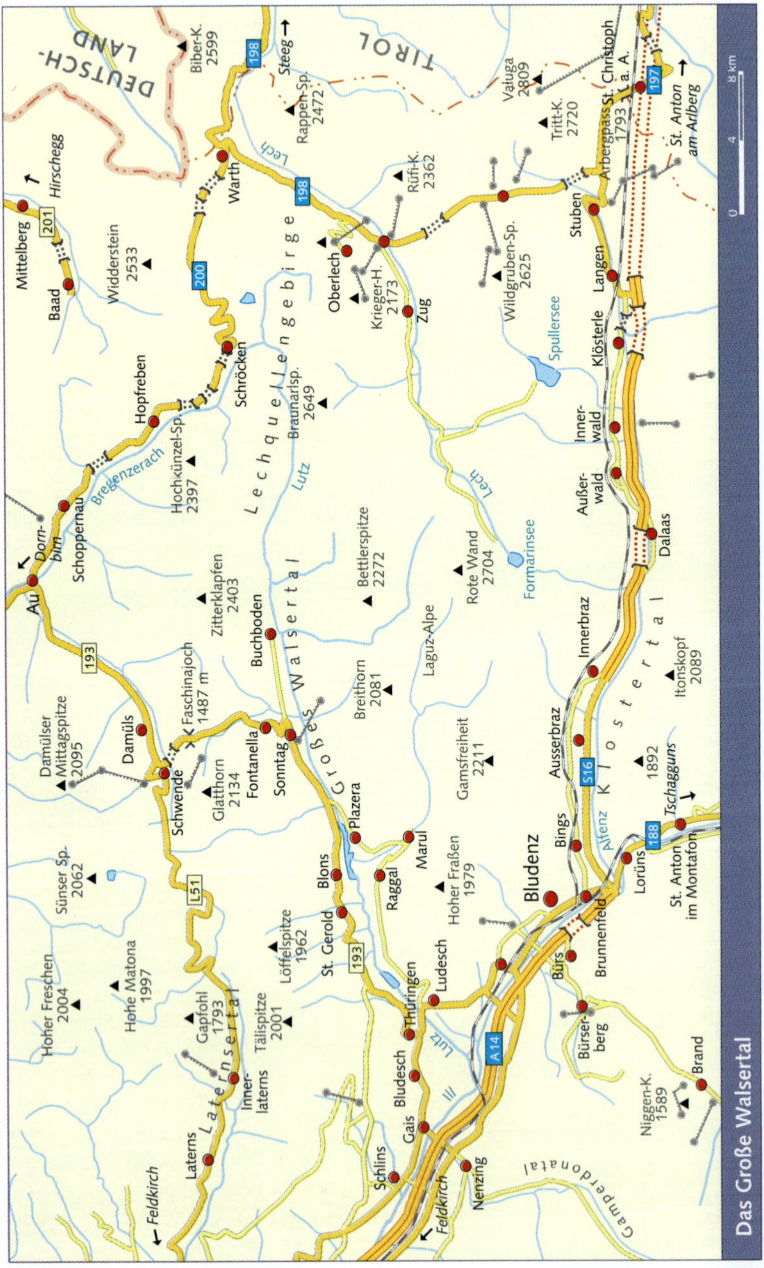

Das Große Walsertal
DEUTSCH-LAND
TIROL
Mittelberg
Hirschegg
Baad
Widderstein
2533
Biber-K.
2599
Warth
Steeg
Rappen-Sp.
2472
Valuga
2809
Tritt-K.
2720
St. Christoph a. A.
Arlbergpass
1793
St. Anton am Arlberg
Stuben
Rüfi-K.
2362
Lech
Oberlech
Krieger-H.
2173
Zug
Wildgruben-Sp.
2625
Langen
Klösterle
Spullersee
Schröcken
Hopfreben
Hochkünzel-Sp.
2397
Bregenzerach
Braunarlsp.
2649
Lechquellengebirge
Lutz
Inner-wald
Außer-wald
Dalaas
Au
Dornbirn
Schoppernau
Zitterklapfen
2403
Bettlerspitze
2272
Rote Wand
2704
Formarinsee
Buchboden
Walsertal
Innerbraz
Klostertal
Itonskopf
2089
Damülser Mittagspitze
2095
Damüls
Faschinajoch
1487 m
Fontanella
Sonntag
Großes
Breithorn
2081
Laguz-Alpe
Gamsfreiheit
2211
Ausserbraz
1892
Schwende
Glatthorn
2134
Plazera
Marul
Raggal
Blons
St. Gerold
Sünser Sp.
2062
Hoher Fraßen
1979
Bludenz
Bings
Alfenz
Tschagguns
Lorüns
St. Anton im Montafon
Brunnenfeld
Bürs
Hohe Matona
1997
Hoher Freschen
2004
Löffelspitze
1962
Ludesch
Thüringen
Gapfohl
1793
Laternsertal
Tälispitze
2001
Inner-laterns
Laterns
Bludesch
Gais
Schlins
Nenzing
Ill
Feldkirch
Bürser-berg
Brand
Niggen-K.
1589
Gamperdonatal
193
198
200
201
L51
A14
S16
188
197
0
4
8 km

Während das Kleine Walsertal sich fast maßloser touristischer Beliebtheit erfreut, ist es auch heute noch im Großen Walsertal viel stiller geblieben. Es ist die Mitte Vorarlbergs, doch dennoch die Region, die am wenigsten Durchgangsland ist. Und es siedelten sich hier im 14. Jahrhundert die Walser an, die die Schweiz verließen. Vielleicht daher konnte dieses Herz des Landes mehr als andere Regionen eine besondere Ursprünglichkeit bewahren. Nicht ohne Grund wurde daher das große Walsertal durch die UNESCO zum Biosphärenpark erhoben, und ebenso wurden hier durch den österreichischen Alpenverein viele Orte zu ›Bergsteigerdörfern‹ erklärt, Orte die sich durch unverbaute Natur, Traditionsbewahrung und dennoch ein vielfältiges Tourismusangebot auszeichnen (www.bergsteigerdoerfer.at). Das Große Walsertal ist eines der beliebtesten österreichischen Skigebiete. Insgesamt 34 Liftanlagen und 123 Pistenkilometer bieten Möglichkeiten in allen Schwierigkeitsgraden. Und im Sommer warten umgekehrt 230 Kilometer Wanderwege und verschiedene Lehrpfade auf die Touristen. Sogenannte ›Activcards‹ erhält man ab einer Aufenthaltsdauer von wenigstens drei Nächten und kann mit ihnen die öffentlichen Verkehrsmittel, Bergbahnen, sowie Schwimmbäder kostenlos nutzen. Die sogenannte Vorarlberg-Card ist ergänzend dazu erhältlich (www.v-card.at).

»Gebirgstal ohne Boden« nennt Franz Prinz zu Sayn-Wittgenstein das Große Walsertal. Denn es ist nur eine ganz schmale Ebene am Fluss Lutz (der allerdings an einer Stelle etwas breit aufgestaut ist), Geographen sprechen dabei von einem ›alpinen Kerbtal‹. Das Tal erstreckt sich vom Walgau bei Thüringen fast in West-Ost-Richtung bis zur Braunarlspitze (2649 m) kurz vor Lech. Nördlich davon geleitet der Schadonapass auf fast 1900 Meter Höhe ins Tal der Bregenzerach und in den Bregenzer Wald hinein. Die Berge an der Südflanke des Großen Walsertal gehören zu den Lechtaler Alpen, den Nordsaum nehmen der Walserkamm und der Stock des 2403 Meter hohen Zitterklapfens ein. Durch die Straße Thüringen-Damüls (Bregenzerwald) ist aber das Große Walsertal gut erreichbar, diese Verbindung über den Faschinapass besteht aber erst seit 1985.

Der Biosphärenpark Großes Walsertal

Ein Biosphärenpark ist keineswegs wie ein Nationalpark etwas, aus dem sich Menschen möglichst zurückziehen sollten. Er ist ein Ort, wo Erziehung zu ökologischem Bewusstsein erfolgen kann und soll, wo die Natur beobachtet und erforscht wird und wo man die landschaftlichen Kleinode als Kapital für die Entwicklung von Tourismus, Wirtschaft und Lebensqualität ansieht. »Die Natur nutzen, ohne ihr zu schaden« ist die Philosophie eines Biosphärenparks auf eine Formel gebracht. Und ein solcher Park wird nicht von oben verordnet, wird nicht gegründet, sondern entsteht nach und nach und wächst und verändert sich in einer Form, je nachdem was die Bewohner daraus zu machen imstande sind. Die Idee basiert auf einem UNESCO-Programm ›Mensch und Biosphäre‹ mit dem Ziel, ein globales Netz von Modellregionen zu schaffen, in denen nachhaltig naturgerechte Wirtschafts- und Lebensformen entstehen. Heute gibt es mehr als 400 Biosphärenparks in 94 Ländern, darunter die Rocky Mountains, der griechische Olymp oder die Serengeti. Und seit dem 9. Novem-

Blick vom Marultal ins Große Walsertal

ber 2000 gehört auch das Große Walsertal dazu.
Leitbild hierbei ist zunächst der Ausbau der biologischen Landwirtschaft, der nachhaltigen Forstwirtschaft und die Veredelung heimischer Rohstoffe. Ergänzt wird dieses Konzept mit der Marketingstrategie, den Gästen und Touristen insbesondere das anzubieten, was im Überfluss vorhanden ist: unberührte Landschaften, naturnahe Erholungsmöglichkeiten und frische regionale Produkte (www.walsertal.at/biosphaerenpark und www.biosphaerenpark.info).
Dabei wird unterschieden zwischen einer Entwicklungszone, und zwar der Lebens-, Wirtschafts- und Erholungsraum für den Menschen (im Gr. Walsertal 13,5 % der Fläche). Zu dieser Zone zählt der gesamte ›Dauersiedlungsbereich‹. Dann gibt es eine Pflegezone (69,5 %), bei der es sich um Kulturlandschaften handelt, die Lebensraum für Tiere und Pflanzen darstellen (Bergwälder und -wiesen, Alpweiden etc.). Etwa 17 Prozent bilden die Kernzone, wo es nach Möglichkeit keinerlei Eingriffe des Menschen geben darf (Gadental, Lutztal, die Rote Wand, das Moor Tiefenwald u.a.).
Zum Konzept Biosphärenpark gehört auch die Nutzung umweltfreundlicher, auch individueller Fortbewegungsmittel. Im Rahmen eines Pilotprojektes können Elektroautos und Elektrobikes bei der Biosphärenpark-Verwaltung (Jagdbergstraße 272, Thüringerberg), bisher noch in begrenzter Anzahl, von den Touristen ausgeliehen werden. 60 Prozent aller Walsertal-Haushalte heizen übrigens mit Holz, und pro Kopf wird 80 mal mehr Strom aus Sonnenenergie erzeugt als im österreichischen Durchschnitt.

Steinböcke im Großen Walsertal

▸ Karte S. 108

Eine Tour durch das Große Walsertal

Entlang der Straße nach Damüls beziehungsweise dem Abzweig nach Buchboden sollen hier die wichtigsten Orte des Großen Walsertals vorgestellt werden. Die meisten der Orte sind entlang der Straße und der Hänge ausgedehnt, wie es im Großen Walsertal üblich ist, und haben meist keinen Kern.

Thüringen und Ludesch

Westliches Tor zum Großen Walsertal ist Thüringen, wenngleich es auch keine Walsersiedlung ist und daher oft zum Walgau gerechnet wird. Hier gründete 1837 ein Schotte namens John Douglass eine Baumwollspinnerei und eine Weberei. Douglass befand sich in finanziellen Schwierigkeiten und erwog den gerade in Vorarlberg herrschenden Aufschwung mit der Investition seines letzten Geldes zu nutzen und sich zu sanieren. Was ihm auch gelang. Österreichs erste Turbine stand hier in Thüringen und auch die erste Dampfmaschine der westlichen Landesteile. Im nahen Ludesch steht die architektonisch bedeutsame **Martinskirche** am Fuß des Hohen Fraßen. Sie schmiegt sich durch ihr Äußeres (u.a. gestaffelter Chor, Vorhalle, Turm) sehr gut der Landschaft an und entstand vermutlich um 1480 auf den Resten eines romanischen Vorgängerbaus. Bedeutend ist ein Fresko, das den heiligen Christophorus zusammen mit einer Glocke zeigt. Diese gilt als Symbol des heiligen Theodul, der der zentrale Heilige der Walser ist. Der Hochaltar aus dem 17. Jahrhundert der Ludescher Kirche gilt als schönster seiner Art im Land. Der ungewöhnliche Karner (Beinhaus) neben der Kirche entstand durch das Fehlen eines geeigneten Friedhofsgeländes. Sehr lohnend ist die Fahrt zum **Gasthof Frohe Aussicht** im Osten oberhalb des Dorfes. Von hier hat man eine schöne Sicht über den Walgau.

St. Gerold

Schon im 10. Jahrhundert bestand hier ein **Kloster**, das seinen Namen von einem heiliggesprochenen Eremiten trägt. Dieser, der ursprünglich Adam von Sachs geheißen haben soll, sühnte verschiedene weltliche Vergehen als Einsiedler. Kaiser Otto der Große begnadigte ihn im Jahr 949, worauf er seine geringe Habe und das Grundstück, auf dem sich seine Klause befand, der Propstei schenkte. Gerolds letzte Ruhestätte konnte bei Ausgrabungen hier nachgewiesen werden. Von der romanischen Klosterkirche sind nur geringe Fundamentreste im Untergrund vorhanden. Die jetzige Anlage mit Kirche und Mönchstrakten stammt aus den Jahren 1560 bis 1600. Nach 1940, nach der Vertreibung der Mönche durch die Nationalsozialisten, verfiel das Kloster, wurde aber seit den 1950er Jahren wieder renoviert und neuer Verwendung zugeführt. Heute ist die Propstei St. Gerold ein religiöses und soziales Begegnungszentrum und führt einen großen Landwirtschaftsbetrieb wie ein Restaurant (www.propstei-stgerold.at). Ein großes weltliches Kulturangebot ergänzt die Fülle des seelsorgerisch-touristischen Angebots des Klosters. Initiiert hat dies alles schon zu Beginn der 1960er Jahre der rührige, heute 80-jährige Propst Nathanael Wirth. Man besucht St. Gerold, um zu meditieren, um eine Reittherapie zu machen, man musiziert selbst oder lässt musizieren. Für den Propst zählen Jazzkonzerte auch zur Seelsorge. Wirth ließ auch den Friedhof neu gestalten. Alle Verblichenen haben auf ihren Gräbern eine einheitliche Tafel mit Geburts- und Sterbedatum, aber ohne Hinweis auf die Stellung zu Lebzeiten. Eine ungewöhnliche Lehmmauer umfriedet den Gottesacker.

Natürlich kann man in St. Gerold auch Sakralkunst bewundern, insbesondere die zeitgenössischen Fresken in der **Propsteikirche** von Ferdinand Gehr, die in ungewöhnlicher Form die ›Menschwerdung Christi‹ zeigt, sind sehr sehenswert; ebenso die Krypta in den Fundamenten des romanischen Vorgängerbaus. Ein zweieinhalb Kilometer langer **Meditationsweg** lädt zur Besinnung in Stille ein. Das neue **Gemeindezentrum** von St. Gerold ist ein vierstöckiger Holzbau, einer jener modernen Holzschöpfungen, für die Vorarlberg so berühmt ist.

Blons

Kaum ein Ort Österreichs ist so oft von Schneekatastrophen heimgesucht worden wie die Gemeinde Blons. Insbesondere heute noch lebendig sind die furchtbaren Ereignisse vom 10. und 11. Januar 1954. Keinerlei Schneefall gab es bis Weihnachten 1953, ja es herrschte sogar eine frühlingshafte Atmosphäre, da bei 10 Grad erste Blumen zu blühen begannen. Auch im Januar ließ der Schnee auf sich warten. Nur ganz langsam begann es zu schneien. Am Morgen des 9. Januar war gerade mal eine Schneehöhe von 15 Zentimetern erreicht. Doch noch am Vormittag setzte ein heftiges Schneetreiben ein. Gegen 12 Uhr war die Schneedecke schon auf 80 Zentimeter angewachsen. Gleichzeitig kam es durch heftige Stürme zu starken Verwehungen. Am folgenden Tag kam es zu drei Lawinenabgängen, bei denen insgesamt vier Ställe und eine Seilbahnstation zerstört wurden, jedoch noch keine Personenschäden zu beklagen waren. Um 5 Uhr morgens am 11. Januar wurde durch eine Lawine ein Haus zerstört, eine weiter vernichtete um 9.30 zwei Häuser und sieben Ställe, wobei es den ersten Toten gab. Zur Katastrophe gestaltet sich der Abgang vom Hang des Falvkopfes um 10.05 Uhr. 14 Häuser und 20 Ställe wurden zerstört. 75 Personen wurden verschüttet, 42 getötet. Bis 17 Uhr ereigneten sich drei weitere Lawinenabgänge, es wurden wieder Ställe zerstört und ein Mensch getötet. Die Katastrophe von 10 Uhr wiederholte sich um 19 Uhr in der sogenannten Mont-Calv-Lawine, der elf Häuser und zehn Ställe zum Opfer fielen. 20 Personen wurden verschüttet, zum Teil waren es solche, die gerade aus den Schneemassen der Falvkopf-Lawine befreit wurden. Zwölf weitere Tote waren die Folge dieser letzten Lawine jener beiden Unglückstage. Insgesamt wurde ein Sechstel der damaligen Dorfbevölkerung dahingerafft. In der Folge verließen in den Jahren danach einige Familien den Ort Blons, um sich an anderer Stelle niederzulassen. Neubauten wurden im Ort in neuer Form errichtet. Um künftige Katastrophen zu vermeiden, bauten man jetzt im Norden, an die Hangseite des Wohnhauses direkt das

Lawinenwege erinnern heute an das Unglück

▲ Karte S. 108

Fernab der Katastrophe: das Puppenmuseum in Blons

Stallgebäude an und erhöhte es dementsprechend, damit es wie eine Schanze für die Lawine fungieren kann. Innerhalb der Gemeinde gibt es einige **Erinnerungswege** (Leusorg-, Schutzwald- und Verbauungsweg), die wie Lehrpfade mit den Ereignissen des Jahres 1954 vertraut machen. Der Leusorgweg (leu=Lawine) führt zu den Standorten mehrerer Bauernhäuser, die damals verschwanden und berichtet über das Schicksal der Bewohner. Entlang des Schutzwald- und Verbauungswegs trifft man auf Lawinenverbauungen und andere Vorrichtungen, die den weißen Tod aufhalten sollen und kann sich über moderne Maßnahmen zur Lawinenverhinderung informieren. Sehr beeindruckende Führungen können über das Tourismusbüro in Thüringerberg organisiert werden. In der Gemeinde selbst gibt es eine Dauerausstellung zu den Naturkatastrophen von Blons. Der Ortsfriedhof zeigt das ›Lawinendenkmal‹, auch läutet seit damals im Kirchturm eine ›Lawinenglocke‹.

In Blons kam Martin von Lorenz (1748–1828) zur Welt. Als eine Art Kultusminister war er für die Kaiser Joseph II., Leopold II und für Franz II. (I.) Berater in Kirchenfragen. Da er letztlich auch bei den Nachfolgern Kaiser Josephs dessen unbeliebte Reformen weiterführen wollte, wurde er zu einer teils sehr wenig geschätzten Person. Er ist im niederösterreichischen Stift Lilienfeld beigesetzt. Blons hat aber neben diesen Katastrophenerinnerungen auch noch mit dem **Puppenmuseum** etwas bedeutend lieblicheres zu finden.

Blons und seine Umgebung waren die Drehorte zu ›Der Atem des Himmels‹ (2010) des Vorarlberger Schriftstellers Reinhold Bilgeri (geb. 1950), der auch Regie führte. Er verbindet die Katastrophe von 1954 mit einer tiefpoetischen Liebesgeschichte um eine 41-jährige zugereiste Lehrerin und einem Blonser Lehrer und Kämpfer um besseren Lawinenschutz, der aber bei der Zerstörung des Dorfes sein Leben verliert.

Raggal und das Marultal

Raggal ist der einzige Ort im Großen Walsertal, der an der Schattseite, das heißt dem nach Norden fallenden Talhang erbaut ist. Die **Dorfkirche** (um 1450, später barockisiert) steht ganz ungewohnt in Nord-Süd-Richtung, wobei ihr Turm am Schiff in Richtung Bergseite gebaut ist – aus Gründen des Lawinenschutzes. Von Raggal geht es ostwärts über eine Mautstraße in das weltferne Marultal, eine der herrlichsten

Die Kirche in Marul

Natur hautnah erleben auf dem Wald-Erlebnispfad

Landschaften Vorarlbergs. Es ist auffällig, dass die beiden Talflanken sehr unterschiedlich ausgebildet sind.

Vom Weiler Marul aus führt ein beschaulicher **Wald-Erlebnispfad** den Marulbach aufwärts. Er beginnt schräg gegenüber der Kirche (Infotafel). Direkt bei der Kirche steht die berühmte 32 Meter hohe **Bergulme**, die einen Umfang von fünf Metern besitzt. Sie hat ein Alter von etwa 300 Jahren. Ulmen sind in Mitteleuropa selten geworden, da Anfang des 20. Jahrhunderts durch den Ulmensplintkäfer ein Baumsterben einsetzte. Ein Pilz, den dieser Käfer verbreitet, verstopft die ›Adern‹ der Bäume und der Nährstofftransport wird unterbrochen. Es gibt drei Wegvarianten, die interessanteste ist die rote. Für sie benötigt man bei einer Länge von knapp 6 Kilometern etwa zweieinhalb Stunden Der Lehrpfad führt hinab zum Marulbach, quert ihn, verläuft auf der Südseite des Bachs, wechselt bei einer Hängebrücke auf die Nordseite und führt entlang des Talnordhangs zurück nach Marul. Geologie, Kulturgeschichte und Biologie werden entlang der Trasse auf sehr informative und unterhaltsame Weise nahegebracht.

▶ Karte S. 108

Das Marultal ist zweifellos eine der schönsten Wandergegenden Vorarlbergs (siehe auch Abschnitt Wandern im Großen Walsertal). Die Marultalstraße – ab Marul nur mit dem Bus zu befahren – endet auf 1584 Metern an der **Laguz-Alpe** unterhalb des 1737 Meter hohen Sättele. Hier gibt es eine gute Einkehrmöglichkeit im Laguz-Stüble (Ende Mai bis Ende September). Ein Muss in Vorarlberg ist die Wanderung von hier zum auf 1789 Meter gelegenen **Formarinsee**, einem unwirklich schön gelegenen, einsamen Ort. Oberhalb des Sees lädt die **Freiburger Hütte** (1931 m) zur Rast und Übernachtung ein (Tel. 0650/5660039). Von der Laguz-Alpe ist sie in etwa drei Stunden zu erreichen. Ganz unentwegte steigen von hier auf abenteuerlichem Weg über den Schmiedetobel ins Klostertal nach **Dalaas** hinab. Etwas weniger anstrengend ist der Anstieg zur **Kellaspitze** (2017 m). Von Marul geht es über die Stafelfelder Alpe und den Güggernülli (welch ein Name!) in knapp vier Stunden empor. Auf der Kellaspitze gibt es übrigens das erste Biosphärenpark-Gipfelbuch. Man darf die Straße mit dem eigenen Wagen nur bis Marul befahren, ab hier fährt dreimal täglich ein Bus bis zur Laguz-Alpe und von dort zurück. Solche ›Wanderbuslinien‹ und auch Anschlusslinien gibt es im großen Walsertal viele. Man informiere sich unter www.vmobil.at.

Sonntag

Die weite Streusiedlung Sonntag zählt zu den bedeutendsten Orten des Großen Walsertals. Sie besteht aus zehn kleinen Weilern, die wegen der zahlreichen Tobel sich nicht ausdehnen beziehungsweise zusammenwachsen konnten. Zweifellos ist der Ostteil des Großen Walsertals auch landschaftlich der reizvollste. Der ungewöhnliche Ortsname rührt unter Umständen vom Patron der Pfarrkirche St. Dominikus her. Im Ortsteil Flecken steht das **Heimatmuseum Großes Walsertal**. Hier ist die Geschichte und Gegenwart der Walserkultur, ihrer Lebens- und Wirtschaftsformen in einzigartiger Form mit Rauchküchen, Schnapsbrennerei, Spinnrad und Gebetsstube dokumentiert. Eine bedeutende Einrichtung ist das unweite **Haus Walserstolz** im Ortsteil Boden. Es bietet neben der Touristeninformation und einem guten Restaurant die Möglichkeit in einer Schausennerei, bei der Herstellung des berühmten Walserstolz-Bergkäses zuzusehen und selbstverständlich darf man auch selber Käse produzieren. Allerdings muss man ihn dann auch essen. Ergänzt wird das sehr attraktive Angebot durch Ausstellungen, die sich mit dem Biosphärenpark befassen. Übrigens: Rund 1,5 Millionen Liter Milch werden nur hier jährlich zu gut 140 Tonnen Walserstolzkäse verarbeitet.

Oberhalb von Flecken liegt der Ortsteil **Stein** auf knapp 1300 Metern. Von Mitte Mai bis Mitte Oktober fährt eine Kabinenseilbahn dort hinauf (www.seilbahnen-sonntag.at). Viel besucht ist der **Klettergarten** an der etwa anderthalb Kilometer entfernten Wandfluh. Hier kann man auch Schallreflexionen an

Seilbahn im Ortsteil Stein

Die Breithornhütte lädt zum Verweilen ein

einer besonderen Echowand testen. Der Weg hin zur Echowand ist künstlerisch gestaltet mit besonderen Akustikinstallationen, dem sogenannten **Klangraum** Stein (www.klangraum-stein.at).

An der Bergstation kann man in dem beliebten Seilbahnstüble einkehren (geöffnet während des Seilbahnbetriebs) oder die schöne Rundwanderung über das Partnom-Hüsli zur **Breithorn-Hütte** (Tel. 05554/5601) auf 1652 Metern machen, die von Juli bis September täglich geöffnet ist. Die Wirtin ist bekannt für ihre ›Gsottna Grompera‹, wie man in dieser Region eine Pellkartoffelspezialität nennt.

Von der Breithornhütte geht es westwärts um die Wangspitze herum zur **Steris-Alpe**, von wo man direkt ins Walsertal hinab oder nordostwärts wieder nach Stein wandern kann (Ganztagestour). Die Regionen um Sonntag-Stein gelten mit denen um Raggal und dem Faschinajoch zu den beliebtesten Wintersportgebieten Vorarlbergs (www.seilbahnen-sonntag.at). Die Skischule Faschina-Raggal bietet Kurse in allen Skigebieten des Großen Walsertals an und ermöglicht auch Anfängern herrliche Pistenerlebnisse (www.skischule-faschina.info, Tel. 05510/388).

An der Straße zum Faschinajoch

Diese Straße von Sonntag aus in den Bregenzerwald ist erst seit 1985 für den Autoverkehr ausgebaut, vorher war es ein bloßer unbefestigter Güterweg, und zur Zeit der ersten Walsersiedlungen ein Knüppeldamm durch eine moorähnliche

Die Streusiedlung Fontanella

▲ Karte S. 108

Gegend, wie ergrabene Torfschichten beim Ausbau zeigten. Wie auch die Region um Sonntag, so gilt auch die Fontaneller Gegend als landschaftlich schönster Teil des Biosphärenparks.

Fontanella

Die Straßenverbindung nach Damüls im Bregenzerwald über das Faschinajoch führt durch die Streusiedlung Fontanella über zahllose Serpentinen empor. Fontanella, übrigens der höchstgelegene Ort im Großen Walsertal, ist wie andere Gemeinden hier aus vielen Einzelsiedlungen zusammengesetzt und hat seinen zentralen Bereich in Kirchberg. Den Namen hat es von einer längst nicht mehr sprudelnden Schwefelquelle. Bis 1806 bildete es mit Damüls zusammen eine Gemeinde mit eigener Gerichtsbarkeit, genannt das Obergericht, womit man sich vom Untergericht in Ragall abheben wollte. Die Verwaltung befand sich aber zunächst in Damüls, genauso wie die Pfarrkirche. Das Gerichtshaus oder ›Landammannhaus‹ besteht noch (Haus Nr. 16 in Kirchberg). Es ist ein typischer Blockbau des 16. Jahrhunderts. Die Pfarrkirche wurde gegen 1670 gebaut. Leider harmoniert ihr barockes Äußeres nicht mit dem neoromanischen Inneren.

Am Seewaldsee

Mit einem Bummelzug kann man von Fontanella-Säge zum weltfernen **Seewaldsee** kommen, der als idyllischer Badeplatz viel besucht ist. Doch lässt sich dorthin auch eine hübsche Wanderung machen. Ausgangspunkt ist die Bushaltestelle im Ortsteil Säge (1165 m) an der Faschinajochstraße, von wo man den Weg nach Garlitt (1200 m) nimmt. Dieser Weg ist für den allgemeinen Kfz-Verkehr gesperrt. Hinter diesem

Auf dem Faschinapass

Ort hält man sich an einer Gabel rechts und quert den wilden Seewaldtobel, wo nebeneinander weiche Schiefertone und härtere Kalke aufgeschlossen sind. Richtung Buchboden geht es etwas talwärts zum See (1170 m), wo es auch Einkehrmöglichkeiten gibt. Etwa eine Stunde benötigt man für die einfache Strecke.

Faschina

Die Passsiedlung ist genau genommen nur aus Hotels zusammengesetzt. Doch gibt es dort die sehenswerte **Annakapelle** von 1717 wurde einst gestiftet von einem Joseph Hartmann, der hochgeehrt 1732 in Wien als Arzt und langjähriger Bürgermeister starb, jedoch nie seinen Geburtsort vergessen hatte. Sehr beliebt ist hier der **Blumen-Wanderlehrpfad**, den man wegen der außerordentlichen Pflanzenvielfalt (u.a. Türkenbund) angelegt hat, die hier am Hahnenkopf zwischen 1780 und 1865 Metern vorkommt. Die hier vorkommenden leicht verwitternden Gesteine der sogenannten Flyschfolge lassen Böden mit guter Wasser- und Nährstoffzirkulation entstehen. Man erreicht den Blumenlehrpfad von der Mittelstation (1780 m) der Panoramabahn Stafelalpe aus, die ihre Talstation auf dem Faschinajoch hat. Hier, an der Nordseite des 2185 Meter hohen Glatthorns gibt es selbstverständlich weitere Wandermöglichkeiten und auf der Franz-Josef-Hütte auf der Stafelalpe Einkehr- und Übernachtungsmöglichkeiten (Tel. 05510/314). Die Hütte ist in etwa zwei Stunden auch von Faschina zu Fuß zu erreichen. Faschina und das nahe Damüls gelten als schneesicherste Wintersportorte der österreichischen Alpen (www.faschina.at leitet weiter nach www.damuels.at), www.seilbahnen-faschina.at gibt weitere Informationen.

Buchboden und seine Umgebung

Dieser östlichste Teil des Großen Walsertals ist vielleicht der unberührteste, stillste, doch gibt es hier bedeutende Sehenswürdigkeiten. Zunächst besuchenswert ist die **Pfarrkirche Mariä Geburt** in Buchboden, am Fuß der 2010 Meter hohen Blasenka, aus dem Jahr 1726. Ihr Grundriss ist ein griechisches Kreuz. Von Buchboden geht es südwärts über eine Mautstraße entlang des Hutlabachs zur 1281 Meter hoch gelegenen **Unter-Hutla-Alpe** und weiter zur **Klesenza-Alpe** auf 1589 Metern, einem der weltfernsten Stellen des großen Walsertals. Von der Klesenza-Alpe führt ein nicht ganz einfacher Weg zum 1737 Meter hohen **Sättele**, von wo es hinunter zur **Laguz-Alpe** geht, die auf gleicher Höhe wie die Klesenza-Alpe liegt. Die hoch über dem Hutlatal aufragende **Rote Wand** ist ein wildes, unzugängliches Felsenlabyrinth. Der Weg durchs Hutlatal, auf der Mautstraße, bietet sich auch als recht bequeme, mäßig steile, dennoch eindrucksvolle Wanderung an. Bequem erreicht man hier nach drei Stunden die Klesenza-Alpe und Einkehrmöglichkeiten gibt es auch unterwegs an der Unter-Hutla-Alpe. Die Klesenza-Alpe wird mehrmals täglich von Mitte Juni bis Mitte September von einem Wanderbus angefahren (www.vmobil.at).

▲ Karte S. 108

Steiler ist der Aufstieg von der **Rinderalpe** (1242 m) im Hutlatal zur östlich gelegenen **Wangspitze** (1873 m). Ziemlich anstrengend schon ist der erste Teil des Weges bis zur Wangalpe auf 1646 Metern, hinter der es zur Wangspitze abzweigt. Bleibt man auf dem Hauptweg, geht es nochmals kurz hinauf zur **Madona-Alpe** (1673 m), doch alsbald abwärts auf 1317 Meter zur **Gadenalpe** und weiter hinab, vorbei am großartigen **Madona-Wasserfall** den Gadenbach hinab nach Rotenbrunnen mit seiner eisenhaltigen Quelle und von dort zurück nach Buchboden. Sechs bis sieben Stunden sollte man ansetzen, beginnt man die Wanderung bereits in Buchboden und lässt sie auch dort enden.

Das Gadental gehört innerhalb des Biosphärenparks zu einer besonders streng geschützten Zone. **Bad Rotenbrunnen**, das unweit der Mündung des Gadenbachs in die Lutz liegt, ist ein seit dem Mittelalter bekannter Ort, der aber auch heute nur aus ganz wenigen Gebäuden besteht. An der geologischen Grenze zwischen dem sogenannten Hauptdolomit und den Schichten des jurassischen Lias quillt hier mineralisiertes Wasser

Wanderer auf dem Weg zur Roten Wand

Garfülla-Türschild

auf, das sulfatisches Calcium und Magnesium sowie Eisenoxid enthält. Ein verwundeter Hirt entdeckte hier um 1350 die **Quelle** und tauchte sein verletztes Bein hinein. Angeblich heilte die Wunde schnell, und die Quelle genoss bald einen besonderen Ruf. Von 1648 bis 1804 gehörte Rotenbrunn dann dem Kloster Weingarten, und bereits 1651 bestand hier ein winziger ›Kurbetrieb‹. Im 19. Jahrhundert genoss die Quelle österreichweit großen Ruf. Heute gibt es hier einen Gasthof und Kurmöglichkeiten, die Zufahrt mit Privatfahrzeugen ist aber eingeschränkt.

Die landschaftlich großartige (mautpflichtige) Fahrstraße durch das Lutztal, ostwärts von Bodenbach, endet einsam auf 1205 Metern Höhe an der **Metzgertobel-Alpe**. Von hier kann man, alpinistisches Können sowie Trittsicherheit und Schwindelfreiheit vorausgesetzt, zum Beispiel in drei Stunden über die Untere Alpschellen-Alpe hoch zur **Biberacher Hütte** auf 1846 Meter klimmen, wo am Schadonapass das Große Walsertal seinen oberen Abschluss erreicht. Die Biberacher Hütte bietet Einkehr und Nächtigung (Tel. 05519/257, Postadresse 6888 Schröcken, www.alpenverein-biberach.de/huette).

Weitere Wanderungen im Großen Walsertal

230 Kilometer markierte Wanderwege bieten im Großen Walsertal für jeden Anspruch ausreichend Möglichkeiten. Die folgenden Vorschläge sind eine rein subjektive Auswahl.

Auf einer historischen Trasse, dem **alten Walserweg**, über den einst die Erschließung des Tals voranschritt, bewegt sich eine wenig anstrengende 3-Stunden-Wanderung. Allerdings ist an einigen Stellen Trittsicherheit erforderlich. Sie beginnt am östlichen Ortsende vom Thüringerberg, dort wo die Straße von Thüringen einmündet. Hier läuft der alte (vordere) Walserweg parallel zur Straße etwas bergab an den Häusern von Gaßnerberg vorbei, man quert die enge Schlucht des Klostertobels und erreicht St.Gerold (848 m), wo sich der Weg scharf südwärts wendet und bergab verläuft. Hier sind wieder einige Tobel zu überqueren. Nach einiger Zeit biegt der Weg wieder nach Nordosten um und windet sich bergan bis zur Kirche von Blons (904 m). Von dort kann man mit dem Bus zurückfahren.

Sehr zu empfehlen ist auch die Begehung des **hinteren Walserwegs**. Ausgangspunkt ist hier die Bushaltestelle von Garsella an der Einmündung der Straße von Raggal. Südlich der Lutz verläuft hier wieder der ausgeschilderte Walserweg, der weitgehend dem Fluss folgt und sich durch die Streusiedlung der Gemeinde Sonntag zieht. Nach kurzem steileren Anstieg endet die Trasse in der Gemeinde Buchboden auf 910 Metern, die ›innerste Dauersiedlung‹ des Großen Walsertals. Von hier empfiehlt sich nach der Einkehr die Rückfahrt nach Garsella mit dem Bus. Etwa zweieinhalb Stunden braucht man für diese einfache Wanderung. Der Walserweg ist Teil des Europäischen Weitwanderwegs 01.

Etwas höhere Anforderungen setzt der Anstieg auf den höchsten Berg des Walserkamms, auf die 2000 Meter hohe **Tälispitze**. Nahe der Innerberger Kirche (877 m) geht es über eine Asphaltstraße empor zum Alpenheim Gaßneralpe (1562 m), das in etwa zweieinhalb Stunden zu erreichen ist. Hier gibt es Einkehrmöglichkeiten. Auch eine Sennerei besteht hier. Noch zwei Stunden benötigt man dann für den Anstieg bis zur Tälispitze, von der an klaren Tagen die Sicht bis zum Bodensee reicht. Es gibt hier einige kurze, steile Stellen, doch überwiegend sind es gut begehbare Pfade. Mit Einkehr ist es eine Ganztageswanderung.

Das einsame Marultal östlich von Raggal bietet einen besonderen Wandergenuss: Von der Kirche in Marul führt der **Wanderweg Marul-Laguz** am Marulbach entlang aufwärts. Hier trifft man auf schroffe Felsenstürze, einen wild brausenden Wasserfall. Beim Abzweig Richtung Tiefensee gelangt man zur verwunschenen **Schlucht des Elsbachtobels**. Anderthalb bis zwei Stunden sollte man für die einfache Strecke dorthin ansetzen. Leider besteht keine Einkehrmöglichkeit, aber die fast menschenleere Region bezaubert durch ihre Abgeschiedenheit.

Im gleichen Tal lohnt sich ebenso sehr die Wanderung von Garfüllavorsäß (976 m) zur 2211 Meter hohen **Gamsfreiheit**, die durch eines der Schutzgebiete (Faludriga-Alpe) des Biosphärenparks führt. Für die Ausdauer erfordernde Tour sollte man fünf Stunden (einfache Wegstrecke) ansetzen. Doch sind die Ausblicke unter anderem ins Klostertal von überwältigender Schönheit.

Der Rother-Wanderführer Brandnertal erläutert die erwähnten Wanderungen detailliert und gibt viele weitere Empfehlungen im Großen Walsertal. Die Wanderkarten 364 oder 375 des Verlags Freytag & Berndt sind dabei weitere gute Begleiter.

Karte S. 108

▲ *Wanderung über den Marulbach*

Großes Walsertal

Verein Großes Walsertal Tourismus, Jagdbergstraße 272, 6721 Thüringerberg, Tel. 05554/5150-39, www.walsertal.at, Mo–Fr 8.30–12, 14–17 Uhr. Filiale auch in Raggal.

Haus Walserstolz, Boden 34, 6731 Sonntag, Tel. 05554/20010, www.hauswalserstolz.at, Mo–So 8.30–18 Uhr (Änderungen vorbehalten). Touristeninformation mit angeschlossener ›Schau- und Erlebnissennerei‹, Ausstellungen zum Biosphärenpark.

Gemeindezentrum, 6723 Blons Nr. 9, Tel. 05553/8112-100, www.blons.at.

Gemeindeamt Fontanella, Kirchberg 25, 6733 Fontanella, Tel. 05554/5215-0.

Gasthof Bergidyll s'Rössle, 6733 Faschina 51, Tel. 05510/303, www.roessle.info, p.P. im DZ 38 € (Sommer), 58 € (Winter), jeweils in der Hauptsaison, für die Nebensaison gelten niedrigere Tarife.

Hotel Nova, 6741 Raggal 94, Tel. 05553/222, www.hotelnova.at, p.P im DZ 30 € (Winter), im Sommer siehe Homepage.

Pension Kellaspitze, Raggal 30, Tel. 05553/211, pension-kellaspitze@aon.at, p.P. im DZ nach Anfrage.

Café-Pension Zum Jäger, 6731 Sonntag, Buchboden 5, Tel. 05554/5591-0. www.zumjaeger.at, p.P. im DZ 31 € (Sommer) und 34–36 € (Winter).

Gasthof Krone, 6731 Sonntag, Flecken 14, Tel. 05554/5144, www.krone-sonntag.at, p.P. im DZ 28 €.

Gasthof Kreuz, Faschinastraße 38, 6722 St. Gerold, Tel. 05550/2133, p.P. im DZ 30 €.

Hotel Johannishof, Faschinastraße 37, 6722 St. Gerold, Tel. 05550/2139, www.johannishof.at, p.P. im DZ 30 €.

Berghaus Schäfer, 6733 Faschina 85, Tel. 05510/205, berghaus@faschina.at, p.P. 18–20 €, im Winter 22–25 €.

Walserklause, 6741 Marul 21, Tel. 05553/80090, www.walserklause.at, p.P. 35 € (Sommer und Winter).

Camping Großwalsertal, Plazera 21 (östlich Raggal), Tel. 05553/209, www.camping-grosswalsertal.at.

Heimatmuseum Großes Walsertal, Flecken 17, 6731 Sonntag, Tel. 05554/5110, www.walsermuseum.at, Mai bis Anf. Okt. Do 14–17, So 17–19 Uhr und nach Vereinbarung. Leben und Geschichte der Walser und Naturkunde des Großen Walsertals.

Puppenmuseum Blons, Marlis Jenny-Dobler, 6723 Blons Nr. 17a, Tel. 0699/11350162, www.puppenmuseumblons.at, Mai–Sept. jeweils So 14–16 Uhr. Sehr schöne private Sammlung von Teddybären und historischen Puppen.

Skischule Faschina-Raggal, 6733 Fontanella Nr. 200, Tel. 05510/388, www.skischule-faschina.info.

Skiverleih: Sport Butscher, Raggal, Tel. 05553/371; Sport Rössle, Faschina, Tel. 05510/3034; Sport Schäfer, Faschina, Tel. 05510/322, www.thomas-schaefer.at.

Österreichischer Bergrettungsdienst, Ortsstelle Sonntag, Tel. 0676/7799802, www.bergrettung-sonntag.at.

Österreichischer Bergrettungsdienst, Ortsstelle Fontanella, Tel. 05554/521513, www.bergrettung-fontanella.at.

Durch die verkehrsgünstige Lage am Schnittpunkt verschiedener Talzüge wurde Bludenz ein wichtiger Handelsort, sodass die Stadt und ihre Umgebung heute nach dem Rheintal und dem Bodenseegebiet der wichtigste Industrieraum Vorarlbergs ist. Doch die Region wird wegen ihrer reizvollen Tal- und Berglandschaften viel besucht. Nicht ohne Grund nennt sich Bludenz ›Alpenstadt‹.

Bludenz und seine Täler

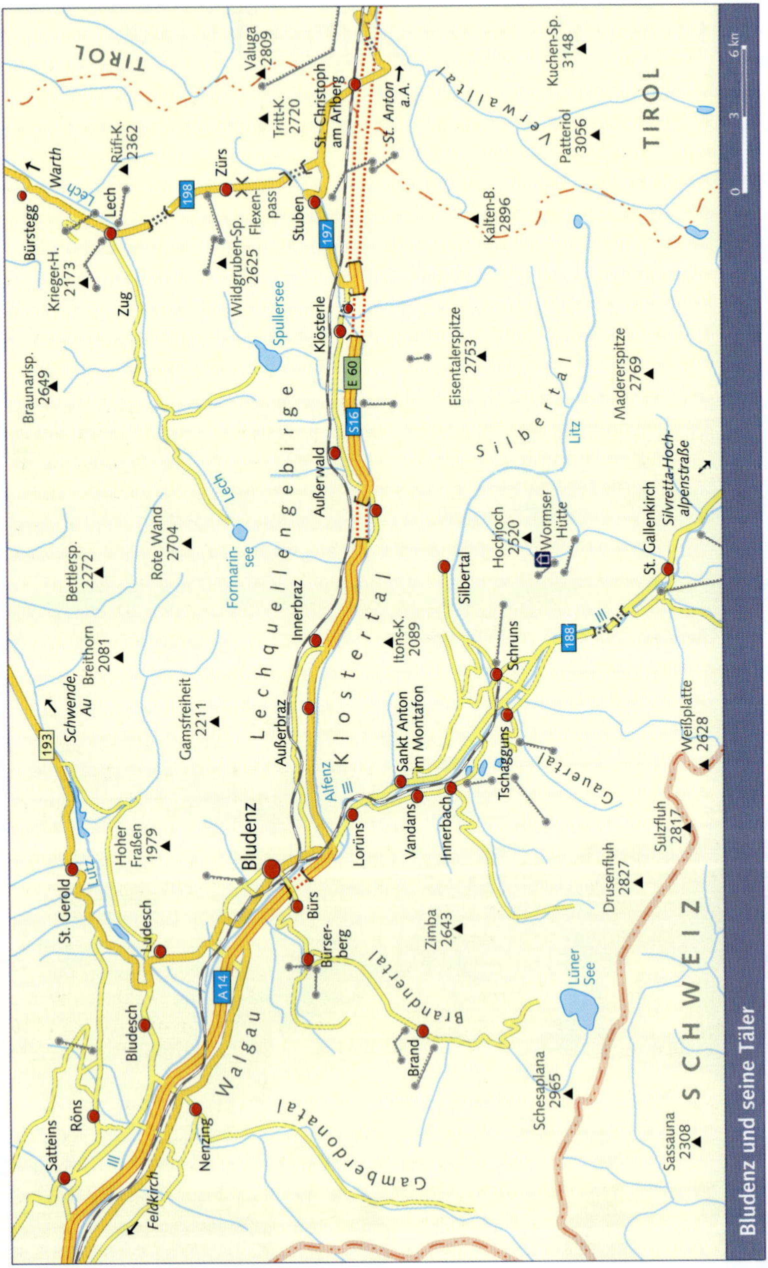

Bludenz und seine Täler
TIROL
SCHWEIZ
Lechquellengebirge
Klostertal
Silbertal
Walgau
Brandnertal
Gamperdonatal
Gauertal
Verwalltal
Bludenz
Bürs
Bürserberg
Brand
Nüziders
Nenzing
Satteins
Röns
Bludesch
Ludesch
St. Gerold
Feldkirch
Schwende, Au
Lorüns
Vandans
Sankt Anton im Montafon
Tschagguns
Schruns
Innerbach
Silbertal
St. Gallenkirch
Silvretta-Hochalpenstraße
Außerbraz
Innerbraz
Außerwald
Klösterle
Stuben
St. Christoph am Arlberg
St. Anton a.A.
Flexenpass
Zürs
Lech
Zug
Bürstegg
Warth
Formarinsee
Spullersee
Lüner See
Lech
Lutz
Alfenz
Litz
Wormser Hütte
Braunarlsp. 2649
Bettlersp. 2272
Breithorn 2081
Hoher Fraßen 1979
Gamsfreiheit 2211
Rote Wand 2704
Krieger-H. 2173
Rüfi-K. 2362
Wildgruben-Sp. 2625
Tritt-K. 2720
Valuga 2809
Itons-K. 2089
Eisentalerspitze 2753
Kalten-B. 2896
Patteriol 3056
Kuchen-Sp. 3148
Hochjoch 2520
Madererspitze 2769
Zimba 2643
Drusenfluh 2827
Sulzfluh 2817
Weißplatte 2628
Schesaplana 2965
Sassauna 2308
A14
S16
E 60
193
197
198
188
0
3
6 km

Bludenz

Mit fast 14 000 Einwohnern ist Bludenz Vorarlbergs viertgrößte Stadt und Bezirksstadt für den Osten und Süden des Bundeslands. Bludenz liegt geographisch an einer Stelle des Zusammentreffens mehrerer großer Täler. So begegnen sich bei der Stadt der Walgau, der sich von Feldkirch heraufzieht, das Brandnertal, das vom Rätikon herniederfällt, das Montafon, das im Silvrettamassiv beginnt, das Klostertal, das sich vom Arlberg niederzieht und (in etwas weiterer Entfernung) das Große Walsertal. Bludenz ist ein wichtiger Industriestandort. So wird hier unter anderem das landesweit bekannte Fohrenburg-Bier hergestellt, auch besitzt der amerikanische Krafts Food Konzern hier eine Produktionsstätte der berühmten Schokoladenmarke Milka, einst zu Suchard gehörig. Bludenz zeigt ein außerordentlich schönes Stadtbild mit Silhouette und die umgebenden Täler und Gebirgsmassive verleihen ihm eine außerordentlich prachtvolle Lage. Der Tourismusverband spricht daher immer von der ›Alpenstadt‹ Bludenz.

Stadtgeschichte

Schon in der Bronzezeit bestand hier eine Siedlung, doch erst im 9. Jahrhundert erscheint hier ein besiedelter Ort im Dämmerlicht der Geschichte. Als ›Pludeno‹ wird 842 ein karolingisches Gut erwähnt. Die eigentliche Stadtgründung erfolgt erst 1265 durch die Grafen von Werdenberg-Heiligenberg, ein bedeutendes südwestdeutsch-schweizerisches Adelsgeschlecht. 1274 wurde das Stadtrecht verliehen. Die Grafen, die durch die Montfortschen Güterteilungen um 1250 zu Grundbesitz kamen, waren nun sehr wohlhabend geworden und errichteten an zentraler Stelle innerhalb ihrer Besitzungen zunächst eine Burg, aber noch ohne zugehörige Siedlung, die dann planmäßig in rechtwinkligen Formen angelegt wurde. Diese Siedlung kam damit an dem wichtigen Verkehrsweg über den Arlberg zu liegen. Nicht ohne Grund heißt heute noch die alte Hauptstraße der Stadt Werdenbergerstraße. Die günstige Lage im Schnittpunkt der Täler und an der Arlbergstraße machte Bludenz zum wichtigsten Handelsplatz für Vieh und landwirtschaftliche Produkte in ganz Vorarlberg. Mit dem Aussterben der Werdenberger im Mannesstamm kam Bludenz 1420 an Habsburg, an Graf Friedrich IV. von Tirol, mit dem Beinamen ›der mit der leeren Tasche‹. Die Habsburger hatten schon 1394 begonnen, die Herrschaft über Bludenz zu übernehmen, beließen aber den letzten Werdenberger bis zu dessen Tod im Amt. Etwa seit 1410 war Friedrich kommissarisch Landesoberhaupt. Aber er geriet 1415 nach dem Konstanzer Konzil in Konflikt mit den Mächtigeren der Zeit. In den Appenzellerkriegen hatte er zunächst viel seiner Besitztümer verloren. Da er zu dem damals gerade abgesetzten Gegenpapst Johannes XXIII. gehalten hatte, und diesem bei der Flucht aus Konstanz half, fiel er in die Reichsacht und musste selbst bei Nacht und Nebel inkognito fliehen. Als er in Bludenz im März 1416 nachts ans Tor klopfte, wurde ihm nicht aufgetan, auch nicht, als er sich zu erkennen gab. Erst als er einen angesehenen Bürger zum Zeugen anrief, öffnete der Wächter das Tor und warf sich dem Landesherrn vor die Füße. Anderen Tags brachten ihn die Bürger sicher über den Arlberg nach Tirol. Am Oberen Tor von

Das historische Bludenz

Bludenz erinnert eine Tafel noch an diesen Vorgang. Große Stadtbrände 1444 und 1491 zerstörten das mittelalterliche Bludenz, ein weiteres Feuer 1638 vernichtete die Stadt wieder vollständig, nur das Obere Tor, die Laurenzikirche und das Schloss blieben verschont. Bis 1805 blieb die Stadt habsburgisch und wurde dann bayerisch, mit dem Wiener Kongress 1815 jedoch erneut habsburgisch und kehrte somit zu Österreich zurück. Ähnlich wie in Bregenz wurden nach dem Abkommen Mussolinis mit Hitler 1939 auch hier Südtiroler angesiedelt, wenn sie sich entschieden hatten, ihre Heimat zu verlassen und für Großdeutschland zu optieren (St.-Antonius-Straße). Bei Kriegsende wurde die Stadt von den Franzosen besetzt und blieb bis 1955 Teil der französischen Besatzungszone Österreichs.

Das Zentrum

Der Rundgang beginnt am besten am Westrand der Altstadt, am Josef-Wolf-Platz, unweit des **neuen Rathauses** in der Werdenbergerstraße, wo sich auch die Touristeninformation befindet. Um das Rathaus gibt es ausreichend Parkmöglichkeiten. In der Innenstadt gibt es viele Thementafeln, die über Bau- und Kulturgeschichte von Bludenz Auskunft geben.

▲ Karte S. 127

Durch die enge Werdenbergerstraße geht es nach Bludenz hinein. Kaum ist vorstellbar, dass noch bis vor 20 Jahren der ganze Schwerlastverkehr vom Arlberg nach Feldkirch sich hier durchquälte. Allerdings verlief diese historische Hauptstraße in alter Zeit nicht über den späteren Josef-Wolf-Platz, sondern kam durch das Obere Tor und die Kirchgasse in die Stadt. Schöne **Bürgerhäuser** aus dem 18. und 19. Jahrhundert säumen den Weg, wenngleich doch manche Reklame und mancher Umbau aus den 1970er Jahren nicht immer gut getan hat. Dann biegt man nach rechts in die Sturnengasse, die kurz vor der Stadtmauer scharf nach links abbiegt und dann geradeaus bis zum **Unteren Tor** verläuft. Biegt man nach dem Tor nach rechts ein, sieht man in der Pulverturmstraße nochmals die **Stadtmauer** und einige Reste eben dieses **Pulverturms**.
Von der Sturnengasse geht es durch die Mühlgasse, die von ansehnlichen Häusern gesäumt ist, zurück zur Werdenbergerstraße. Erwähnt sei an dieser Ecke das alte **Amsdorferhaus**. Die Werdenbergerstraße nach rechts einbiegend, erreicht man schnell den Sparkassen-

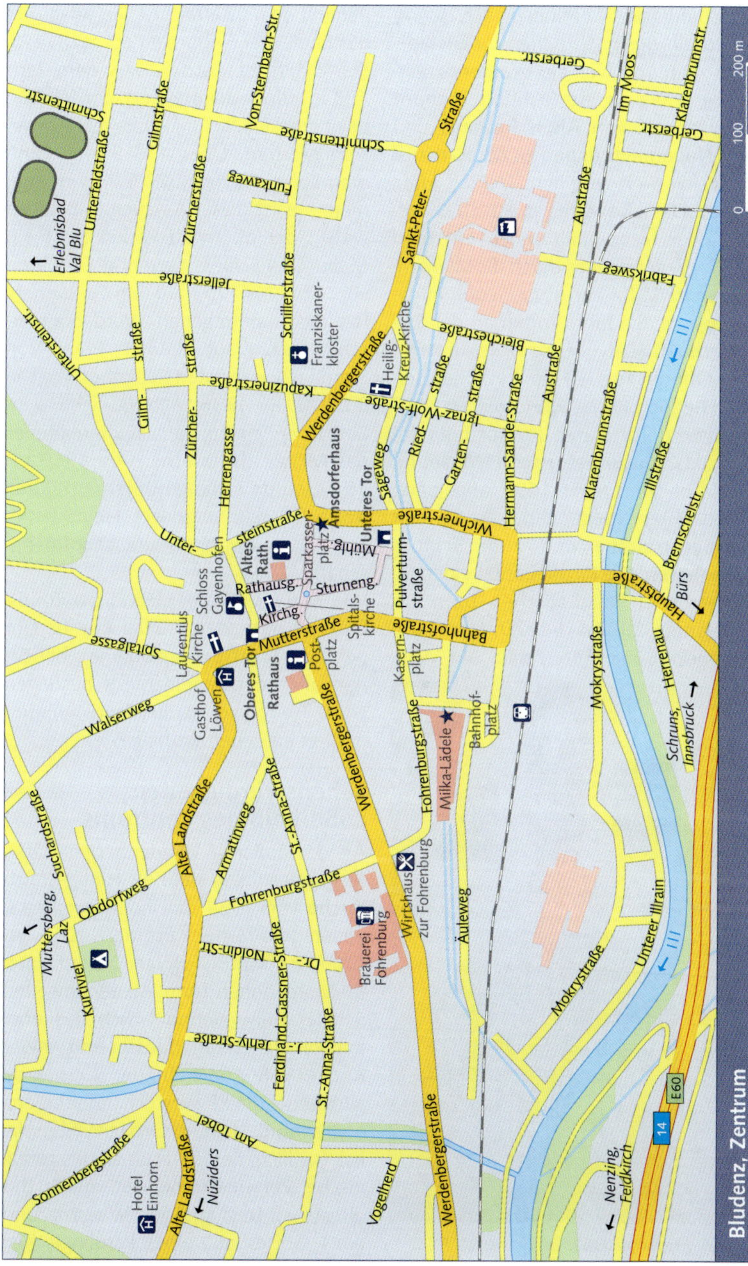
Bludenz, Zentrum
0 100 200 m
Erlebnisbad Val Blu
Schmittenstr.
Unterfeldstraße
Gilmstraße
Zürcherstraße
Von-Sternbach-Str.
Schmittenstraße
Funkaweg
Sankt-Peter-Straße
Gerberstr.
Im Moos
Klarenbrunnstr.
Austraße
Fabriksweg
Jellerstraße
Schillerstraße
Franziskaner-kloster
Unterfeldstr.
Gilm-straße
Zürcher-straße
Herrengasse
Kapuzinerstraße
Werdenbergerstraße
Heilig-Kreuz-Kirche
Ignaz-Wolf-Straße
Bleichestraße
Ried-straße
Garten-straße
Hermann-Sander-Straße
Klarenbrunnstraße
Illstraße
Bremschelstr.
Unter-steinstraße
Amsdorferhaus
Unteres Tor
Sägeweg
Wichnerstraße
Altes Rath.
Sparkassen-platz
Mühleg.
Schloss Gayenhofen
Rathausg.
Sturneng.
Kirchg.
Spitals-kirche
Pulverturm-straße
Hauptstraße
Bürs
Laurentius Kirche
Spitalgasse
Oberes Tor
Mutterstraße
Bahnhofstraße
Post-platz
Kasern-platz
Rathaus
Gasthof Löwen
Walserweg
Bahnhof-platz
Milka-Lädele
Mokrystraße
Herrenau
Schruns, Innsbruck
Fohrenburgstraße
Alte Landstraße
Armatinweg
St.-Anna-Straße
Suchardstraße
Muttersberg, Laz
Obdorfweg
Wirtshaus zur Fohrenburg
Brauerei Fohrenburg
Äuleweg
Kurtiviel
Dr.-Noldin-Str.
Ferdinand-Gassner-Straße
J.-Jehly-Straße
Unterer Illrain
Ill
E60
14
Am Tobel
Sonnenbergstraße
Hotel Einhorn
Nüziders
Vogelherd
Nenzing, Feldkirch

beziehungsweise Freiheitsplatz, schon außerhalb der historischen Innenstadt. Geht man von hier die Werdenbergerstraße in die andere Richtung, kommt man schnell zum **Alten Rathaus** und dem **Nepomukbrunnen** an der Rathausgasse, die sich zu einem kleinen Platz weitet. Das alte Rathaus war 1639 erbaut, der Nepomukbrunnen entstand 1735. Weiter geht es durch die Werdenbergerstraße bis zur Abzweigung in die Kirchgasse. Sie führt vorbei an der **Spitalkirche** (prachtvolles barockes Inneres) zum **Oberen Tor**, wo ein Fresko an Herzog Friedrich IV. erinnert, wie er 1416 an diesem Tor stand. Im Tor befindet sich das **kulturhistorische Museum**. Vom Tor führt eine 1694 angelegte, überdachter Stiegengang empor zur **Laurentiuskirche** und zum **Schloss Gayenhofen**. Die Kirche besitzt einen 50 Meter hohen quadratischen Turm aus den Jahren 1667 bis 1670. Den Turm schmücken eine Sonnenuhr, ein Wappen mit dem österreichischen Adler und das Bludenzer Einhorn an der Südwand. Das Schiff ist gotisch, aus dem Jahr 1514, jedoch barockisiert. Im Inneren beeindrucken die fünf Altäre aus schwarzem Marmor. Über 138 Stufen kann man auf die Balustrade des Turm kommen – es ist dieser Aufstieg in Bludenz wegen der überwältigenden Sicht ein Muss. Das Schloss Gayenhofen wurde von 1745 bis 1752 auf den Fundamenten des abgetragenen Werdenbergerschlosses gebaut. Bauherr Franz von Sternbach war österreichischer Vogt in Bludenz. Bis 1936 blieb das Schloss im Besitz der Familie, danach übernahm es das Militär als Kaserne. Von 1960 bis 1963 wurde es umgestaltet und durch Anbauten sehr verändert. Heute befindet sich in ihm die Bezirkshauptmannschaft.

Von Mai bis Oktober bietet der Tourismusverband jeden Freitag um 10 Uhr geführte Stadtspaziergänge an, bei denen auch der Laurenziturm bestiegen wird. Treffpunkt ist die Touristeninformation im neuen Rathaus.

Dieses Fresko erinnert an Friedrich IV.

▲ Karte S. 127

Sehenswürdigkeiten außerhalb des Zentrums

An der äußeren Werdenbergerstraße, Richtung Arlberg steht die **Heilig-Kreuz-Kirche** von 1934 mit ihrem eindrucksvollen modernen Formen. Die im Grundriss elliptische Kirche besitzt einen 40 Meter hohen Turm. An der unweiten Schillerstraße befindet sich das **ehemalige Franziskanerkloster** mit seiner Kirche von 1649. In der Gemeinde Nüziders, direkt westlich an Bludenz angrenzend, steht im Ortsteil Unterwinkel (südlich des Zentrums) die romanische **Vineriuskirche**, vermutlich das älteste Gotteshaus des Walgaus und einst Gotteshaus eines karolingischen

Beim Milka-Schokoladenfest präsentiert sich Bludenz ganz in Lila

Hofes. Sie entstand auf den Mauern eines römischen Wachturmes aus dem 5. Jahrhundert, der jetzige Turm aus Bruchsteinen stammt aus dem 12. oder 13. Jahrhundert. Von der **Ruine Sonnenburg** (einfach über eine Fahrstraße nordwestlich aus der Ortsmitte heraus zu erreichen) und dem Ortsteil Laz hat man eine schöne Sicht über das Brandnertal hinauf bis zur Schesaplana. Die 717 Meter hohe Matone ragt wie ein riesiger Felsriegel als letzter Ausläufer des Massivs des Hohen Fraßen in das Illtal. Der auch **hangender Stein** genannte Felsvorsprung ist heute ein Klettergarten. Einer Sage nach soll hier vor Jahrhunderten ein weiblicher Dämon gehaust haben, der junge Männer anlockte, sie aber dann in den Abgrund warf.

Wer sich weniger der Kulturhistorie zugeneigt fühlt, kann die **Brauerei Fohrenburg** besichtigen (Tel. 05552/6060, www.fohrenburg.at). Jeden Donnerstag von Mitte Mai bis Mitte Oktober gibt es hier Besichtigungen. Treffpunkt ist der ›Fanshop‹ der Brauerei (Nähe Kreuzung Fohrenburgstr./Werdenbergerstr.). Kinder lieben einen Besuch des **Milka-Lädeles** in der gleichnamigen Schokoladenfabrik nahe dem Bahnhof. Das Milka-Schokoladenfest lockt jedes Jahr Anfang Juli tausende Süßwareninteressierte und ihre Kinder an. Violette Kühe und unzählige Angebote speziell für die schokoladenkonsumfreudigen Kinder erhöhen die Beliebtheit dieses Top-Events in der Stadt.

Der Muttersberg

Der Hausberg von Bludenz, der Muttersberg, genau genommen heißt die höchste Erhebung hier aber Madeisakopf, liegt auf einer Höhe von 1402 Metern und ist sehr leicht über eine Panoramaseilbahn zu erreichen. Mit der Seilbahn können auch Mountainbikes transportiert werden, wie überhaupt die Region um den Muttersberg bei Bergradlern sehr beliebt ist (www.bludenz.at/mountainbike). Er ist ein beliebtes Ausflugsziel und Ausgangspunkt für schöne Wanderungen. Oben gibt es einen prächtigen **Alpengasthof** mit herrlichem Panoramablick hinüber zum Kamm des Rätikon, hinunter auf Bludenz und den Walgau hinab (www.muttersberg.at). Der sogenannte **Schutzpatronsaal** in diesem ansonsten modernen Holzbau besitzt vergoldete Wandschnitzereien. Bis ins 20. Jahrhundert standen hier einst fünfzehn Berghöfe, von denen der letzte 1969 aufgegeben wurde.

Eine empfehlenswerte Wanderung führt von hier auf den **Hohen Fraßen** (1979 m). Der Weg steigt steil, aber nicht zu sehr anstrengend empor zur Fraßenhütte (1725 m, von Mitte Mai bis Mitte Oktober geöffnet), von der die Aussicht, die schon am Muttersberg überwältigend war, ins Grandiose gesteigert wird. Von hier benötigt man noch eine Stunde bis zum Hohen Fraßen selbst. Der Rückweg kann in östlicher Richtung über den Tiefenseesattel (1562 m) erfolgen, von

Auf dem Gipfel des Hohen Fraßen

wo es zurück zur Bergstation der Seilbahn geht. Die Wanderung erfordert nur mittlere Kondition und verläuft über gut begehbare und bezeichnete Wege. Fünf Stunden sollte man dafür einplanen. Wer es etwas bequemer will, geht von der Bergstation des Lifts direkt ostwärts zum Tiefenseesattel, eine Strecke mit nur geringer Steigung, von dort ostwärts um das Breithorn herum, bis zur **Elsalpe** (1590 m), einem beliebten Ziel für Wanderer und Mountainbiker. Der Abstieg von dort direkt nach Bludenz hinab, über die Obere und Untere Furkla, erfordert aber Trittsicherheit und Schwindelfreiheit.

Bludenz

Vorwahl: 05552.

PLZ: 6700.

Alpenregion Bludenz Tourismus, Rathausgasse 12, Tel. 30227, www.alpenregion.at. Tourismusverband, zuständig für Bludenz, das Brandnertal und das Klostertal. Die Webseite bietet alle Informationen zu den Lokalitäten dieser Täler.

Bludenz Tourismus und Stadtmarketing, Werdenbergerstraße 42, Tel. 62170, www.bludenz.at.

Gasthof Löwen, Mutterstraße 7, Tel. 32270, www.loewen-bludenz.at, p.P. im DZ je nach Saison 36–43 €.

Hotel Einhorn (ohne Restaurant), Alte Landstraße 64, Tel. 62130, p.P im DZ 36 - 38 €.

Wirtshaus zur Fohrenburg (Novabräu), Werdenbergerstr. 53, Tel. 68568, www.novabraeu.at.

Terrassencamping Sonnenberg, Hinteroferst 12, 6714 Nüziders, Tel. 64035, www.camping-sonnenberg.com. Einer der 180 besten und schönstgelegenen Campingplätze Europas.

Campingplatz Seeberger, Obdorfweg 9, 50/9795222, www.camping-seeberger.at.

Kulturhistorisches Museum Bludenz, im Oberen Tor, Tel. 63621-790, www.bludenz-travel.de.

Milka-Lädele, Fohrenburgstr. 1 (ggü. Bahnhof), www.kraftfoods.at, Mo - Fr 9 - 11.30 und 13.30 - 16.30, Fr 9 - 16 Uhr.

Alpenerlebnisbad Val Blu, Haldenweg 2a, Tel. 63106, www.valblu.at, Mo 11 - 21, Di 13 - 21 und Mi - So 9 - 21 Uhr. Großartiges Panoramabad (kein Freibad), 85-Meter-Röhrenrutschbahn, angeschlossen ist ein Sport- und Fitnessclub. Bei schlechtem Wetter ist es das beste, was man in Bludenz besuchen kann.

Unter **www.bludenz.travel** gibt es viele Informationen zum Mountainbiking, Wandern, Sport etc.

▶ Karte S. 127

Das Brandnertal

Südwestlich von Bludenz zieht sich das Brandnertal, das von der Alvier durchflossen wird, bis zum Lünersee am Fuß der Schesaplana empor. Es ist außerdem eines der berühmtesten Hochgebirgstäler der Ostalpen. Vor allem sein Talabschluss am Fuß des Brandnergletschers gilt als schönstes Talende in den ganzen Ostalpen. Damit ist es auch eine der beliebtesten touristischen Regionen Vorarlbergs, in der neben Wandern und Mountainbiken auch vieles andere wie Reiten, Bogenschießen (www.bogenwelt.at), Tennis und Golf möglich ist. Insbesondere Kinderprogramme locken hier Familien an (www.brandnertal.at). Bis kurz unterhalb des Lünersees ist das Befahren der Brandnertalstraße mit Pkw mautfrei möglich.

Bürs

Tiefstgelegene Lokalität im Brandnertal ist Bürs, das auf den ersten Blick eher uninteressant erscheint, jedoch mit dem mächtigen Bau der Spinnerei von 1836 ein bedeutendes technisches Denkmal aufweist. Auch die **Martinskirche** ist in ihrer Stilmischung aus Gotik, Rokoko (Inneres) und Neugotik durchaus sehenswert. Die **Friedenskirche** von 1973 im Neubaugebiet ist ein schönes Beispiel gelungener moderner Architektur. Ungewöhnlich ist die Innenausstattung des 16. und 17. Jahrhunderts.

Von der **Burg Rosenegg** (um 1900 neugotisch umgeformt), südlich über dem Ort, bietet sich ein schönes Panorama bis hinüber nach Bludenz und hoch zum Muttersberg. Größte Attraktion von Bürs ist aber die **Bürser Schlucht**, zweifellos eine der malerischsten Schluchten in den Alpen überhaupt. Ihr dichter Baumbestand ist dabei besonders charakteristisch. Sie entstand durch die Schmelzwässer der letzten Eiszeit. Das sogenannte ›Bürser Konglomerat‹ ist ein durch kalkhaltiges Bindemittel verfestigter Schotter aus runden Geröllen, der den Untergrund des unteren Teils der Schlucht bildet und in die geologische Fachliteratur eingegangen ist. Eine Wanderung durch die Schlucht von Bürs hin und zurück dauert etwa zwei Stunden. Der Weg beginnt an der Alvierbrücke in der Mitte von Bürs. Es werden aber auch geführte etwa dreistündige Wanderungen angeboten, die jeden Mittwoch zwischen Juli und September um 14 Uhr am Tourismusbüro am Bürser Dorfplatz beginnen.

Ein sehr empfehlenswerter, aber kaum begangener Waldweg mit schönen Blicken über den Walgau hin führt von Außerberg westlich von Bürs zum Gipfel des **Fürkele** (774 m) und entlang des Schesatobels zurück (Rother-Wanderführer Brandnertal bzw. Wanderkarte Freytag & Berndt Nr. 374).

In der Bürser Schlucht

Bürserberg

Eine Fülle von Sehenswürdigkeiten gibt es in der Gemeinde Bürserberg zu sehen. Der Ort erstreckt sich mit verschiedenen Streusiedlungen auf sonnigen Wiesen empor zum Plateau der Tschengla (1250 m). Im Ortsteil Matin sollte man einmal in der **Josefskirche** einen Blick auf die drei Rokoko-Altäre werfen. Unweit davon bietet das **Museum Paarhof Buacher** eine Zeitreise in die Vergangenheit an. In einem **alten Walserhaus** sind bäuerliche Wohn- und Arbeitsräume aus dem 19. und frühen 20. Jahrhundert originalgetreu rekonstruiert. Auf der Tschengla wird ein **3D-Bogenschießparcours** viel genutzt, auch befindet sich hier die **Schausennerei AlpeRona**, wo die Käseerzeugung direkt miterlebt werden kann, man aber auch eine Jause zu sich nehmen kann (www.buerserberg.at).

Größte Attraktion ist aber sicherlich der **Schesatobel**, der mit 1800 Meter Länge und 200 Meter Tiefe als größter Murbruch Europas gilt. Er ist ein Ergebnis von neuzeitlicher Umweltzerstörung. Um die Weideflächen zu vergrößern, holzte man 1795 fünfzehn Hektar Wald ab. In der Folge kam es immer wieder zu Murenabgängen, talwärts rutschenden Strömen aus Schlamm und grobem Gestein, da Wurzelwerk, das die Bodenkrume zusammenhält, nicht mehr vorhanden war. Im Laufe der Jahrzehnte wurden etwa 40 Millionen Kubikmeter Gesteinsschutt in das Illtal hinein transportiert und dort in einem sogenannten Murkegel abgelagert. Er befindet sich, heute überbaut, im Bereich des Bürser Sportzentrums. Im Murkegel wurde übrigens 1899 ein 3,5 Meter großer Stoßzahn eines Mammuts gefunden, der sich jetzt im Landesmuseum in Bregenz befindet. Im 20. Jahrhundert wurde die Gefahr weiterer Rutschungen durch Bachverbauungen und Hangbegrünungen etwas eingedämmt. Russische Kriegsgefangene erbauten 1916 in Bürs einen 1300 Meter langen Damm, der eventuelle Muren etwas kanalisieren sollte. Der Schesatobel ist nur durch eine kurze, aber etwas steile Wanderung erreichbar, die an der Bushaltestelle im Ortsteil Tschapina beginnt (Wanderkarte empfehlenswert). Die **Nonnenalpe** (1639 m) ostwärts von Tschapina ist ein stilles, menschenfreies Idyll. Kein Fahr- oder Güterweg führt zu ihr empor. Es ist ein Ort besonderer Besinnung. Dreieinhalb Stunden braucht man für die einfache Strecke (Ausgangspunkt Bushaltestelle Tschapina).

Bürserberg mit Blick auf den Schesatobel

▲ Karte S. 124

Eine Wanderung innerhalb des Gemeindegebiets Bürserberg führt empor zum 1221 Meter hohen **Mottaköpfle**. Der Berg selber ist unbedeutend, doch der Weg zu ihm führt durch idyllische Wiesen und Alpen. Hin und zurück (Ausgangspunkt ist die Kirche in Matin) sollte man dreieinhalb Stunden veranschlagen. Wegen fehlender Ausschilderung ist eine gute Wanderkarte und auch Orientierungssinn erforderlich (Freytag & Berndt 374 bzw. 5371).

Oberhalb von Bürserberg verengt sich das Brandnertal. Links oberhalb der Straße grüßt die Steinpyramide der

Der Schesatobel

2643 Meter hohen Zimba herunter, oft auch das Matterhorn Vorarlbergs genannt. Bald ist Brand erreicht, über dem das mächtige Schesaplana-Massiv wie eine Wand das Tal abschließt.

Brand

Die langgestreckte Gemeinde ist Wintersportort und Luftkurort. Das bedeutendste historische Gebäude ist die Pfarrkirche **Maria Himmelfahrt** von 1507, bei der man 1961 einen Teil abriss und in völlig anderem Stil dieser Jahre wieder aufbaute, was ungewöhnlich wirkt, aber dennoch ein geschlossenes Bild zeigt.

Brand lässt sich von Bürs aus über eine bequeme Wandertrasse auch zu Fuß erreichen. Der sogenannte ›alte Waldweg‹ von der Alvierbachbrücke in Bürs bis nach Brand ist eine uralte Route, die schon die Walser bei ihrer Besiedlung nutzten. Knapp drei Stunden sollte man für diese Strecke, bei der immerhin 650 Höhenmeter überwunden werden müssen, ansetzen. Viel besucht ist der **Kletterpark** (www.kletterpark-brandnertal.at) am Schedlerhof, wo es auch einen **Bogenschießparcours** gibt. Die sogenannte **Dorfbahn** ist eine Kabinenseilbahn, mit der man in die herrlichen Alpenwiesen westlich des Ortes gelangen kann. Von der Bergstation bieten sich eine Fülle von Wandermöglichkeiten an, beispielsweise über die Parpfienz-Alpe (1516 m) – hier auch Jausenstation, geöffnet Anfang Juni bis Mitte September – empor zum **Amatschon-Joch** (2028 m). Das erfordert etwas Kondition, entschädigt aber mit kolossalen Fernsichten. Den Rückweg macht man am besten über die Innerpalüd-Alpe und die Palüdhütte, wo es eine gute Einkehrmöglichkeit gibt (Pfingsten bis Mitte Oktober, Tel. 05559/390). Hier befindet sich auch die Bergstation der Niggenkopf-Sesselbahn (Palüdbahn), die aber nur im Winter arbeitet.

Von der Bergstation der Dorfbahn fährt eine weitere Kabinenbahn nordwärts zur **Klampera-Alpe am Loischkopf**, am Burtschasattel (1680 m). Von hier lässt sich's gut zum Schesatobel und nach Bürserberg hinabsteigen. Die Wanderung zum Loischkopf sollte man aber dennoch schon an der Bergstation der Dorfbahn beginnen. Es sind nur 490 Höhenmeter zu bewältigen, die Wege bequem, so dass sich ein befriedigendes Wandergefühl auch bei mittelmäßig Konditionierten schnell breit machen kann. Zum Loischkopf grüßt majestätisch die Zimba herüber. Ein guter Wandertipp ist auch die **Oberzalimhütte** (1889 m) im Zalimtal südwestlich von Brand. Das Tal bezaubert durch seinen hochalpinen Charakter. Die Wanderung beginnt an der Straße Brand-Schattenlagant beim Parkplatz an der Talstation der Palüdbahn. Drei Stunden benötigt man für die Strecke zur Oberzalimhütte (Georg-Orth-Hütte), 64/1229305, Anfang Juni bis Mitte Oktober.

Der Lünersee

Einige Kilometer oberhalb von Brand passiert man auf 1260 Metern den **Kesselfall**, über den der Alvierbach herabfällt, an der linken Seite. Bald ist Schattenlagant erreicht, gleich nach der Fahrstraße, die sich über einigen Serpentinen steil emporschraubt und einiges an Fahrkönnen erfordert, um endlich auf 1566 Meter Meereshöhe an einem Parkplatz zu enden. Hier befindet sich die Talstation der Lünerseebahn (www.luenerseebahn.at), die den Besucher in einer einzelnen großen Kabine atemberaubend steil empor bringt, vorbei an einem ›Gemsennest‹ im Fels zum 1970 Meter hoch gelegenen **Lünersee** und zur Bergstation, der sogenannten **Douglasshütte** (1979 m). Die Bahn arbeitet von Mitte Mai bis Mitte Oktober. Die Douglasshütte ist mehr als eine bloße Hütte und bereits der dritte Bau an dieser Stelle. 1877 wurde die erste Douglasshütte durch eine Lawine hinweggefegt, die zweite durch den Bau der Staumauer abgerissen (0664/4412378).

Der Lünersee ist mit 105 Hektar Fläche der größte natürliche See der Hochalpen. Er ist 105 Meter tief und ist eine eiszeitliche Bildung, die durch strudelnde Gletscherwässer entstand, die den

Der Lünersee schimmert in klarem Blau

▲ Karte S. 124

Dolomit ausgehöhlt haben. Zur Stromerzeugung wurde 1958 durch die Vorarlberger Illwerke eine Staumauer geschaffen und der Seespiegel um 27 Meter gehoben. Die Höhendifferenz von 975 Meter zwischen dem See und dem ostwärts gelegenen Latschau bei Tschagguns im Montafon wird hierbei für die Energiegewinnung genutzt. Durch Druckrohre, Stollen und Schächte wird es dabei zu den Kraftwerken geführt und bei Energieüberschuss wieder zurückgepumpt. Denn der See wird fast ausschließlich durch den Brandnergletscher und einige Bergbäche gespeist, die ihn erst in fünf Jahren (bei vollständiger Leerung) wieder füllen könnten. Beim Bau der Staumauer wurden am Seegrund Geweihe und Knochen von Hirschen und Elchen gefunden, was darauf hindeutet, dass der See vor etwa 6000 Jahren mitten im Wald gelegen hat.

Die sehr bequeme, sieben Kilometer lange Rundwanderung um den See ist voller grandioser Panoramen und in zwei Stunden gut zu bewältigen.

Die Schesaplana

Wer gut zu Fuß ist, Kondition, Trittsicherheit und Schwindelfreiheit besitzt, dem sei der Anstieg zum höchsten Berg des Rätikon, zur Schesaplana (2965 m) empfohlen. Über ihren Gipfel verläuft die Grenze zwischen Vorarlberg und dem Schweizer Kanton Graubünden. Geologisch bilden das Schesaplanamassiv und der Rätikon den westlichsten Ausläufer der sogenannten Nördlichen Kalkalpen.

Knapp vier Stunden benötigt man für die einfache Strecke von der Douglasshütte aus, die über die **Totalphütte** (2380 m), eine frühere Baubaracke der Illwerke, verläuft. Nachweislich war der Berg bereits 1610 durch David Pappus erstmals bestiegen. Die außergewöhnliche Bergwelt hier im Dreiländereck Vorarlberg-Schweiz-Liechtenstein faszinierte schon früh die Alpinisten. Die überwältigende Sicht über die Alpen lohnt die Schwierigkeiten des Aufstiegs, der aber wegen seiner längeren steilen Aufstiege und abschüssigen Teilstrecken nur Geübten empfohlen werden kann.

Mit dem **Brandnergletscher** bietet der Berg eine einzigartige Naturerscheinung, wenngleich seine äußere Form nicht besonders markant ist. Der Gletscher ist knapp 1500 Meter breit und etwa 2500 Meter lang. Er sollte vor Jahren für den Wintersport erschlossen werden, doch wurde das Projekt wegen deutlicher Abschmelzungserscheinungen nicht verwirklicht. An seiner Nordflanke liegt die Mannheimer Hütte (Tel. 0664/3524768), zu der man von der Schesaplana nur über den Gletscher gelangt. Ein etwas gefährlicher Weg, den man keineswegs bei Nebel oder Schneesturm begehen darf.

Steil bergauf mit der Lünerseebahn

Brandnertal

Brandnertal-Tourismus, Mühledörfle 40, 6708 Brand, Tel. 05559/555, www.brandnertal.at.

Touristenbüro Bürs, Dorfplatz 4, 6706 Bürs, Tel. 05552/62617, www.buers.at.

Gasthof Stern, Hauptstraße 34, 6706 Bürs, Tel. 05552/62223, www.gasthofstern.at, p.P. im DZ 35–40 €.

Hotel-Gasthaus Schäfle, Matin 40, 6707 Bürserberg, Tel. 05552/62711, www.schaefle.at, p.P. im DZ ab 39 € (Sommer), ab 51 € (Winter).

Appartementhaus Hotel garni Rätikon, Mühledörfle 132, 6708 Brand, Tel. 05559/571, www.raetikon.at, p.P. im DZ 29–40 €.

Landhaus Sonne, Mühledörfle 109, 6708 Brand, Tel. 05559/356, www.sonne-brand.at, p.P. im DZ 45 €.

Café-Restaurant Mühlebach, Mühledörfle 31, 6708 Brand, Tel. 0664/1319662; www.muehletal.at. Beliebter Treffpunkt auch jüngerer Leute, Bergsteiger, Biker etc. Live-Musik und Events.

Gasthof Traube, Hauptstraße 50, 6706 Bürs, Tel. 05552/31777, www.traube-buers.at.

Heidi's Campingplatz, Boden 5 bzw. Tschengla 46, 6707 Bürserberg, Tel. 05552/65307, www.burtschahof.at. Mit angeschlossenem Hotelgasthof: p.P im DZ 42–52 €.

Museum Paarhof Buacher, Matin 17, 6707 Bürserberg, Tel. 0664/3454596, www.vorarlbergmuseen.at, Fr ab 19 Uhr bzw. nach Vereinbarung.

Empfohlene Detailkarte: Brandnertal 1:30 000 von Freytag & Berndt.

Das Klostertal

Ein weiteres großes Tal, das bei Bludenz, seinen Anfang nimmt, ist das Klostertal. Dieses ist anders als das Brandnertal kein Bergtal mit einem geschlossenen Talende, sondern Trasse des für Vorarlberg so wichtigen Handelswegs ostwärts nach Tirol über den Arlberg.

Im Mittelalter war die Überquerung des Arlbergs für Wanderer, Reiter und Fuhrwerke aber sehr beschwerlich. Die Feldkircher Johanniter legten daher im Auftrag von Hugo I. von Montfort ein Hospiz an, wo man übernachten konnte und Verpflegung erhielt. Auch konnten hier Kranke versorgt werden. Bald entstand um diesen Punkt eine kleine Siedlung, die ›Zum Klösterle‹ genannt wurde. Der Name übertrug sich auf das ganze Tal.

Durchflossen wird es von der Alfenz, die unterhalb des Arlbergs bei Stuben entspringt und bei Bludenz nach 26 Kilometern Lauf in die Ill mündet. Entlang des alten Handelswegs verläuft die Arlberg-Schnellstraße S 16, parallel zu ihr aber auch die alte Bundesstraße 97. Die Schnellstraße unterquert nach Klösterle den Arlbergpass in einem 1974 bis 1978 gebauten Tunnel, um erst weit auf Tiroler Gebiet bei St. Anton nach 14 Kilometern wieder ans Tageslicht zu kommen. 1100 Arbeiter waren hier im Schichtbetrieb 24 Stunden am Tag am Werk. Die Sicherheit im Tunnel wird durch 48 Kameras gewährleistet. Der mautpflichtige Tunnel ist der längste aller österreichischen Straßentunnel und gewährleistet eine lawinen- und murensichere Fahrt.

▲ Karte S. 124

Durch das Klostertal zieht sich auch die Arlbergbahn, die Eisenbahnlinie Bludenz-Landeck, doch auch sie führt nach dem Ort Langen auf 10 700 Meter Länge bis nach St. Anton unterirdisch durch das Arlbergmassiv. Allerdings wurde dieser Tunnel bereits zwischen 1879 und 1884 gebaut. 1925 erfolgte die Elektrisierung der Strecke. Entlang der Bahnstrecke gibt es viele Galerien und Viadukte, die zusammen mit der kühnen und grandios geschwungenen Trassenführung auch heutige Zeitgenossen noch in Erstaunen setzt. Die Arlbergbahn war nach dem Hochwasser 2005, während dem es zu Lawinen und Bergrutschen kam, wegen Reparaturarbeiten monatelang gesperrt.

Eine Fahrt durch das Klostertal

Der Talgrund des Klostertals ist mit seinen wichtigen Verkehrsverbindungen in erster Linie ein Durchgangsgebiet, und die größeren Orte sind an den Rändern industrialisiert. Aber es gibt auch hier bedeutende Sehenswürdigkeiten.

Die Seitentäler und die höheren Lagen der Talhänge sind genauso wie das Brandnertal voller landschaftlicher Schönheiten, die sie zu beliebten Urlaubsgebieten machen. Das Tal wird im Norden vom Lechquellengebirge und im Süden von der Verwallgruppe eingegrenzt.

■ Innerbraz

Etwa sechs Kilometer oberhalb von Bludenz liegt Innerbraz, die unterste Gemeinde des Klostertals. Erstmals 1282 als Bradze (von rätoromanisch prats, Wiese) erwähnt, ist es wahrscheinlich die älteste Siedlung im Tal.

Blick ins Klostertal

Aus 60 Metern Höhe stürzt der Masonfall ins Tal

Hier gibt es die sehenswerte **Nikolauskirche** mit ihren Barockaltären. Von der Kirche aus kann man zwei brausende Wasserfälle sehen. Wanderer erklimmen vom Ortsteil Außerbraz in steilem Aufstieg den **Bartell-Wasserfall** oder von Innerbraz den noch brausenderen **Masonfall** mit seinen 60 Metern Fallhöhe. Drei Stunden benötigt man aber bis dorthin entlang eines Lehrwanderwegs, der durch das Naturschutzgebiet der **Bödner Magerwiesen** führt. Von Mitte Juni bis Mitte Juli erwartet den Wanderer hier eine ungeheure Blütenpracht. Die das Tal hier überragenden Gipfel der Gamsfreiheit (2211 m) und des Weißen Rössle (2214 m) sind aber von hier aus nicht besteigbar. Eine bequeme Wanderung führt über mäßig steile Wege von Außerbraz zum Allmakreuz, von dort über Grubs und Radin durch beschauliche Wiesenlandschaften zurück nach Außerbraz (2,5 Std.) (Rother Wanderführer Brandnertal).

▲ Karte S. 124

In Braz kam Johann Joseph Gaßner (1727 – 1779) zur Welt, ein damals umstrittener Wunderheiler und Exorzist. Er wirkte zunächst als Pfarrer in Klösterle, wo er alsbald gemäß seiner Ansichten, nach denen alle Krankheiten bösen Geistern zuzuschreiben seien, erste Dämonenaustreibungen bei Epileptikern und Ähnlichen durchführte. Angeblich waren aber seine Heilungserfolge so groß, dass er Zulauf selbst aus Böhmen und vom Niederrhein hatte. Die meiste Zeit wirkte er in Regensburg, wohin ihn der dortige Bischof gerufen hatte. 1777 rief ihn Kaiser Joseph II. von dort ab und verbot ihm alle weitere Tätigkeit. Verachtet und vergessen starb er 1799 nahe Wörth an der Donau.

Dalaas

Zu beiden Seiten der Alfenz liegt Dalaas, die größte Siedlung im Klostertal. Hier trifft man auf zwei durchaus sehenswerte Kirchen, die **Pfarrkirche St. Oswald** mit gotischem Chor und barockem Inneren sowie die nahe der Alfenz gelegene **Heiligkreuzkirche** von 1749 mit ihren zwei rechteckigen zwiebelgekrönten Türmen. Im ansehnlichen Haus des Gasthofs zur Post übernachtete Kaiser Franz Joseph 1884 anlässlich der Eröffnung der Arlbergbahn.

Sicherlich attraktivste Sehenswürdigkeit ist hier die **Fallbachwand**, die mit 1244 Metern Höhe steil über dem Klostertal im Süden von Dalaas aufragt. Von weiter oben, von 1430 Meter rast jedoch an der Ostkante der Wand der Fallbach über einen grandiosen Wasserfall nach unten. Der Fallbach erscheint im Wechsel der Jahreszeiten ganz unterschiedlich: Er donnert und braust im Sommer und ist im Winter zu einer fast unirdisch geformten Eiswand erstarrt, die der Traum eines jeden Eiskletterers ist. Der

Wasserfall ist aber über einen sicheren Panoramaweg (hin und zurück in zweieinhalb Stunden) einfach zugänglich. Eiskletterer-Info unter 5585/7244.

Von Dalaas (940 m) aus sind einige empfehlenswerte Wanderungen möglich. Eine führt nordwärts entlang des Schmiedetobel zur **Freiburger Hütte** (1931 m) (50/5660039) und zum Formarinsee (siehe auch Kap. Großes Walsertal), den die Rote Wand gewaltig überragt. Sie ist allerdings etwas anspruchsvoll und Kondition erfordernd. Für die einfache Strecke sollte man dreieinhalb Stunden einplanen. Etwas bequemer, wenn auch mit einigen Steilaufstiegen ist die Wanderung zur **Gavarvorsäß** (1314 m) nordwestlich von Dalaas. Die schöne Halbtagestour über Bergmatten und stille Wälder bietet nur keine Einkehrmöglichkeit. Südlich von Dalaas, in der Verwallgruppe, steht oberhalb des Dalaaser Gemeindewaldes der **Panoramagasthof Kristberg** auf der gleichnamigen 1479 Meter hohen Erhebung. Er ist zwar auch vom Montafon, vom Silbertal aus über eine Seilbahn zu erreichen, jedoch zu Fuß über die Serpentinen eines Güterwegs auch von Dalaas aus leicht zugänglich (Wanderwegweiser Kristbergsattel). Zweieinhalb Stunden braucht man für die einfache Wegstrecke hinauf.

Der erstarrte Fallbach bietet im Winter ein außergewöhnliches Klettererlebnis

Aus Dalaas stammen die weltberühmten ›Klostertaler‹. Die 1976 von Markus Wolfahrt gegründete Gruppe, die mit volkstümlicher und volkstümelnder Musik europaweit größte Erfolge feiern konnte (»An a Wunder hob i glaubt'« oder »Heimat ist dort, wo die Berge sind«), löste sich 2010 auf. Über 30 Jahre war die Gruppe in allen deutschsprachigen Volksmusiksendungen gegenwärtig und mit allein 17 Goldenen Schallplatten eine der erfolgreichsten ihrer Art.

Wald am Arlberg

Die kleine Siedlung, die aus mehreren Teilen besteht, gehört zur Gemeinde Dalaas. An den mittelalterlichen Eisenbergbau um Wald erinnern noch einige Namen: Isatäle (Eisental) oder zum Beispiel Danöfen (bi dan öfen), gemeint sind Schmelzöfen. Im Ortsteil Außerwald steht die in einem seltsamen, modifizierten Barock gebaute Kirche zur **Heiligen Mutter Anna** von 1931. Des weiteren lohnt der Besuch des **Klostertalmuseums** mit seinen schönen Darstellungen der Kulturgeschichte des Tals und seiner Bewohner. Unweit des Museums quert die Arlbergbahn auf einem beeindruckenden **Viadukt** den Radonatobel. Unter dem Viadukt gibt es eine Gedenktafel, die an John Sholto Douglass erinnert, der in dem Tobel 1874 bei der Jagd von einer 300 Meter hohen Felswand stürzte und verunglückte. Er war der Sohn von John Douglass, der 1837 in Thüringen am Westrand des großen Walsertals die für die Region so wichtig werden sollende Spinnerei gründete. Der Sohn (geb. 1838) war ein bedeutender Alpinist und versuchte die Gründung der Vorarlberger Sektion des Österreichischen Alpenvereins. Dieser

Erlebnispark ›Bärenland‹

lehnte aber alle Sektionen ab, so dass die Vorarlberger 1869 dem gerade entstandenen Deutschen Alpenverein beitraten. Die Berghütte am Lünersee trägt bis heute seinen Namen.
Von Wald kann man mit einer Seilbahn auf den 1841 Meter hohen **Sonnenkopf** fahren. Hier befindet sich mit dem **Bärenland** ein wunderbarer Erlebnispark für Kinder. Höhlen, Spielplätze, Wasserspiele und Floßfahren auf dem Bärensee bieten ein sehr attraktives Programm (www.sonnenkopf-baerenland.com). Jedes Wochenende werden besondere Kinderveranstaltungen angeboten. Um den Sonnenkopf liegt auch ein familienfreundliches, kleines Skigebiet, das bis in 2300 Meter Höhe empor reicht (www.sonnenkopf.com). Hier findet man aber auch die Piste ins **Bäraloch**, mit 60 Grad Gefälle auf 1500 Metern eine der steilsten österreichischen Pisten überhaupt. Vom Sonnenkopf kann man bequem – es geht fast ständig leicht bergab – durch das Wasserstubental auf einem Güterweg hinüber zum 1479 Meter hohen **Kristberg** wandern. Von der Straße bieten sich wunderbare Ausblicke ins Silbertal. Die vier Stunden Wanderzeit sind bestens genutzt. Anstrengender ist der Marsch zum **Spullersee** (1827 m) mit der Ditteshütte (nur im Sommer bewirtschaftet) auf 1862 Metern in den Lechtaler Alpen. Den malerischen Stausee (die gewonnene Energie dient und anderem zur Elektrifizierung der Arlbergbahn) kann man von Norden her, von Lech und Zug zwar auch mit dem Auto erreichen, doch ist der Anstieg von Klostertal aus durch die verschiedenen Vegetationsstufen weitaus erlebnisreicher. Sechs Stunden sind für den Hin- und Rückweg einzuplanen. Es gibt einige längere steile Anstiege.

▲ Karte S. 124

■ Klösterle

Hier befindet sich die Lokalität der alten Herberge, die letztendlich dem Tal seinen Namen gegeben hat. Das Gebäude des Hospizes besteht noch und war von 1875 bis 1938 eine Schule.
Sehr sehenswert ist zunächst die **Johanneskirche** von 1976, erbaut von Clemens Holzmeister (1886 – 1983). Er schuf österreichweit einen neuen Stil, in dem er traditionelle Bauformen mit modernen Stilelementen kombinierte, sie aber dabei vereinfachte und so zu einer ganz neuartigen Expressivität vorstieß. Von ihm stammt unter anderem die Mariahilferkirche in Bregenz. Die Kirche vereint ein ungewöhnliches, ›modernes‹ Äußeres mit barocker Innenausstattung. Im Ortsteil Langen ist die **Theresienkirche** von Hans Fessler (1929/30) ein ähnliches ungewöhnliches Gotteshaus, das man in den Bergen so nicht erwartet. Die Kirche entwickelt sich gleichsam aus dem Hang heraus. Der Weg durch das Nenzigasttal hoch zur **Nenzigastalpe** (1476 m) von der Dorfmitte Klösterle ist eine der meistbegangenen Wege um den Ort. Auf der Alpe gibt es eine kleine Jausenstation. In zwei Stunden hat man sie erreicht.

Hannes Schneider – Großer Skipionier

Als großer Skipionier ist Hannes Schneider bis heute weit über die Grenzen Vorarlbergs hinaus bekannt. Er kam am 24. Juni 1890 als Johann Schneider Stuben zur Welt. Sein Vater Josef stammte aus dem großen Walsertal und war wegen des Baus der Arlbergbahn nach Vorarlberg gekommen. Hannes Schneider wurde im Stubener Haus Nr. 14 geboren, heute erinnert dort eine Gedenktafel an den großen Sohn des Ortes. In den ersten Jahren des 20. Jahrhunderts entwickelte sich der Wintersport im Arlberggebiet noch zaghaft. Den jungen Johann faszinierte die bis dahin im Alpengebiet kaum bekannte Möglichkeit der Fortbewegung im Schnee auf Brettern. 1903 baute er sich selber seine ersten noch recht behelfsmäßigen Ski und erlangte schnell auf ihnen ein beachtliches Können. Er konnte dadurch selbst bereits 1906 Unterricht erteilen und nahm im Jahr darauf an einem Skirennen in der Schweiz teil. Der Skitourismus wuchs in dieser Zeit in ungeahntem Maß, und Schneider wurde 1907 im Hotel Post in St. Anton/Tirol als Skilehrer angestellt. Er war hier viele Jahre tätig und gründete dann 1920 Österreichs erste Skischule. Schneider lehrte eine neue Methode des Schwunges, den sogenannten Stemmbogen, eine bestimmte Technik beim Schrägfahren hangabwärts. Nach einem schweren Skiunfall 1925 war sein rechter Oberschenkel zwei Zentimeter kürzer geworden, sodass er nun mit einem orthopädischen Schuh fahren musste, was aber auf seine Fähigkeiten keine Auswirkung hatte.

Schneider, der als Alpinist einen großen Ruf genoss, trat auch als Filmdarsteller auf, so 1926 in Arnold Fancks Film ›Der heilige Berg‹, wo er zusammen mit Leni Riefenstahl und Luis Trenker spielte, und in ›Der weiße Rausch‹ (1931), einer fast handlungsfreien Apotheose des Bergwinters und des Skisports mit vorher nie gesehenen, waghalsigen Kamerafahrten. 1928 richtete Schneider mit dem Arlberg-Kandahar-Rennen eine Kombination aus Slalom und Abfahrtslauf aus. Seine Erfahrungen schrieb er in dem Buch ›Die Wunder des Schneeschuhs‹ nieder. Infolge dessen großen Erfolgs wurde er 1930 für drei Monate nach Japan eingeladen, wohin er durch die Sowjetunion mit dem Zug reiste. Nach dem Anschluss Österreichs durch die Nationalsozialisten geriet Schneider in Schwierigkeiten, da er sich schon in den Jahren davor wiederholt kritisch gegen die NS-Ideologie ausgesprochen hatte. Er wurde verhaftet, aber dank internationaler Proteste Ende 1938 wieder aus dem Gefängnis entlassen. Schneider erhielt Berfusfverbot und entschloss sich daher zur Emigration in die USA, wo er 1939 im Staat New Hampshire am Mount Cranmore eine Skischule eröffnete. Während der Kriegsjahre war er als Ausbilder für US-Gebirgsdivisionen tätig. Nach dem Krieg kehrte er einige Male nach Österreich zurück, beließ jedoch seinen Hauptwohnsitz in den USA. Am 26. Juni 1955 starb Hannes Schneider in North Conway an einem Herzinfarkt. In diesem Ort gibt es ein Skisportmuseum, das in einer Ausstellung an den Pionier erinnert.

Skipionier Hannes Schneider

Stuben

Das Klostertal endet knapp unterhalb des Arlbergpasses auf 1400 Meter Höhe in Stuben, das seinen Namen von einer Wärmestube der Johanniter trägt. Wegen der Lawinengefahr wurde Stuben schon gegen 1850 mit einer Art Mauer umgeben und besitzt heute noch ein deutlich altertümliches Ortsbild. Die traditionsreichen Gasthöfe hier, direkt an der wichtigen Arlbergstraße gelegen, gehen auf das frühe 17. (Post) sowie auf das 18. Jahrhundert (Mondschein) zurück.

In unmittelbarer Nähe von Stuben beginnt nun das weltbekannte Arlberg-Wintersportgebiet, das sich um diesen Berg auf Tiroler und vorarlbergischem Territorium befindet, und wo, so kann man mit Fug und Recht sagen, der alpine Skisport erfunden wurde, was insbesondere mit dem Namen Hannes Schneider (1890–1955) verbunden ist. Von Stuben aus kann man eine Wanderung zur **Kaltenberghütte** (2089 m) machen. Der knapp dreistündige Weg führt auf die **Albona-Alpe** zu einer der schönstgelegenen Hütten Österreichs mit großartiger Fernsicht ins Montafon. Die Hütte ist von Ende Juni bis Anfang Oktober bewirtschaftet (Tel. 05562/790, www.kaltenberghuette.at).

Von Stuben zieht sich die Arlbergstraße (soweit man nicht durch den Tunnel fährt) in Serpentinen zur **Rauz-Alpe** hinauf. Hier zweigt nun der Weg in eines der vornehmsten Skigebiete der Welt ab, nach Lech und Zürs. Richtung Arlberghöhe sind es noch knapp drei Kilometer. Auf 1793 Metern erreicht man die Passhöhe, durch das Stanzer Tal geht es nach Tirol hinein.

Klostertal

Klostertal-Tourismus, Klostertalerstr. 70, 6752 Dalaas, Tel. 05585/7244, www.klostertal.info. Auf dieser Seite findet man alles touristisch Wissenswerte zum Klostertal.

Bei Notfällen in den Bergen ist die Bergrettung unter 140 aus allen Netzen erreichbar.

Gasthof Rössle, Arlbergstraße 67, 6751 Braz, Tel. 05552/28105-0, www.roesslebraz.at, p.P. im DZ 38–43 € (ab Aufenthalt von drei Tagen, sonst Zuschlag).

Gasthof zur Post, Klostertalerstr. 66, 6752 Dalaas, Tel. 05585/7216, www.postdalaas.at, p.P. im DZ 30–39 €.

Gasthof Paluda, Klostertalerstr. 33, 6752 Dalaas, Tel. 05585/7614, www.klostertal.info/paluda, p.P. im DZ 30–35 €.

Gasthof Spullersee (an der Talstation der Sonnenkopfbahn), Arlbergstr. 3, 6752 Wald a. A., Tel. 05585/7233-0, www.gasthof-spullersee.com, p.P. im DZ 32–49 €, im Winter höher.

Gasthof Jägerheim, Arlbergstr. 49, 6752 Wald a.A., Tel. 05585/7387, www.arlbergholiday.at, p.P. im DZ 33–46 €.

Gasthaus Tafelspitz, Göttschlig 21, 6752 Wald a.A., Tel. 05585/7624, www.klostertal.info/tafelspitz.

Camping Traube, Klostertalerstr. 12, 6751 Braz, Tel. 05552/28103, www.campingtraube.at.

Camping-Pension Erne, Klostertalerstr. 64, 6752 Dalaas, Tel. 05552/7223, www.etpc.at.

Arlberg Camping, Sonnenbühel 108, 6752 Wald a. A., Tel. 05595/7386, www.arlbergcamping.at.

Klostertal-Museum, Haus-Nr. 11, 6752 Wald am Arlberg, Tel. 0664/4911474,

▶ Karte S. 124

www.museumsverein-klostertal.at, Anf. Mai bis Ende Okt. Mi und So 14–17 Uhr oder nach Vereinbarung. Ausstellungen über bäuerliches Leben und Arbeiten, Brauchtum, die Arlbergstraße.

Mountainbiking: www.alpenregion.at/mountainbike.

Im Bereich Bludenz-Brandnertal-Klostertal kann man mit verschiedenen ›Cards‹ an vielen Stellen Ermäßigung bekommen. Die ›Sommer Aktiv Card‹ ermöglicht kostenlose Benutzung von Bergbahnen, Museen, Freibädern, öffentlicher Verkehrsmittel. Sie kostet für einen Erwachsenen für drei Tage 37 €, für fünf Tage 47 € und für eine Woche 50 €. Info unter www.alpenregion.at.

Der Spullersee im Klostertal

Trotz der neben dem Arlberg wichtigsten Skigebiete im Land, trotz des Hemingway-Mythos und trotz der grandiosen Silvretta-Hochalpenstraße hat das Montafon weitgehend seinen stillen Zauber bewahren können.

Das Montafon

Das Montafon

Diese südlichste der Vorarlberger Tallandschaften ist sicherlich weltweit auch die bekannteste, vielleicht auch die nobelste des Landes. Doch das war nicht immer so. Um die Mitte des 19. Jahrhunderts gab es hier kaum Tourismus oder besser gesagt ›Sommerfrischler‹. Im Gegenteil, das Montafon war eine Region der größten Armut, die sehr viele der Bewohner zwang, Arbeit anderswo zu finden. Insbesondere waren es die Kinder, die in jedem Frühling das Tal verließen, um sich als sogenannte ›Schwabenkinder‹ vor allem nach Ravensburg zu begeben, wo sie auf einem tatsächlich so bezeichneten ›Kindermarkt‹ Dienst bei den oberschwäbischen Bauern als Viehhüter suchten, und bis zum Martinitag am 11. November voll größtem Heimweh in der Fremde ausharrten, um dann im Winter ins Montafon zurückzukehren. Doch auch die Erwachsenen gingen aus dem Tal saisonweise weg: Frauen verdingten sich als Ernte- und Fabrikarbeiterinnen in Schwaben, die Männer versuchten ihr Glück als Handwerker in der Schweiz, in Frankreich, ja selbst in Holland. Wer daheim blieb, versuchte sein Brot in der Waldwirtschaft und im Bergbau zu verdienen, der auf Eisen, Kupfer und Silber im Silbertal betrieben wurde.

Erst im 20. Jahrhundert, als die Wasserkraft für die Stromgewinnung Verwendung fand, und mit dem immer stärker werdenden Tourismus und Alpinismus entstanden hier Arbeitsmöglichkeiten, die niemanden mehr in die Fremde zwangen. Die Schwabenkinder-Problematik war Gegenstand des gleichnamigen Films von Jo Baier (2003) mit unter anderen Tobias Moretti und Vadim Glowna. Allerdings zogen in diesem Film die Kinder nicht aus Vorarlberg, sondern aus Tirol nach Schwaben hinüber.

Das Tal des Montafon besitzt eine Länge von etwa 40 Kilometern und erstreckt sich von Bludenz bis zur Bielerhöhe oberhalb der Silvretta-Hochalpenstraße. Durchflossen wird es vom Oberlauf der Ill, die auch den Walgau durchströmt. Im Süden wird das Tal von den Ostausläufern des Rätikon und der Silvrettagruppe flankiert, seine Nordseite durch den Westteil der Verwallgruppe gebildet. Einige Nebenflüsse der Ill haben an der Mündung ungewöhnliche Schuttkegel sich aufhäufen lassen, die das Tal einengen. Auf diesen liegen überwiegend die Siedlungen des Montafon. Eine dieser Engstellen liegt in einer Talbiegung bei Mauren südlich von Schruns. Sie wird ›Fratte‹ genannt und teilt das Tal in die Außerfratte (illabwärts bis Lorüns) und die Innerfratte (illaufwärts bis Partenen). Der ungewöhnliche klingende Name Montafon kommt aus dem Rätoromanischen, ist aber nicht ganz eindeutiger Abstammung. ›Mont‹ heißt Berg und ›tovun‹ wahrscheinlich Tobel, könnte aber auch auf die Stollen und Gruben des Silbertals Bezug nehmen. Vorarlbergs einzige Bergbauregion befindet sich im Montafon. Schon in der Bronzezeit siedelten Räter nachweislich im Gargellental, die um die Zeitenwende ins eigentliche Montafon auswichen. Erste deutsche Siedler waren die Bergleute im Silbertal, die gegen 1350 hierher kamen. Wie in andere Vorarlberger Landschaf-

Ein typisches Montafoner Haus aus Stein und Holz

ten zogen um 1320 auch Walser ins Montafon. Ihnen und den anderen Talbewohnern gelang es, eine eigenständige Verfassung mit besonderen Rechten zu erlangen. Auch heute noch besitzt das Montafon die besonderen Wesenszüge der Walser und Rätoromanen, was sowohl Orts- und Familiennamen als auch architektonische Besonderheiten zeigen: Die typische Hausbauweise der Rätoromanen in Stein und die Holzarchitektur der Walser vereinigt sich im Montafoner Haus zu einer Mischform aus beiden.

Veranstaltungen im Montafon

Das touristische Angebot des Montafon ist im Sommer wie im Winter schier unendlich, das Tal besitzt gleichsam eine 365-Tage-Saison. Es versteht sich, dass hier nicht auf alle Attraktionen eingegangen werden kann. Die Webseiten der Touristenverbände erläutern jedoch das ganze, sehr umfangreiche Angebot. Insbesondere für Biker gibt es unter www.aktivpark.montafon.at eine Fülle von Hinweisen, und wer sich beim Wandern gerne führen lässt, findet ein großes Angebot unter www.bergaktiv.org.

Das Montafon-Tourismus-Zentrum (Montafonerstr. 21, 6780 Schruns, Tel. 05556/722530, www.montafon.at) bietet Ansprechpartner für alle touristischen Belange im Montafon. Eine Auswahl:

Juni: Sonnwendfeier; erste Juliwoche: Silvretta Classic Autorallye (nur Oldtimer-Elektrofahrzeuge wegen des Naturschutzes); Mitte Juli: Montafoner Kultursommer, Silvretta(wo)man (Treppencup auf der Europatreppe mit ›Hillclimb‹, www.silvrettawoman.at); Juli/August: Sagenspiele in der Freilichtbühne Silbertal; Ende August: Montafoner Volksmusiktage (an verschiedenen Spielorten); September/Oktober: Bergkulinarium Goldener Herbst.

▶ Karte S. 146

Ein Herz aus Wasser – der Herzsee in Schruns

Eine Reise durch das Montafon

Vorarlbergs sicherlich bekannteste Region ist fast folgerichtig eine seiner nobelsten und bietet neben pittoresken Berglandschaften auch eine der großartigsten Alpenstraßen überhaupt.

Lorüns und St. Anton

Die tiefstgelegene Ortschaft des Tals ist Lorüns, das im Kern auf eine mittelalterliche Siedlung am Fuß des Davennakopfs zurückgeht.

Oberhalb des Orts erhebt sich die Ruine des Diebsschlößle, wobei die Herkunft des Namens nicht bekannt ist. Sie liegt spektakulär auf einem schroff abfallenden Felsen, der einen wenig beruhigenden großen Riss zeigt. Der Fels ist geologisch gesehen ein 200 Millionen Jahre altes ehemaliges Korallenriff.

St. Anton liegt südlich der **Davenna** (1881 m), unterhalb der bis 1977 Gipsabbau erfolgte. Um den Gipsbruch lassen sich Anzeichen eines großen Bergrutsches erkennen, der der Sage nach die hier einst befindliche Stadt Prazalanza verschüttete, deren Bewohner wegen ihrer Gottlosigkeit gerichtet wurden. In der **Dorfkirche** liegt der Landamtmann Johann Josef Batlogg begraben. Ihm gelang es im Jahre 1800 als Kommandierendem der Montafoner Bürgerwehr, die napoleonischen Truppen nicht ins Tal eindringen zu lassen.

Südwestlich von St. Anton erhebt sich der mächtige Kamm der **Vandanser Steinwand**, die im Großen Valkastiel 2449 Meter erreicht. Eine leichte Wanderung führt von St. Anton auf die **Maisäß Marentes** (969 m), von wo das untere Montafon bis Bludenz zu überblicken ist. In einer halben Stunde kann man vom Ortszentrum aus den **Wasserfall am Gravesertobel** erreichen.

St. Anton

Gemeindeamt St. Anton, 6771 St. Anton, Tel. 05552/67191, www.sankt-anton-im-montafon.at.

Gasthaus Postkutsche, Haus Nr. 19, 6771 St. Anton, Tel. 05552/67872, Mi Ruhetag.

Vandans und das Rellstal

Die Vandanser Steinwand wirkt von Vandans selbst am machtvollsten. Hier mündet der aus dem Rellstal kommende Rellsbach in die Ill ein, Vandans liegt auf einem der erwähnten Geröllkegel. Südlich des Orts liegen beim Ortsteil Rodund zwei Ausgleichsbecken, die unter anderem das Nenzinger Walgaukraftwerk der Illwerke versorgen.

Wenngleich auch die Straße das Rellstal aufwärts nicht weit westlich von Vandans für den Autoverkehr gesperrt ist (hier Parkmöglichkeiten), sollte man doch unbedingt eine Wanderung zum 1490 Meter hoch gelegenen **Alpengasthof Rellstal** machen. Die Wanderung führt etwas oberhalb der Fahrstraße entlang (Wanderbusse verkehren hier, Info beim Vandans Tourismus). Nach etwa zwei Stunden erreicht man in mäßig steilem Ansteig die **Rellstalkapelle** (1465 m), oberhalb der der Gasthof liegt. Von der Kapelle ist es dann noch etwas mehr als eine Stunde zur **Heinrich-Hueter-Hütte** (1766 m) mit wahrhaft königlichen Ausblicken (Tel.5556/76570, www.hueterhuette.at, Mitte Juni bis Mitte Oktober). Vom Gasthof Rellstal kann man in anderthalb Stunden noch zur **Oberen Zaluanda-Alpe** (1824 m) weiterwandern. Der Aufstieg ist mäßig steil und belohnt mit wechselnden Sichten auf die **Zimba** (2643 m), einem Wahrzeichen des Montafons. Als die Zimba 1848 übrigens das erste Mal dokumentiert bestiegen wurde, fand man am Gipfel das Skelett eines Menschen. Der Weg hoch zur Zaluanda-Alpe, der weiter in die Schweiz, ins Prätigau, verläuft, ist ein uralter Säumerpfad. Der vielbegangene **Vandanser Sagenweg** ist kaum anstrengend, lässt den Besucher dafür umso tiefer in die Mythen des Montafon eintauchen (www.vandans.net).

i Vandans

Vorwahl: 05556.

PLZ: 6773.

Vandans Tourismus, Dorfstr. 26, Tel. 72660, www.vandans.net.

Sporthotel Sonne, Dorfstraße 47, Tel. 72719-0, www.sporthotel-sonne.at, p.P. im DZ 29–32 € (Sommer), 45–60 € (Winter).

Gasthof Klein Tirol, Dielstraße 22, Tel. 72063, www.tiscover.com/klein.tirol, p.P. im DZ 55–70 € (Winter), 42–45 € (Sommer).

Bartholomäberg

Bartholomäberg, älteste Siedlung des Montafons, hoch über diesem gelegen, gehört mit seiner Kirche zu den bedeutendsten Sehenswürdigkeiten des Tals. Die Lage des Orts am Südhang ließ besondere klimatische Bedingungen entstehen, innerhalb derer Obst und Getreide noch in einer Höhe von 1300 Metern wachsen. Schon die Fahrstraße hoch von St. Anton bietet genussvolle Panoramen. Die **Bartholomäuskirche** in Bartholomäberg gilt als älteste der Montafoner Kirchen. Die Kirche selbst, auf 1087 Meter gelegen, ist barock, doch sind romanische Fundamente in der Krypta erhalten. Das Turmfundament entstammt einer jüngeren, gotischen Kirche. Sehenswert sind die Kassettendecke (1742), der Hochaltar von 1736, der sehr wertvolle Knappenaltar an der rechten Langhauswand von 1525 und ein sogenanntes Vortragekreuz aus dem 12. Jahrhundert (Kopie in der Kirche, das Original befindet sich im Tresor der Sparkasse von Schruns!). Ein besonderes Kunstwerk ist die Sakristeitür, die aus den Hufeisen von Saumpferden geschmiedet wurde. Überhaupt strahlt der braun-gold getönte Innenraum eine besondere Weihe aus. Vom Kirchhof genießt man eine kolossale Sicht hinüber in die Silvretta und zum Rätikon. Der **geologische Lehrwanderweg**, der in der Ortsmitte beginnt, fordert bei engagier-

Die Bartholomäuskirche

▲ Karte S. 146

ter Wanderung gute sechs Stunden, doch ist er nicht nur für die Freunde der Alpenfaltung und der Fossilien erlebnisreich (www.tourenspuren.at/Members/Telesis_Montafon/geologie-lehrpfad). Er führt zum nordöstlich gelegenen Kristbergsattel, doch verläuft seine Trasse zunächst in nordwestlicher Richtung zum Alpengasthof Rellseck (1483 m). Knapp anderthalb Stunden sind es bis dorthin, vor allem sind die Steigungen verhältnismäßig gering. Ein Zweig des Lehrpfads zieht sich auf den 2089 Meter hohen **Itonskopf** hinauf, eine Tour die aber sehr gute Kondition und Trittsicherheit erfordert. Den geologischen Lehrpfad ergänzt seit 2010 ein **Schaubergwerk** im alten Annenstollen, das über den sogenannten Bergknappenweg von der Kirche Bartholomäberg in 45 Minuten Gehzeit erreichbar ist.

In Innerberg, einige Kilometer ostwärts von Bartholomäberg, steht mit dem **Schusterhof** das älteste erhaltene Gehöft des Montafon, das in seinen Fundamenten auf die Zeit um 1250 zurückgeht.

Bartholomäberg

Vorwahl: 05556.

PLZ: 6780.

Bartholomäberg Tourismus, Tel. 73101, www.bartholomaeberg.at.

Hotel Berger Hof, Dorf 16, Tel. 73117-8, www.hotel-bergerhof.at, p. P. im DZ 48–55 € (Winter), 35–40 € (Sommer).

Gasthaus Mühle, Bartholomäberg-Innerberg, Mühleweg 11, Tel. 73112, www.gasthaus-muehle.at, p.P. im DZ 28–32 €, (Winter), 26–28 € (Sommer).

Rätikon Camping, Rätikonstraße 8, Bartholomäberg-Gantschier, Tel. 0664/4875235.

Schruns

Schruns (690 m) ist die bedeutendste Ortschaft des Montafon – Kur- und Wintersportstätte, Treffpunkt von Reichen und Schönen – und hatte schon vor dem Aufkommen des Tourismus eine besondere Rolle inne. Es war die zentrale Siedlung des historischen Bergbaugebiets, Sitz des ›Stands‹, einer Art spätmittelalterlicher Kreisverwaltung, seit dem 18. Jahrhundert auch Sitz des Bezirksgerichts und Ort eines bedeutenden Viehmarkts. Sehenswert ist zunächst die neoromanische **Jodokuskirche** von 1865 mit ihren ausladenden Wand- und Deckengemälden. Nahe der Kirche befindet sich im ehemaligen Ständehaus das **Heimatmuseum**, unweit liegt auch der Gasthof zur Taube, in dem in den Wintern 1924/25 und 1925/26 Ernest Hemingway logierte. Die Hochjochbahn bringt Bergfreunde von Schruns aus zur **Kapell-Alpe** (1855 m). Die Wanderung von hier zur **Wormser Hütte** (2305 m) und auf das Kreuzjoch (2395 m) gilt als eines der schönsten Bergerlebnisse im Montafon. Die Anstiege sind mäßig steil, doch benötigt man etwas über vier Stunden von der Bergstation der Bahn bis zum **Kreuzjoch**. Wer hier noch nicht genug hat, erklimmt rasch noch die 2386 Meter hohe Zamangspitze und nimmt auf dem Abstieg von der Wormser Hütte den kleinen Umweg über den **Herzsee** und den **Schwarzsee** zur Bergstation der Bahn. Für die Tour, die auf sehr gut bezeichneten Wegen mit einigen längeren, aber mittelsteilen Ansteigen verläuft, sollte man einen ganzen Tag einplanen. Doch es lohnt sich. Auf der Kapell-Alpe und der Wormser Hütte (0664/132-0325, von Ende Juni bis Mitte Oktober, von Weihnachten bis Ostern) gibt es Einkehrmöglichkeiten; hier kann man auch übernachten.

Hemingway in Schruns

Das Zimmer Nr. 22 im Gasthof ›Taube‹ ist in etwa noch so erhalten, wie es damals der zu dieser Zeit noch erfolglose Schriftsteller, aber mäßig erfolgreiche Journalist zusammen mit seiner ersten Frau Hadley und Kind Bumby bewohnte, nachdem er sich entschlossen hatte, sein bisheriges Domizil Paris wegen der Kälte und des Regens im Winter vorübergehend zu verlassen und mehr oder weniger zufällig in Schruns landete. Hemingway und seine Frau erwiesen sich als aktive Skiläufer, erklommen die Gebirge oberhalb des Montafon und pflegten in den Berghütten das Pokerspiel und den Alkoholgenuss. Sein Leben lang erinnerte sich Hemingway an seine Vorarlberger Monate. In ›Schnee auf dem Kilimandscharo‹ lässt er den Protagonisten Harry noch in dessen Todesstunde eines Schrunser Weihnachtens schwärmerisch Gedenken. Der Schriftsteller stellte hier unter anderem die Kurzgeschichte ›Ein Gebirgsidyll‹ fertig, und mit dem hier begonnenen Roman ›Fiesta‹ gelang ihm dann der Durchbruch. Dann erschienen sein Freund John Dos Passos und ein

Familie Hemingway in Schruns, 1925

Ehepaar namens Murphy auf der Bühne und redeten auf ihn ein, sich doch endlich von seiner Frau Hadley zu trennen. Man habe für ihn mit der vermögenden Pauline Pfeiffer eine weitaus bessere Ehefrau in petto – diese hatten die Murphys und Dos Passos gleich mitgebracht. Nach einigen gemeinsamen Skiausflügen mit Pauline verließ Hemingway Hadley und heiratete diese 1928. In ›Paris – ein Fest fürs Leben‹ erinnert er sich an jene Jahre.

Schruns

Vorwahl: 05556.

PLZ: 6780.

Schruns-Tschagguns-Tourismus, Silvrettastr. 6, Tel. 72166-0, www.schruns-tschagguns.at.

Gasthof Rhätikon, Rhätikonstraße 6, Tel. 72171, www.montafon.com/gasthof-rhaetikon, p.P. im DZ 37–43 € (Winter), 29–33 € (Sommer).

Hotel Taube, Kirchplatz-Silvrettastraße 1, Tel. 72384, , p.P. im DZ 42–58 € (Winter), 32–43 € (Sommer).

Heimatmuseum Schruns, Kirchplatz 15, Tel. 74723, www.schruns.at, Di–Fr 15–18 Uhr.

Karte S. 146

Das Silbertal

Das geschwungene, etwa 25 Kilometer lange Tal, das sich von Schruns bis zum 1945 Meter hohen Winterjöchle in der Verwallgruppe erstreckt, war bis ins 18. Jahrhundert Zentrum des Silberbergbaus. Kein Wunder, dass es hier ein vielbesuchtes Bergbaumuseum gibt. Der Ort Silbertal selbst wird 1319 erstmals genannt und zeigt in seiner zersiedelten Bauweise deutlich die Walserabkunft an. Von Schruns aus erreicht man in knapp zweieinhalb Stunden Silbertal zu Fuß über Brif entlang eines bequemen Wanderwegs. Viele Besucher zieht hier die **Freilichtbühne** an, die mit einer Bühnengesamtfläche von 20 000 Quadratmetern die größte Europas ist.

Von Silbertal geht es mit einer Seilbahn empor zum **Kristberg** (1479 m), der seinen Namen nicht von Christus, sondern von rätoromanisch cresta = Grat hat. Die prachtvoll ausgestattete **Agathenkapelle**, die reiche Bergknappen 1507 stifteten, ist die einzige spätgotisch erhaltene Kirche des Montafon. Sie besitzt drei Altäre aus der Gotik, der Renaissance und dem Barock. Zu empfehlen sei der Abstieg über Außerkristberg und den serpentinenreichen Güterweg hinunter nach Silbertal. Von der Talstation der Bahn (885 m) lohnt sehr die Wanderung entlang der für den öffentlichen Verkehr gesperrten Silbertalstraße aufwärts bis zum **Gasthof Fellimännle** (1090 m) oder zur **Jausenstube Hasahüsli** (1140 m), zu denen auch die Wanderbusse fahren. Für den Hin- und Rückweg (ohne Einkehrzeit) sollte man vier Stunden veranschlagen. Zu den beeindruckendsten Touren vielleicht ganz Vorarlbergs zählt dann die Wanderung vom Gasthof Fellimännle weiter das Tal entlang der Litz hinauf bis zur **Oberen Freschhütte** auf 1890 Meter. Etwa drei Stunden benötigt man für die einfache Strecke, die mittelsteil ansteigt. Es ist sicherlich von den einfacheren Wanderstrecken eine der einsamsten, und die landschaftlichen Eindrücke der weltfernen Region um die Obere Freschhütte suchen ihresgleichen. Oberhalb der letzteren nimmt die Steigung rasch ab. Am 1945 Meter hohen Winterjöchle, an der Grenze zu Tirol, ist das Ende des Silbertals erreicht. Doch geht's hier weiter zur **Konstanzer Hütte** (1708 m) und durch das Verwalltal hinunter zum **Arlberg**. Wer diese Tour anstrebt, sollte rechtzeitig auf der Konstanzer Hütte (Tel. 05550/24588, www.konstanzerhuette.at, Ende Juni bis Ende Sept.) seine Nächtigung vorbestellen.

Vom **Winterjöchle** südwärts über die **Heilbronner Hütte** (Tel. 05558/8729, www.heilbronner-huette.at, nur im Sommer) zum oberen Ende des Montafon nach Partenen zu gelangen, ist langwie-

Die Konstanzer Hütte auf 1708 Metern

rig und sehr anstrengend, doch nicht unmöglich. Man informiere sich jeweils saison- und witterungsabhängig bei den Tourismusverbänden.

Das Silbertal

Vorwahl: 05556.

PLZ: 6780.

Silbertal-Tourismus, Tel. 74112, www.silbertal.at.

Hotel Silbertal, Tel. 74195, www.hotel-silbertal.at, p.P. im DZ 51 - 64 € (Winter), 37 - 48 € (Sommer).

Frühstüxpension Veronika, Silbertal Nr. 129, Tel. 74210, www.pension-veronika.com, p.P. im DZ 27 - 31 € (Winter), 25 - 29 € (Sommer).

Bergbaumuseum Silbertal, Tel. 74723, www.montafoner-museen.at, Mi und Fr 16 - 18 Uhr.

Tschagguns und seine Umgebung

Diese mit Schruns verbundene Ortschaft mit ihrem typisch rätoromanischen Namen fällt wegen ihrer markant vorgelagerten **Pfarr- und Wallfahrtskirche** schon bei der Annäherung auf. Im 18. Jahrhundert bewirkte das Gnadenbild, eine Pietà, nachweislich 35 Gebetserhörungen. Die große Menge der Wallfahrer konnte die alte gotische Kirche nach und nach nicht mehr fassen, so dass ein Seitenschiff angefügt wurde, dem 1816 ein zweites folgte. Tschagguns wird in erster Linie sicherlich wegen des **Aktivpark Montafon** besucht, dem größten Sport- und Freizeitpark Vorarlbergs (www.aktivpark-montafon.at).

▲ Karte S. 146

Etwa vier Kilometer oberhalb von Tschagguns liegt am Dorf Latschau, unterhalb des 1732 Meter hohen Golm, ein großes **Staubecken** der Illwerke, das das Wasser aus dem Lünersee aufnimmt. Um das Staubecken findet man einige der meistbesuchten touristischen Attraktionen des Montafon: den **Waldseilpark**, den größten Kletterpark im Land, dann den **Flying Fox Golm**, wo man entlang eines 570 Meter langen Stahlseils, das über den Stausee gespannt ist, mit bis zu 70 Stundenkilometern, direkt nur am Seil hängend, dahinsausen kann. Und vielleicht am ›adrenalinsten‹ ist eine Fahrt mit dem **Alpine Coaster**, einer Mischung aus Achter- und Rodelbahn, wo man auf einer Länge von 2,6 Kilometern hinunter zur Talstation der Golmerbahn mit grandiosem Schwung hinunterdonnert. Ein unvergessliches Abenteuer, auch für Großeltern und Kinder geeignet.

Ein Erlebnis für Aktive und Kletterbegeisterte: der Waldseilpark

Blick auf die ›Drei Türme‹

Die Golmerbahn hat ihre Talstation im Ortsteil Innerbach von Valdans, führt auf einer Trasse zunächst zum **Stausee Latschau**, und in einer zweiten Teilstrecke empor auf das 1890 Meter hohe Grüneck, wo es im Berghof Golm hervorragende Einkehrmöglichkeiten gibt (Fahrpläne und Info auch zu den anderen drei Vergnügungen unter www.golm.at). Vom Grüneck aus wurde für Kinder **Golmi's Forschungspfad** angelegt, entlang dessen 3,5 Kilometer langer Trasse sehr schön die Tier- und Pflanzenwelt der Berge erläutert wird. Doch ist der Weg für Kinderwagen nicht geeignet.

Ein klassischer Wanderweg führt vom Berghof Golm über das Golmer Joch zum 2261 Meter hohen Kreuzjoch und weiter über das Hätaberger Joch zur **Geißspitze** (2334 m). Knapp drei Stunden benötigt man für diese mittelschwere Strecke. Überwältigend ist der Blick auf die seltsame Formation der **Drei Türme** (2756 m). Dann geht es sehr steil in Kehren hinab zur **Lindauer Hütte** (1744 m), wofür weitere anderthalb Stunden anfallen. Auf der Lindauer Hütte (Tel. 0664/5033456) bestehen Einkehr- und Übernachtungsmöglichkeiten. Außerdem gibt es hier einen Garten mit verschiedenster alpiner Flora, die in diesem Bereich wegen wechselndem Untergrund und damit wechselnder mineralogischer Zusammensetzung sehr vielfältig ist. Überhaupt ist das ganze Montafon eine geologisch höchst komplex zusammengesetzte Landschaft, was im Hochgebirge innerhalb geringer Distanzen sehr unterschiedliche Vegetation verursacht.

Der Weg von der Lindauer Hütte bis zur **Latschätz-Alpe** bleibt in etwa auf der gleichen Höhe, steigt aber dann zur Bergstation der Golmbahn wieder an. Von der Lindauer Hütte braucht man nochmals zwei Stunden bis dorthin – die ganze Strecke ist aber gut als Tageswanderung zu schaffen. Man informiere sich vorher aber über die Fahrzeiten der Golmbahn (www.golm.at). Unentwegte und Unermüdete bevorzugen aber den Abstieg durch das Gauertal bis zum Staubecken, wofür etwa zweieinhalb Stunden zu veranschlagen sind. Wie alle Orte im Montafon, liegt auch Tschagguns auf einem Schuttkegel, diesmal verursacht durch den Rasafei-Bach, der aus dem Gauertal herniederbraust. Wie für das Brandnertal, so wird auch für dieses oft behauptet, dass es den schönsten Talschluss in den Ostalpen habe. Vom Stausee kann man in drei Stunden empor zur Lindauer Hütte wandern, und sich sein eigenes Urteil bilden. Die ganze erwähnte Tour sollte bei Nebel und Nässe aber unbedingt unterbleiben.

Im oberen Gauertal soll um die **Obere Spora-Alpe** nahe der Lindauer Hüte aufgrund von Funden von Schädelknochen und militärischen Ausrüstungsgegenständen 1499 eine mysteriöse Schlacht stattgefunden haben, bei der die Montafoner 130 hier eingedrungene Schweizer aus dem Prättigau besiegt hatten. Doch ist die Schlacht sonst nirgendwo dokumentiert, auch hätten die Prättigauer sicherlich ihre Toten kaum in den Bergen liegen gelassen. Vermutlich handelt es sich um Relikte aus der Vorgeschichte.

Ein weiteres linkes Seitental der Ill ist das **Gampadelstal**. Auch hier ist die Fahrstraße für den öffentlichen Verkehr gesperrt. Sie endet auf 1572 Metern Höhe am kleinen Stausee **Fischkalter**. In Geologenkreisen erfreuen sich die mannigfaltigen Gesteinsaufschlüsse entlang dieses Wegs größter Beliebtheit und werden auch zur Ausbildung von Geologen herangezogen.

Tschagguns

Vorwahl: 05556.

PLZ: 6774.

Tschagguns-Tourismus, Latschaustr. 1, Tel. 72166-30, www.schruns-tschagguns.at.

Hotel Sonne, Kreuzgasse 10, Tel. 72333, www.sporthotel-sonne.com, p.P. im DZ 40 – 50 € (Winter), 26 – 35 € (Sommer).

Berggasthof Grabs, Grabserweg 15, Tel. 72584, www.gasthof-grabs.com. Gute und günstige Übernachtungs- und Einkehrmöglichkeit oberhalb von Tschagguns.

Campingplatz Zelfen, Zelfenstr. 79, Tel. 2002326, www.camping-zelfen.at.

Aktivpark Montafon, Schwimmbadstraße 1, Tel. 72166–40, www.aktivpark-montafon.at.

Im Gargellental

Oberhalb von Tschagguns verengt sich bei Mauren das Illtal merklich. Fratte- und Maurentobel schieben sich dicht an die Straße heran. Man wechselt von der Außer- zur Innerfratte. Bei **St. Gallenkirch** gewinnt das Tal wieder die alte Weite. Am Ortseingang mündet das Gargellental ein. Es hat seinen Namen aus dem Rätoromanischen, wo es ›Bachstrudel‹ bedeutet. Durch das vom Suggadinbach durchströmte Tal kommt man nach etwa acht Kilometern nach **Gargellen**, dem mit 1423 Meter höchstgelegenen Ort im Montafon. Gargellen ist sommers wie winters stark besucht und einer der beliebtesten Skisportorte Vorarlbergs mit Schneesicherheit von Ende November bis Ende April. Architektonisch Sehenswertes gibt es aber auch, wie beispielsweise die spätbarocke **Magdalenenkirche** mit ihrer auffälligen Zwiebelhaube oder das Hotel ›Madrisa‹ mit seinen Anklängen an den Jugendstil. Das Hotel hat seinen Namen von einem gleichnamigen Berg, der sich mit 2775 Metern sieghaft über dem Talabschluss erhebt.

Der auf 1966 Meter oberhalb von Gargellen gelegene **Gandasee** ist ein beliebtes Wanderziel. Drei Stunden dauert die Fußreise von Gargellen bis dorthin, gesäumt von Meeren aus Alpenrosen und urzeitlichen Zirbenwäldern. Wer es etwas bequemer haben möchte, fährt mit der Schafbergbahn von Gargellen bis

▲ Karte S. 146

zum Schafberghüsli auf 2100 Meter und steigt dann zum Gandasee hinab. Über die Obwaldhütte kann man dann auch ins Tal hinuntersteigen. Ein gut bezeichneter Pfad geht vom Schafberghüsli hinauf zum **Riedkopf** (2551 m). Von hier genießt man eindrucksvolle Blicke über das Rätikon, zur Silvretta, hinein nach Graubünden und ganz in der Ferne gleißt die Bernina. Die Anstiege sind hier nur mäßig. Doch Vorsicht: Bei Nebel und Nässe ist es nicht zu empfehlen. Und Trittsicherheit ist hier sowieso Voraussetzung.

Die Wanderung durch das Vergaldental hinauf zum **Vorderberg** auf 2553 Metern bietet unvergessliche Hochgebirgseindrücke. Den ganzen Tag sollte man für Hin- und Rückweg einplanen. Der Weg ist gut markiert, nur mittelmäßig steil und verläuft überwiegend entlang des Vergaldabachs. Nach dem ersten Drittel der Strecke trifft man auf die **Vergalda-Alpe**, wo es eine gute Einkehrmöglichkeit gibt.

Das **Schlappiner Joch** bildet das obere Ende des Gargellentals. Der Weg von Gargellen hoch zum Joch und hinüber ins schweizerische Klosters ist wie der über die Zaluanda-Alpe bei Vandans ein alter Säumerweg, auf dem insbesondere Wein transportiert wurde. Hier im Grenzgebiet zur Schweiz etablierte sich jahrhundertelang eine eigene Schmugglerwelt, und insbesondere während der NS-Zeit versuchten viele österreichische Juden hier in die Schweiz zu entkommen. Doch nicht allen gelang es. So wurde bereits am 13. März 1938 der Schriftsteller und Theaterautor Jura Soyfer (geb. 1912 in Charkow), der als Mitglied der KPÖ bereits vor dem Anschluss wegen seiner kritischen Einstellung politisch verfolgt war, als Jude während der Flucht auf Skiern von der österreichischen Polizei gestellt. Im KZ Buchenwald starb er am 16. Februar 1939 an Typhus.

Magdalenenkirche in Gargellen

Das Gargellental ist die geologische Grenze zwischen Rätikon und Silvretta. Der Suggadinbach hat sich hier tief in die Gneise der Silvretta eingeschnitten, so dass an vielen Stellen die unterlagernden Kalke sichtbar werden. Doch sind diese jüngeren Alters, da die Silvrettagneise aufgeschoben wurden. Unter anderem oberhalb der Jausenstation Rüti kann man beide Gesteine nebeneinander sehen.

Gargellental

Hochmontafon Tourismus, Büro Gargellen, 6787 Gargellen, Tel. 05557/6303, www.gargellen.at.

Hotel Marmotta, 6787 Gargellen Nr. 29, Tel. 05557/6301, www.marmotta.at, p.P. im DZ 37–51 € (Winter), 27–31 € (Sommer).

Berghotel Vergalden, 6787 Gargellen, Tel. 05557/6321, www.berghotel-vergalden.at, p.P. im DZ 61–67 € (im Winter nur mit Halbpension), 32–37 € (Sommer).

St. Gallenkirch

Im zweitgrößten Ort des Montafons (878 m), zusammen mit dem eingemeindeten Gortipohl am Fuß der 2187 Meter hohen Gweilspitze gelegen, ist zunächst die gotische **Galluskirche** (1497) mit ihrer Rokoko-Innenausstattung besuchenswert. Wahrscheinlich stärker besucht ist das **Allwetterbad** Aquarena. Eine sehr einfache und kurzweilige zweistündige Wanderung mit unbedeutenden Steigungen kann man von St. Gallenkirch den sogenannten Illweg flussaufwärts bis Gaschurn machen. Aber auch die Bergwelt bietet hier selbstverständlich schöne Wandermöglichkeiten an. Mit der Garfreschabahn geht's zunächst empor zur Maisäß **Garfrescha** (1485 m) und von dort entlang des Vermieltal hinauf zum Bergrestaurant **Nova Stoba** auf 2010 Metern (Tel. 05556/6300156). Zweieinhalb Stunden sind dafür nötig. Der Rückweg verläuft direkt durch das Vermieltal über die Nova-Alpe. Über die Versettlabahn kann man vom erwähnten Bergrestaurant auch nach Gaschurn hinunterfahren und von dort mit dem Bus zurück nach Gallenkirch gelangen.

Östlich von Gallenkirch wird die Maisäß **Montiel** viel besucht. Es ist eine unveränderte Walser-Maisäß, die seit Jahrhunderten ihren Charakter bewahrt hat.

Zwischen Tal und Gipfel

Die Maisäße und die alpine Dreistufenwirtschaft

Unter Maisäße oder Maiensäße versteht man im östlichen Vorarlberg gerodete Flächen auf etwa 1000 bis 1600 Metern Höhe, zu denen man im Frühjahr das Vieh gewissermaßen als Zwischenstation hinauftrieb, bevor man im Juni die Tiere zu ihrer eigentlichen, weiter höher gelegenen Weiden weitertrieb.

Auf einer Maisäß befanden sich einige Wohnhütten mit dazugehörigen Ställen,

Eine Maisäß vor etwa 100 Jahren

▲ Karte S. 146

manchmal stand auf einer Maisäß auch eine Kapelle.
Die Maisäße spiegeln die Dreistufenwirtschaft der Alpen wieder. Die erste Stufe bezieht sich hierbei auf die Talwirtschaft (Herbst bis Frühling). Die hierzu gehörigen Almregionen sind Niederalm (in Vorarlberg Niederalpe) genannt. In der zweiten Stufe trieb man Mitte Mai bis Anfang Juni das Vieh etwa zwei Gehstunden empor zu den Maisäßen (manchmal auch Vorsäße genannt), wo es etwa drei Wochen zusammen mit den Bauern blieb. Oftmals wurde auch beim Alpabtrieb auf der Maisäß im Herbst nochmals eine Zwischenpause von zwei Wochen eingelegt. In der dritten Stufe erfolgte dann Mitte Juni der eigentliche Alpauftrieb in Höhe von 1600 bis 2000 Metern, wo das Vieh bis Mitte September/Anfang Oktober blieb. Diese Dreistufenwirtschaft wurde fast ausschließlich von der weiblichen Landbevölkerung durchgeführt, zu oft waren die Männer im Sommer außerhalb ihrer Täler tätig, da das Auskommen einer Familie nur durch die Landwirtschaft kaum möglich war.

St. Gallenkirch

Vorwahl: 05557.
PLZ: 6791.
Hochmontafon Tourismus Büro St. Gallenkirch, Silvrettastraße 3, Tel. 6600-0, www.stgallenkirch.at.

Hotel Silvretta, Gortipohl 23 b, Tel. 6120-0, www.silvretta.co.at, p.P. im DZ mit Halbpension 72 - 102 € (Winter), 52 - 55 € (Sommer).
Hotel Gastauer, Silvrettastr. 10a, Tel. 6631, www.gastauer.at, p.P. im DZ mit HP 54 - 68 € (Winter), 36 - 39 € (Sommer). Z.Zt. Umbau, Wiedereröffnung Mai 2012.
Pension Alpenrose, Gortipohl 3, Tel. 6611, www.alpenrose-info.at, p.P. im DZ 41 - 53 € (Winter), 29 - 35 € (Sommer).

Camping Rudigier, Gortipohl 23, 6791 Gortipohl, Tel. 6608, www.muntafuner-stoebli.at/de/wohnen/campingplatz.html.
Waldcamping Batmund, Silvrettastraße 65c, Tel. 0664/1162212, www.waldcamping-batmund.at.

Gaschurn und seine Umgebung

Die Region um Gaschurn und St. Gallenkirch besitzt mit dem **Wintersportgebiet Silvretta Nova** um das Novatal und die **Nova-Alpe** zwei der meistbesuchten Skiareale der Alpen. 152 Kilometer Pisten mit insgesamt 39 Liftanlagen charakterisieren das in einer Höhe von 1600 bis 2300 Meter befindliche Gebiet.
Von großer Attraktivität ist im Sommer der **Freizeitpark Mountain Beach**, eine seiner Attraktionen ist der mit frischem Bergquellwasser gefüllte künstliche Badesee und die erste Luftmatratzenraftingstrecke (!) Österreichs (www.mountainbeach.at).
Das Montafon fängt hier an, sich wieder zu verengen - daher befinden sich die meisten älteren Siedlungshäuser an den Hängen, in Partenen ist sogar nur Platz für Häuser direkt an der Straße, denn Verwall und Silvretta sind hier so nahe zusammengerückt, dass zwischen Mitte November und Anfang Februar wegen des niedrigen Stands der Sonne, die hinter den Bergen verbleibt, kein direktes Sonnenlicht ins Dorf fallen kann.
Neben der neoromanischen Michaelskirche befindet sich ein ungewöhnlicher

Kapelle Maria Schnee in anmutiger Lage

hölzerner **Pavillon**, die alte Tanzlaube, übrigens die letzte im Montafon erhaltene. Das war unter anderem der Treffpunkt der Bauern nach dem Gottesdienst, wo man über alle Vorgänge und Sorgen im Dorf redete, der Dorfschulze Verlautbarungen verlas und bei Festen eben auch getanzt wurde.

Nahe der Ill steht die **Kapelle Maria Schnee** aus dem Jahre 1637, die äußerlich ein sehr reizvolles Bild gibt. Ihr Stifter war ein Lukas Tschofen, ein Landsknechtsführer im Dreißigjährigen Krieg, der durch die Feldzüge reich geworden war und sich in Gaschurn niedergelassen hatte. Als er schwer erkrankte, soll er gelobt haben, eine Kapelle dort zu erbauen, wo es auch im Sommer schneit. Und gerade auf dem kleinen Hügel über der Ill blieb das ganze Jahr hindurch der Schnee liegen. Ein weiterer kaum bekannter Gaschurner ist Franz Saler, der als Architekt am Mississippi eine unbedeutende Siedlung namens St. Louis zur Großstadt ausbaute. Gaschurn war einer der Drehorte von Joseph Vilsmaiers Film ›Schlafes Bruder‹ nach dem gleichnamigen aufsehenerregenden Roman des Bregenzers Robert Schneider.

Einer der bequemst zu erreichenden Zweitausender ist die **Versettla**, zu der man von Gaschurn aus über die Versettlabahn zunächst zum Bergrestaurant ›Nova Stoba‹ fährt. In etwa anderthalb Stunden kann man von hier mit nur mäßiger Steigung dann zur 2372 Meter hohen Versettla emporgehen, von wo sich das Auge an dem hinreißenden Silvretta- und Talpanorama nicht sattsehen kann. Einen ganzen Tag Wanderzeit sollte man zur Begehung des Landschaftspfads mitbringen. Er beginnt in Gaschurn und zieht sich über das Zeinisjoch bis nach Galtür im Paznauntal. An 20 ausgewählten Stationen begegnet man der Kulturgeschichte und den besonderen geographischen und geologischen Gegebenheiten des oberen Montafon.

▶ Karte S. 146

Pfarrer Joe

Im Pfarrhaus an der Kirche lebt der Ortsgeistliche Joseph Egle (geb. 1941), der nur Pfarrer Joe genannt wird. Er sammelt neben seiner seelsorgerischen Tätigkeit seit vielen Jahren Heilkräuter der umgebenden Alpen, destilliert sie und bietet 40 dieser selbst angesetzten Heilschnäpse zum Verkauf an. Des Pfarrers Leidenschaft für die Heilpflanzen rührt aus seiner Kindheit. In den Nachkriegsjahren waren in Vorarlberg nur wenige Medikamente auf dem Markt, und zu

Gasthof am Zeinisjoch

Heilschnaps-Degustation bei Pfarrer Joe

oft traten bei diesen mancherlei Nebenwirkungen auf, was bei dem jungen Mann ein besonderes Interesse an der traditionellen Heilkunst der Landbevölkerung mit Kräutern erweckte, mit denen er sich seit damals intensiv befasst. In seinem Buch ›Elixiere aus der Natur‹ beschreibt er, wie fast alle Krankheiten durch Heilkräuterschnaps bekämpft werden können. Die Blutwurz hilft gegen Durchfall und Darmleiden, die Holunderblüte hilft gegen Grippe und Fieber und beispielsweise der Weißdorn gegen Herz- und Kreislaufprobleme. Der unermüdliche Seelenhirte engagiert sich darüber hinaus in der Bergwacht und als Skilehrer.

Das Garneratal

Das Garneratal, das sich südlich von Gaschurn empor zur Plattenspitze auf 2883 Meter zieht, ist durch den Gletscher weniger tief eingeschnitten als das Illtal. Der Garnerabach fällt innerhalb des gewaltigen Fengatobels, der **Garneraschlucht**, mit schroffem Absturz zur Ill hinab. Es gibt hier einen sehr schön angelegten Schluchtweg, der aber einige längere steile Abschnitte aufweist. Der Einstieg zur Schlucht erfolgt am besten im Ortsteil Trantrauas am Weg nach Ganeu. Das Tarneratal endet an der Tübinger Hütte auf 2191 Metern, die mäßig steile Wanderung dorthin kann als Tagestour angelegt werden, doch gibt es auf der Tübinger Hütte auch Übernachtungsmöglichkeiten (64/2530450, Anfang Juli bis Ende September). Im Garneratal entstand 1994 Josef Vilsmaiers Verfilmung von ›Schlafes Bruder‹, dem Roman des Bregenzer Autors Robert Schneider.

Das Valschavieltal

Das Valschavieltal, das sich von Gaschurn ostwärts in den Verwall erstreckt, ist sicherlich eines der einsamsten Täler Österreichs. Nicht eine Einkehrmöglichkeit besteht hier. Die Tageswanderung von Gaschurn (958 m) bis zur **Mardusa-Alpe** auf 1940 Metern ist nicht zu anstrengend. Meiden muss man das Tal am Ende des Winters. Lawinen und der reißende Valschavielbach entfalten hier zerstörendste Wirkungen. Die Maisäß **Valschaviel** besitzt mit ihren Blockhäusern einen archaischen Charakter. Sie liegt auf knapp 1520 Metern Höhe und war 2003 Drehort ebenfalls für einen Film Joseph Vilsmaiers. Hier entstanden einige Szenen zu ›Bergkristall‹ nach Adalbert Stifter.

Gaschurn

Vorwahl: 05558.
PLZ: 6793.
Hochmontafon-Tourismus, Dorfstraße 2, Tel. 8201-200, www.hochmontafon.eu.

Posthotel Rößle, Dorfstraße 4, Tel. 83330, www.posthotel-roessle.at, p.P. im DZ 51–76 € (Sommer), 80–137 € (Winter). Traditionshotel, im Familienbesitz seit 1812.

Hotel Nova, Schulstraße 200c, Tel. 8293, www.hotel-nova.com, p.P. im DZ 39–49 € (Sommer), im Winter nur mit Halbpension p.P. im DZ 87–109 €.

Tourismusmuseum Gaschurn im Frühmesserhaus, Dorfstraße, Tel. 74723, www.stand-montafon.at/kultur/museen, Di–Fr 16–18 Uhr.

Freizeitpark Mountain Beach, Tel. 0664/5193563, www.mountainbeach.at, ab Mitte Mai Mo–Fr 12–19, Sa/So 10–20 Uhr; Jul.–Aug. tgl. 10–20 Uhr.

Partenen

In diesem zu Gaschurn gehörenden Ort ist das Montafon zu Ende. Partenen (1040 m) ist Geburtsort von Franz Joseph Rudigier, der aus einfachen Verhältnissen kam, jedoch später Priester, Lehrer und geistlicher Berater von Kaiser Franz Joseph und seines Bruders Maximilian wurde, des späteren unglücklichen Kaisers von Mexiko. 1852 wurde er Bischof von Linz und ließ dort auch den Dom erbauen. Die **Tafamunt-Kabinenbahn** (www.tafamuntbahn.at), die von Anfang Juni bis Mitte Oktober in Betrieb ist, verbindet Partenen mit dem Gebiet um die 2482 Meter hohe Versalspitze. Ihre Bergstation ist gleichzeitig das Alpstöbli Tafamunt. Etwa anderthalb Stunden Gehzeit sind es von hier zum **Wiegensee** (1930 m). Um den See existiert ein Feuchtbiotop mit fleischfressenden Pflanzen und dem seltenen Purpurenzian. Selbstverständlich gibt es von hier auch überwältigende Ausblicke. Der Silvretta-Hauptkamm erscheint in unwirklicher Pracht.

Eine einzigartige Attraktion ist die **Europatreppe**. Auf 4000 Stufen müssen 700 Höhenmeter bei bis zu 86 Prozent Steigung bewältigt werden. Die Treppe, parallel zur Vermuntbahn verlaufend bis hoch zum Trominierberg, gilt europaweit als besondere sportliche Herausforderung. Ursprünglich war sie 1928 zur Wartung eines Schrägaufzugs beziehungsweise einer heute stillgelegten Druckrohrleitung zum Kavernenkraftwerk Partenen angelegt. Die Illwerke besitzen in Partenen mit dem **energie.raum** ein Infozentrum, in dem der Besucher, wie es heißt, die ›Energie spüren kann‹. (Infozentrum der Illwerke ›energie.raum‹ Partenen, Mo–Fr 9–18, Sa/So 10–17 Uhr. Eintritt frei.)

▲ Karte S. 146

Die **Vermuntbahn** ist von Anfang Juni bis Mitte Oktober in Betrieb. Von der Bergstation kann man durch einen beleuchteten Tunnel in etwa einer Stunde hoch zum Vermontstausee gelangen, am Tunnel gibt es einen **Wasser-Erlebnisstollen**.

Hinter Partenen gabelten sich in alter Zeit die Säumerwege. Einer führte direkt ostwärts über das Zeinisjoch nach Tirol,

4000 Stufen sind auf der Europatreppe zu bewältigen

der andere bog südwärts in das Untervermunt ab, hinauf bis zur Bielerhöhe, und von dort scharf nach Süden umknickend, vorbei an Vorarlbergs höchstem Berg, dem Piz Buin (3312 m), über den Vermuntpass ins Engadin.
Auf der zweiten der erwähnten Trassen führt heute die Silvretta-Hochalpenstraße zur Bielerhöhe und von dort nach Tirol hinab.

Die Silvretta-Hochalpenstraße

»Wie ein plattgewalzter Korkenzieher schrauben sich ihre Serpentinen empor« schrieb Marc Bielefeld im MERIAN Vorarlberg über die Silvretta-Hochalpenstraße. Sie ist zweifellos eine der großen Traumstraßen der Welt und war ursprünglich eine bloße Werksstraße, die im Zusammenhang mit dem Bau des Silvretta-Stausees von den Illwerken gebaut wurde. Sie ist auch heute noch in deren Besitz und natürlich mautpflichtig. Aber jeder Kraftfahrer, der einmal auf ihr hinauf oder hinab steuern durfte, wird im Nachhinein gern für dieses Fahrvergnügen seinen Wegezoll entrichtet haben. Man muss sie fahren und erleben, es ist eines der größten Erlebnisse, was Vorarlberg dem Reisenden bieten kann. Die Straße ist aber für Wohnanhänger verboten. Nachdem 1887 das Paznauntal Straßenanschluss über das Stanzertal nach Innertirol erhalten hatte, kam auch der Wunsch einer Straßenverbindung ins Montafon auf. Die Trasse sollte zunächst über den alten Säumerweg am Zeinisjoch verlaufen, doch gelangte das Projekt bis 1899 nicht über die Planung hinaus, dann legte man das Projekt als unwirtschaftlich beiseite. Erst als 1930 die Illwerke durch die Errichtung des Vermuntstausees den anderen der erwähnten Säumerwege auf die Bielerhöhe ausbauten, wurde die Silvretta-Hochalpenstraße geboren. Zunächst war es nur ein einfacher unbefestigter Weg, der in den Nachkriegsjahren asphaltiert und mit Ausweichen versehen wurde. Er ist 1954 für die Öffentlichkeit freigegeben worden und wurde dann 1961 zweispurig ausgebaut.
Insgesamt 22,3 Kilometer sind es bei einer maximalen Steigung von 10 Prozent und insgesamt 34 Kehren von Partenen bis ins tyrolische Galtür. Gleich hinter Partenen erscheint die Mautstelle. In 25 Kehren geht es zunächst empor zum **Vermuntsee** auf 1803 Metern, von dem eine Fahrstraße zur Saarbrücker Hütte abzweigt. Die 53 Meter hohe und 386 Meter lange Staumauer ist ein besonderer Blickfang. Das Vermuntbecken ist das erste der Illkraftanlagen und seit 1930 in Betrieb. Von der Staumauer blickt man südlich zu den beiden Litznern und zum Großen Seehorn. Kurz vor der Bielerhöhe führt eine Straße zum traditionsreichen **Madlenerhaus** (1986 m). Hier musste Hemingway einmal im Winter 1925/26, bei einer Bergwanderung, nachdem der Weg wegen Schneefall unpassierbar geworden war, zwangsweise einige Tage verbringen (Tel. 05558/4234, www.madlenerhaus.at, Anf. Februar bis Ende Oktober).

Auf der Bielerhöhe

Auf 2035 Metern Meereshöhe finden sich hier zu jeder Jahreszeit große Menschenmengen ein. Großparkplätze, Hotels, Imbissstuben und Kioske zeugen von der großen Beliebtheit dieses Ortes, direkt am **Silvretta-Stausee**, dem von den Illwerken erbauten Silvrettadorf. Das Silvrettahaus, eine komfortable Gebirgspension, ist eines der bedeutendsten Beispiele (1992) moderner vorarlbergischer Architektur (Silvrettahaus, 6794 Partenen, Tel. 05558/4246, www.silv-

retta-bielerhoehe.at). Stärken kann man sich im Restaurant Silvrettasee (6794 Partenen, Tel. 05558/4248, www.silvretta-bielerhoehe.at).

Die Landschaft besitzt einen fast norwegisch zu nennenden Charakter. Die zweistündige Wanderung um den See zählt zu den größten Landschaftserlebnissen Vorarlbergs. Man erblickt das Hohe Rad (2934 m) in den Bieltaler Bergen, dem See am nächsten gelegen, dann im Süden nahe zusammen die Dreiländerspitze (3197 m), den Piz Buin (3312 m), Vorarlbergs höchste Erhebung, zu deutsch Ochsenkopf, und das Silvrettahorn (3244 m), denen sich im Südwesten das Große Seehorn (3121 m) anschließt. Das ganze **Silvrettamassiv** erstreckt sich über 40 Kilometer Länge, vom Gargellental bis um Ischgl in Tirol, weist auch viele namenlose Gipfel auf und ist für gewöhnliche Wanderer eine kaum zugängliche Region ewigen Eises und Schnees.

Der Silvretta-Stausee ist kein vollständig künstlicher See, besaß ursprünglich nur einen Bruchteil seiner heutigen Größe und war ziemlich verlandet. Ochsenboden hieß die Lokalität einst und war Ort eines großen alljährlichen Pferde- und Rindermarkts. Auch stand hier das Veltliner Hüsli, wo sich Vorarlberger, Tiroler und Schweizer trafen, um beispielsweise den Grenzverlauf oder andere trilateral interessierende Angelegenheiten zu diskutieren. Das Hüsli versank im See.

Erstmals wurde hier 1943 die Aufstauung begonnen, seine heutigen Ausmaße erreichte der See dann erst 1951. Zum Südende des Silvrettasees besteht von Ende Juli bis Ende September täglich zwischen 9 und 16 Uhr auch eine Motorbootverbindung. An diesem Südende führt das Ochsental ins Silvrettamassiv hinein. Durchflossen wird es von der ganz jungen Ill, die den See speist und unweit von hier oberhalb des Tals am Nordhang des Silvrettahorns ihren Ursprung hat.

Ein besonderes Naturerlebnis ist die Wanderung das Ochsental aufwärts bis zur **Wiesbadener Hütte** (2443 m), wo der **Vermunt-Gletscher** und der **Ochsentalgletscher** von zwei Seiten in das Tal hineinragen. Die Wiesbadener Hütte ist bewirtschaftet von Mitte Februar bis Ende Mai und von Ende Juni bis Anfang Oktober (Tel. 05558/4233). Von der Bielerhöhe erreicht man sie zu Fuß in zweieinhalb Stunden. Das Silvrettamassiv ist übrigens Gegenstand intensivster internationaler archäologischer und prähistorischer Forschungsprojekte.

Keinesfalls versäumen sollte man einen Abstecher zum **Speicher Kops** über das Zeinisjoch. Der Weg dorthin ist nur von der Tiroler Seite möglich, nach einigen Kilometern das Kleinvermunt abwärts Richtung Ischgl. Kurz vor Galtür biegt man zum Zeinisjoch ab, hinter dem dann sich die Wasserfläche des **Speichersees Kops** öffnet (schöne Ringwanderung um den See möglich). Über Druckstollen wird von hier aus das Kavernenkraftwerk Partenen gespeist. An der Westseite des Sees, beim Kopsstüberl, endet der für den öffentlichen Verkehr freigegebene Weg (es ist ja die alte Säumerroute von Partenen nach Tirol); wer allerdings zu Fuß oder mit dem Fahrrad unterwegs ist, sollte die herrliche Bergstraße hinab nach Partenen nutzen. Man erheischt großartige Blicke auf das obere Montafon.

Bis zum Vermuntsee hinauf schlängelt sich die Serpentinenstraße

Österreichs mondänstes Skigebiet bietet nicht nur im Winter unvergleichliche Naturerlebnisse, auch im Sommer eröffnet es seinen Besuchern auf einer Fülle von Wanderwegen um das Tal des oberen Lechs herrliche Landschaftserlebnisse.

Um Lech und Zürs

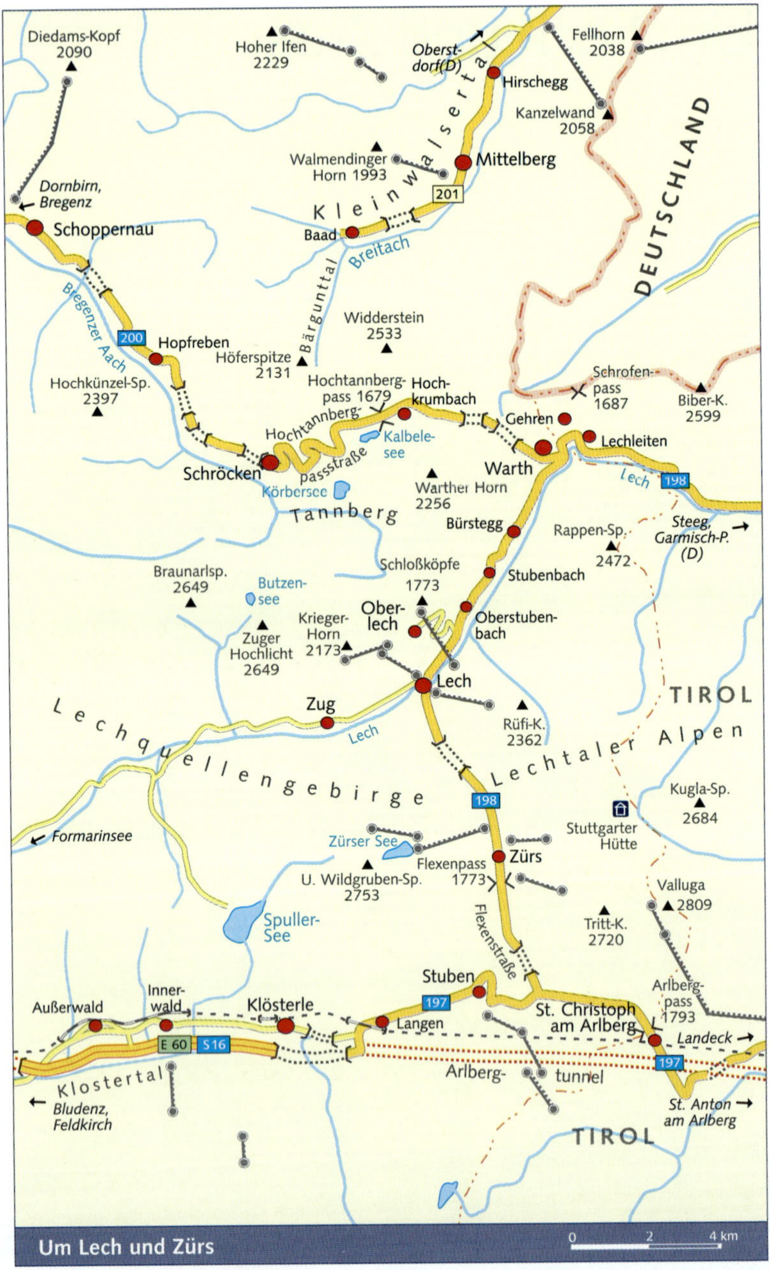
Diedams-Kopf 2090
Hoher Ifen 2229
Oberstdorf(D)
Fellhorn 2038
Hirschegg
Kanzelwand 2058
Kleinwalsertal
Walmendinger Horn 1993
Mittelberg
201
Dornbirn, Bregenz
Schoppernau
Baad
Breitach
DEUTSCHLAND
Bregenzer Aach
Bärgunttal
Widderstein 2533
200
Hopfreben
Höferspitze 2131
Hochkünzel-Sp. 2397
Hochtannberg-pass 1679
Hoch-krumbach
Schrofen-pass 1687
Biber-K. 2599
Gehren
Lechleiten
Hochtannberg-passstraße
Kalbele-see
Warth
Schröcken
Körbersee
Warther Horn 2256
Lech
198
Tannberg
Bürstegg
Rappen-Sp. 2472
Steeg, Garmisch-P. (D)
Schloßköpfe 1773
Stubenbach
Braunarlsp. 2649
Butzen-see
Ober-lech
Oberstuben-bach
Krieger-Horn 2173
Zuger Hochlicht 2649
Lech
TIROL
Zug
Rüfi-K. 2362
Lechquellengebirge
Lechtaler Alpen
Kugla-Sp. 2684
Stuttgarter Hütte
Formarinsee
Zürser See
Zürs
Flexenpass 1773
U. Wildgruben-Sp. 2753
Valluga 2809
Spuller-See
Tritt-K. 2720
Flexenstraße
Stuben
Arlberg-pass 1793
Außerwald
Inner-wald
Klösterle
197
Langen
St. Christoph am Arlberg
Landeck
E 60
S 16
Klostertal
Arlberg-tunnel
St. Anton am Arlberg
Bludenz, Feldkirch
TIROL
Um Lech und Zürs
0
2
4 km

Vorarlbergs kleinste, doch sicherlich nobelste touristische Region ist das Gebiet um die Wintersportorte Lech und Zürs, die sehr oft mit dem Attribut ›am Arlberg‹ versehen sind, obwohl sie von diesem ein gehöriges Stück entfernt sind und das ›am‹ daher eher falsche Assoziationen weckt. Doch ihre Bedeutung als absolut schneesichere Skisportzentren und überhaupt die Funktion des Arlbergs und seiner Umgebung für die Geschichte des Wintersports ließ sie zu diesem Namen gelangen. Der Hausberg von Zürs oder Lech ist der Arlberg jedoch keineswegs.

Die Brücke der Flexenstraße über dem Hölltobel

Die Flexenstraße und der Flexenpass

Am oberen Ende des Klostertals biegt hinter Stuben in nördlicher Richtung die zweite der großen Alpenstraßen Vorarlbergs ab. Die Flexenstraße ist eine ungeheure bautechnische Leistung des Ingenieurs Johann Bertolini, dessen Planung auf einem Entwurf von Paul Ilmer beruht. Nach zweijähriger Bauzeit wurde 1897 das erste Teilstück mit einer Straßenbreite von drei Metern bis zur Passhöhe mit einigen Schutzdächern eröffnet, auch wurde eine Brücke über den wilden Hölltobel errichtet. 1909 war dann die ganze Trasse bis nach Lech fertiggestellt. Die Straße ist bis heute immer wieder verbreitert und verändert worden. Seit 1940 ist sie durch eine Reihe von Tunneln und Galerien auch lawinensicher zu befahren. Blickt man durch die Galerien auf den westlichen Talhang des Stubenbachs, erblickt man jene schmalen und gefährlichen Pfade, über die sich bis zum Ende des 19. Jahrhunderts die Säumer hinunter ins Lechtal bewegten und wo sie im Winter wegen der Lawinen nur unter größter Lebensgefahr den Weg begehen konnten. Die neue Straße beflügelte alsbald den Aufschwung des oberen Lechtals. Der erste Tourismus setzte ein, und mancher Ort wurde nach und nach zu einer beliebten Sommerfrische. Die wenig bewachsenen Hänge des Lechtals ließen schnell den Wintersport aufkeimen. Kein Wunder, dass aus dieser Region zahlreiche bedeutende Wintersportler und Olympioniken erwuchsen.

Auf 1773 Metern Höhe ist der Flexenpass erreicht. Auf der Passhöhe befindet sich das Flexenhäusl. Es ist klein und bescheiden, bietet aber eine vorzügliche Gastronomie. Von einem kleinen Teich rechts der Straße entspringt der Zürsbach, der talabwärts dem Lech entgegeneilt.

Zürs

Dieser höchst mondäne Wintersportort (1717 m) ist administrativ mit dem 270 Höhenmeter tiefer gelegenen Lech zusammengefasst. Zürs besteht nur aus wenigen, dafür aber umso vornehmeren, teils sehr ausladenden Hotels. Ursprünglich war es eine bloße Maisäß, aus der sich dann unmittelbar nach dem dem Ersten Weltkrieg das bedeutende

Zürs im Sommer

Skisportzentrum entwickelte und damit die höchstgelegene besiedelte Region der Nordalpen. 1906 wurde erstmals ein Skikurs angeboten, wenngleich zunächst nur für Einheimische. Lehrer war Viktor Sohm (1869–1960), der bedeutende Bregenzer Skipionier. Zusammen mit Lech bildet Zürs ein Ski- und Snowboardmekka, das sicherlich Österreichs edelste und teuerste Region ihrer Art ist. Allerdings kann es vorkommen, dass Zürs aufgrund starken Schneefalls im Winter von der Außenwelt abgeschnitten ist. Naturgemäß tobt hier nur in der Winterzeit das Leben. Insgesamt zehn Lifte erschließen das Skigebiet um Zürs, das auch Anfängern genügend Möglichkeiten gibt. Berühmt ist hierbei die kilometerlange Abfahrt vom Zürsersee über die Madlochalpe hinunter nach Lech.

Im Sommer ist Zürs größtenteils verlassen und und hinterlässt eine fast gespenstische Atmosphäre. Es gibt nur ganz wenige Wandermöglichkeiten, sieht man einmal von dem **Bergrestaurant Trittalpe** (1946 m) ab, das von Zürs über einen guten Weg in einer Stunde zu erreichen ist. Es ist ganzjährig geöffnet (Tel. 05583/2831). Von hier kann man weiter zum Rüfikopf und zur Bergstation der Bahn nach Lech hinabwandern. Der Aufstieg von Zürs westwärts zum **Zürser See** und zum Restaurant Seekopf auf 2150 Metern (nur im Winter bewirtschaftet, Tel. 05583/21870) ist ziemlich beschwerlich, es ist ein Weg

Hervorragende Wintersport-Destination: Lech und Zürs

▲ Karte S. 168

deutlich alpinen Charakters, wobei es sich wegen der fehlenden Einkehrmöglichkeit im Sommer kaum lohnt. Zu allen Jahreszeiten sehenswert ist dagegen die kleine **Christkönigkirche** von 1935, die sich ähnlich wie die Theresienkirche in Klösterle gleichsam aus dem Hang heraus entwickelt. Architekt war auch hier Paul Feßler.
Vor 50 Jahren lockte die Fernsehsendung ›Der Schatz im Zürsersee‹ eine Fülle von Hobbyschatzsuchern nach Zürs, die selbstverständlich hier kein Alpengold fanden. Um Zürs entstand 1929 der Stummfilm ›Das weiße Paradies‹ von Max Neufeld. Er ist der älteste erhaltene österreichische Spielfilm, der den Wintersport ins Zentrum des Geschehens rückt. Es ist zugegeben eine mäßig ansprechende Liebesgeschichte, doch sie ist mit langen, kunstvoll arrangierten Skilaufszenen verziert.

Horizon Field

Die aufsehenerregende Landschaftsinstallation ›Horizon Field‹ des englischen Künstlers Anthony Gormley (geb. 1950) wurde durch das Kunsthaus Bregenz initiiert. Dabei wurden genau hundert lebensgroße, eiserne Abgüsse eines menschlichen Körpers auf einer Fläche von 150 Quadratkilomteren aufgestellt, insbesondere im Bregenzerwald – unter anderem auf der Kanisfluh – und in besonderer Konzentration im Gebiet von Lech und Zürs. Die Figuren stehen sämtlich auf einer Höhe von genau 2039 Metern. Diese Zahl wurde zufällig gewählt und soll nur die ›Alltagsenthebung‹ symbolisieren. Zwischen 60 Metern und mehreren Kilometern können die einzelnen Gestalten voneinander entfernt sein. Sie blicken in alle Richtungen, doch sind sie niemals direkt einander zugewandt. Einige Figuren können

Eine der hundert gusseisernen Figuren des Horizon Fields

direkt besucht werden, andere sind nicht erreichbar. Gormley strebt dabei weder direkte Darstellungen noch Symbole an, sondern lässt die Figuren und ihre Standorte zu Lokalitäten werden, an denen ein Mensch einmal gewesen war oder zukünftig sein könnte. Hierbei soll nach Aussage des Künstlers »der Körper, die Wahrnehmung und die Vorstellungskraft all jener angesprochen sein, die in dieses Beziehungsfeld eintreten... Durch die Präsentation dieser unerbittlichen, erdgebundenen, aber auch erdbezeugenden Wächter in Raum und Zeit stellt die Installation hundert industriell gefertigte Artefakte in eine natürliche Welt fernab der kontextualisierenden Einflüsse des Museums. Horizon Field stellt grundlegende Fragen: Wer sind wir, was sind wir, wo kommen wir her und wohin führ unser Weg?«
»Im Verlauf der zweijährigen Präsentation, die im April 2012 endet, wird das Gesamtkunstwerk der Natur und der Verwitterung unterliegen, unterschied-

lichen Lichtverhältnissen sowie dem Wechsel der Jahreszeiten, womit immer wieder neue Wahrnehmungen und Eindrücke möglich werden«. So die Initiatoren des Projekts.

Lech am Arlberg

»Am offenen Fenster sitze ich in der Abendsonne, träume ins Tal hinaus und sehe ganze Kolonnen von Skifahrern vorbeifahren. Wie viel Fremde sind heute in diesem Dorf, wie viel Betrieb gibt es hier. Wenn unsere Vorfahren, die droben im stillen Bergfriedhof schlummern und schlafen, für einige Stunden herunter könnten, es käme ihnen alles wie etwas Unglaubwürdiges, wie ein Märchen vor. Heuer ist die Saison noch besser als andere Jahre, weil unser Dorf immer bekannter wird und drunten in den Tälern fast kein Schnee ist und wir geradezu ideale Schneeverhältnisse haben. Lech–Zürs mit dem sonnig-trockenen Heilklima für lungenschwache Menschen und dem hochmodernen Winterbetrieb entwickelt sich immer mehr zum Davos und St. Moritz Vorarlbergs. Wer Lech–Zürs kennen lernen will, muss jetzt kommen. Alle Hotels und Gasthöfe wimmeln von Gästen aus aller Herren Länder. Hier findest du sport- und tanzbegeisterte Menschen, Sprungschanzen, einen Eisplatz, Skirennen, drei Musikgesellschaften, komfortable Kaffees, Maskenbälle ... es ist wie ein Fest, das unaufhörlich gefeiert wird. Es gibt wirklich vornehme und feine Menschen darunter, aber auch solche, die alle schlechten Manieren der Großstadt mit da heraufgeschleppt haben. Und die Frauenwelt! Das ist natürlich ein eigenes Kapitel. Es gibt solche, die schon durch ihre Gegenwart erziehen, unnahbar sind, und solche denen der Körper alles ist, die Seele nichts, Modedamen, die alles hinansetzen, wenn es gilt, den Körper auffallend und reizend zur Schau zu tragen. Den Priester sehen manche nicht

Wandbemalung in Lech

▲ Karte S. 168

gerne; sein bloßes Erscheinen wirkt immer alarmierend auf diese Menschen. Es geht immer ein Ruck des Erschreckens, ein Zucken durch die armen sieben Weltkinder hier, wenn sie unvermutet den Priester sehen.« (Vorarlberger Volksblatt, 7. Februar 1930).

Zweifellos gilt diese 80 Jahre alte Schilderung des gesellschaftlichen Lebens in Lech im Winter mit Ausnahme der letzten beiden Sätze immer noch. Lech am Arlberg, 2004 zum ›schönsten Dorf Europas‹ gekürt, ist aber im Gegensatz zu Zürs auch im Sommer stark besucht und bietet nicht nur mit 350 Kilometer markierter Wanderwege eine Fülle touristischer Attraktionen. Lechs Mondänität ist sprichwörtlich. Vom Flughafen Zürich gibt es hierher im Winter sogar eine besondere Busverbindung. Seit Jahrzehnten verbringen in Lech die Mitglieder des niederländischen Königshauses ihre Winterferien.

Trotz allem Nobeltourismus konnte Lech seinen dörflichen Charakter bewahren. Einige gut erhaltene historische Gebäude lohnen eine Besichtigung, vor allem die **Nikolauskirche** mit ihrem wuchtigen Turm. Bei Renovierungen um 1975 stieß man auf Fresken des 12. und 13. Jahrhunderts sowie auf romanische Fundamentrelikte, die bewiesen, dass es hier schon vor den Walsern eine Siedlung gegeben haben muss. Die heutige Kirche entstand in ihren Mauern in der Walserzeit, ist aber 1791 im Stil des Spätbarock und Rokoko umgestaltet worden. Im rechten Seitenaltar befinden sich in einem Glasschrein die Gebeine des römischen Märtyrers Placidus.

Verschiedene **Walserhäuser** sind in gutem, renovierten Zustand erhalten, und am östlichen Ortsrand lohnt der Besuch des **Museums im Huberhus**, einem Gebäude aus dem Jahr 1590. Im 18. Jahrhundert kam es in den Besitz einer Familie Huber, deren letzte Nachkommen, die drei Brüder Hugo, Emil und Otto, zwischen 1979 und 1996 starben. Otto arbeitete im Haus lange in seiner Küferwerkstatt. Das Museum ist heute eine großartige Schau walserischer Wohnkultur mit Mobiliar aus verschiedenen Zeiten und wird auch für wechselnde Ausstellungen genutzt. Der **Gasthof Post** ist das zweitälteste der großen Prominentenhotels, ältester Gasthof ist die **Krone**, die in ihrem Erdgeschoss noch eine Stube aus der ursprünglichen Bauerngastwirtschaft hat erhalten können. Sie ist jetzt in das Restaurant integriert.

Der historische Gasthof Post in Lech

Lech trägt seinen Namen erst seit etwa 200 Jahren und nannte sich vorher Tannberg am Lech. Das arlbergische Attribut wurde erst zu Beginn des 20. Jahrhunderts mit dem Aufkommen des Wintersports begründet, bei dem, wie schon erwähnt, dieser Zusatz besondere Zugkraft besaß. Mit ziemlicher Sicherheit ist Lech keine Walsergründung, wie es gegenteilig ein markantes Gemälde von 1940 am alten Schulhaus an der Dorfstraße unweit der Kirche zeigt. Einigermaßen unbestritten ist aber, dass von Lech aus Walsergründungen wie Warth und Schröcken erfolgten.

Lechs besondere Attraktionen

Auf dem **Weißen Ring** zelebriert man seit den 1940er Jahren eine traditionelle Skirunde, jedoch auch seit etwa 1960 das längste Skirennen der Welt. Mit der Bahn geht es dabei zunächst empor zum Rüfikopf, hinüber zum Hexenboden, hinab nach Zürs, am Madlochjoch vorbei und dann ins Lechtal nach Zug hinunter, natürlich nicht ohne zwischendurch mit kleineren Bahnen wieder Höhe zu gewinnen. Von Zug geht es hinauf zum Kriegerhorn und von dort wieder nach Lech hinab (www.derweissering.at). Bei einer Gesamtlänge von 22 Kilometer werden insgesamt 5500 Höhenmeter bewältigt. Der Streckenrekord, der von Patrick Ortlieb gehalten wird, liegt dabei bei 44 Minuten und 35 Sekunden.

Als Gegenstück zum winterlichen ›Weißen Ring‹ wurde im **Grünen Ring** um Lech eine »mit viel Charme und Witz modern inszenierte Sagenwelt« – so der Tourismusverband – erschlossen. In drei Etappen mit unterschiedlichem Wander-Schwierigkeitsgrad konzipierte die Bregenzer Dichterin Daniela Egger eine Kompilation der in eine neue globale Welt transponierten Mythen- und Sagenfülle der Region, der sie neue Sagen und Geschichten hinzufabulierte. Auf dem Grünen Ring findet man unter anderem auch eine Hüttenbibliothek. Unter www.dergruenering.at erfährt man mehr über diese langen Rundweg, der aber auch in Einzelabschnitten genossen werden kann. Es ist eines der gelungensten Projekte dieser Art in Vorarlberg. Daniela Eggers Sagenbuch ›Ein Samurai am Kriegerhorn‹ ist dabei die beste Begleitlektüre.

Es gibt eine große Zahl weiterer Lehrwanderwege. Der sicherlich bedeutendste ist der **Geoweg Rüfikopf**, der sich von der Bergstation der Rüfikopfbahn (2350 m) bis zum **Moznabonsee** zieht und als Rundwanderweg mit über 20 Stationen wieder zurückführt. Selten wurde das Leben der Gesteine so fesselnd dargestellt. Fossilisierte Seelilien und Mollusken, mächtige Schichtfaltungen, Vererzungen, Kriechspuren von Kleinlebenwesen und vieles mehr ist auch für Nichtgeologen hoch attraktiv in Geländeaufschlüssen und Schautafeln erläutert. Fast ein Muss in Lech! Überhaupt ist eine Fahrt auf den Rüfikopf nicht nur wegen des kolossalen Bergpanoramas überwältigend. Wanderfreunde mit Kondition und Trittsicherheit schätzen den Weg an der Westflanke der Wöster Spitze entlang und über die Tälialpe wieder hinab nach Lech.

Auf den Spuren der Walser verläuft ein anderer Pfad, der von Schlößle im Ortsteil Oberlech in etwa dreieinhalb Stunden über das kleine **Sennereimuseum** auf der Gaisbühel-Alpe zur **Boden-Alpe** nahe der Straße nach Warth führt (www.tannberg.info erläutert diese Route). Sehenswert sind oberhalb von Oberlech auch die Gipslöcher, die durch Auslaugung im Untergrund und nachbrechendes Felswerk entstehen. Ein **Heilkräuter-Waldlehrpfad** beginnt an der Bergstation der Oberlecher Bergbahn. Für ihn benötigt man nur eine halbe Stunde. Spezialkarten zu all diesen Themenwegen sind bei der Tourismusinformation erhältlich. Von der erwähnten Station bestehen beste Wandermöglichkeiten zum Kriegerhorn, zum Butzensee, zur Mohnenfluh und zur Göppinger Hütte. All diese Wanderungen erfordern aber einige alpine Erfahrung, wenngleich keine besondere Ausrüstung. Von der Mohnenfluh lässt sich von 2542 Metern Höhe eines der großartigsten Alpenpanoramen bewundern.

▲ Karte S. 168

Die **Arlberg Classic Car Rallye** (www.arlbergclassic-carrally.at) findet in Lech seit 2010 statt. Um die Monatswende Juni/Juli treten hier Fahrzeuge bis maximal Baujahr 1979 in möglichst großer Typen- und Modellvielfalt an, um eine Rundstrecke um die Lechtaler Alpen, zwischen Arlberg, Lech und Rankweil bei Dornbirn und eine weitere auf Tiroler Gebiet zu bewältigen. Die Zeitmessung erfolgt dabei ausschließlich mit mechanischen Chronometern.

Etwas ganz Besonderes ist das **Philosophicum Lech**, ein kulturwissenschaftliches Symposium, das alljährlich im Herbst abgehalten wird. Zentrales Thema 2011 ist ›Die Jagd nach dem Glück – Grenzen und Perspektiven eines guten Lebens‹ (www.philosophicum.com). Das Symposium ist öffentlich, die Anmeldung als Zuhörer kann über das Tourismusamt erfolgen.

Der obere Lech

Der Fluss, der dem Ort seinen Namen gegeben hat, entspringt südwestlich des Dorfes im Lechquellengebirge (Lechtaler Alpen) und speist sich aus zwei Bächen, dem Formarin- und Spullerbach, die ihrerseits den Seen dieser Namen entströmen. Unterhalb des 2651 Meter hohen Mehlsacks vereinigen sich beide zum Lech, jeder nach etwa fünf Kilometern Lauf. Bei Warth, flussabwärts von Lech, biegt der Fluss östlich nach Tirol ab, zwischen Allgäuer und Lechtaler Alpen, und nimmt nach Reutte seinen Weg gen Norden, nach Bayern. Er passiert die Städte Füssen, Schongau, Landsberg und Augsburg. Nach insgesamt 260 Kilometern Länge mündet er nahe Donauwörth in die Donau. Als Einziger der Vorarlberger Flüsse entwässert er nach der Donau und damit ins Schwarze Meer, während die anderen Flüsse und größeren Bäche zum Rhein und damit zur Nordsee fließen. Sein Name kommt aus dem Keltischen und bedeutet ›der Steinige‹.

Im Lechtal westlich von Lech liegt der kleine Ort **Zug** (1510 m). Er ist von ähnlicher Wintersportbedeutung wie Lech und weist dank seiner vornehmen Gasthöfe auch ein ähnliches Aussehen auf. Zug war um 1900 als Siedlung fast aufgegeben, doch mit dem einsetzenden

Der wunderschön gelegene Formarinsee

Wintersporttourismus konnte es wie Lech schnell an Bedeutung gewinnen.
Die Straße durch das obere Lechtal westlich von Lech (Zugertal) wird hinter Zug mautpflichtig, ist außerdem von 9 bis 15 Uhr jeweils für den öffentlichen Verkehr gesperrt. Doch kann man über sie zum weltfern gelegenen **Formarinsee** kommen (siehe auch Großes Walsertal). Besser ist es jedoch, das Zugertal entweder mit einem Wanderbus oder zu Fuß zu erkunden. Dabei lohnt besonders der Besuch der **Formarin-Alpe** (1871 m), zu der man bequem talaufwärts von Zug aus wandern kann. An der Alpe beginnt ein **geologischer Lehrpfad**, der um den Formarinsee führt, sich hinauf zur Freiburger Hütte zieht und um den Formaletsch herum über das ›Steinerne Meer‹ wieder hinab zur Formarin-Alpe verläuft. Phänomenale Zeugen der Erdgeschichte – Korallenriffe, Karste und reiche Fossilvorkommen – säumen den Weg. Für die Wanderung auf dem Lehrpfad sollten knapp vier Stunden (ohne Pausen) eingerechnet werden. Er erfordert aber im Bereich des ›Steinernen Meers‹ Trittsicherheit und etwas Kondition. Doch entschädigt er neben den Naturdenkmalen auch durch grandiose Fernsichten. Auf der Freiburger Hütte gibt es Einkehr- und Nächtigungsmöglichkeiten. Sie ist von Mitte Juni bis Anfang Oktober bewirtschaftet (Tel. 050/5660039).

Wanderer auf dem Weg zur Freiburger Hütte

▲ Karte S. 168

Das etwa zweieinhalb Kilometer flussabwärts von Lech, aber noch oberhalb des Tals gelegene **Bürstegg** hatte nicht das Glück, vom Aufschwung des Tourismus erfasst zu werden. Seine damals 13 Häuser wurden nach und nach bis 1898 verlassen, wenngleich in den letzten Jahren um die Wüstung einige wenige Gebäude wieder entstanden sind. Erhalten blieb die **Martinskapelle**, deren kunsthistorisch wertvolle Madonnenfigur sich jetzt allerdings in der Kirche von Lech befindet. Außerdem besteht noch ein Stallgebäude mit einer ›Trockenlaube‹ unter dem Giebel, wo man den Torf einst trocknete. Bürstegg ist nur zu Fuß zu erreichen.
Unterhalb der Wüstung, aber immer noch oberhalb der Lechtalstraße steht das **Wang-Hus**, das auf das Jahr 1495 zurückgeht und das älteste noch vorhandene Walserhaus des Lecher Gebiets ist. Haus und Stall bilden eine Einheit, in der der Weg zum Stall im Winter bequemer war und auch die ›Abwärme‹ des Viehs besser genutzt werden konnte. Gegen 1875 war es nicht mehr bewohnt. Seit 1998 ist es renoviert und öffentlich zugänglich. Bürstegg und das Wang-Hus sind auch Stationen des Walser-Themenwegs.

Lech und Zürs

Vorwahl: 05583.

PLZ: 6764.

Lech-Zürs-Tourismus, Nr. 116, Tel. 2161-0, www.lech-zuers.at. Auf der Seite gibt es detaillierte Information zu allen touristischen Angeboten und Events der Region wie auch zum Wintersport.

Gratis mit nur einer Übernachtung erhält man die **active inclusive card**, die für alle geöffneten Seilbahnen gilt, für die Orts- und Wanderbusse und eine Fülle anderer Angebote, die mit ihr kostenlos benutzbar sind.

Hotel Garni Lavendel, Nr. 447, Tel. 2657, www.lavendel.at, p.P. im DZ 40–50 € (Sommer), 60–105 € (Winter, je nach Teilsaison). Vorzügliche, günstige Übernachtungsmöglichkeit mit hervorragendem Frühstücksbüffet.

Haus Cascada, Anger 483, Tel. 2817, www.lech-zuers.at/cascada, Preise schwankend, je nach Jahreszeit (ab 54 € p.P.), siehe Website.

Pension Walkerbach, Nr. 28, Tel. 2519, www.walkerbach.at, Preise saisonal schwankend (ab 72 €/DZ), s. Webseite.

Café und Restaurant Fritz, Nr. 369, Tel. 2650-0, www.cafe-fritz.at, p.P. im DZ 38–45 € (Sommer), 68–90 € (Winter).

Flexenhäusl, 6763 Zürs Nr. 286 (auf der Passhöhe), Tel. 4143. Zweifellos eine der besten Einkehrmöglichkeiten um Lech und Zürs, sehr gutes Preis-Leistungs-Verhältnis.

Restaurant Ambrosius-Stübli, Ambrosiuspassage 229 (gleich neben der Rüfikopfbahn), Tel. 4193. Hübsche, rustikale Einkehrmöglichkeit mit hervorragender Gastronomie und ausgezeichnetem Preis-Leistungs-Verhältnis.

s'Achtele, Zug 525 (westlich, außerhalb von Lech), Tel. 3937, www.staefeli.at. Feines Weinlokal mit guter österreichischer Küche.

Museum Huber-Hus, Dorf 26, Tel. 2213-36, www.lech.eu/gemeinde und www.gemeinde.lech.at, Di, Do und So 15–18 Uhr, Mai/Juni sowie Okt. und Nov. geschlossen; Führungen jedoch stets nach Voranmeldung möglich. Mobiliar, Hausrat aus mehreren Jahrhunderten, Wohnstuben aus der Zeit um 1900 sowie historische Küferwerkstatt.

Walsermuseum im Feuerwehrhaus (Ortsausgang Richtung Stubenbach), Tel. 2161-0 und 2935, Mo, Mi und Fr 15–18 Uhr, Sonderführungen nach Vereinbarungen. Geschichte von Lech und der hiesigen Walsergemeinde.

Lecher Sommerbahnen, Tel. 2332-0, www.skiarlberg.at.

Heli-Skiing (Info beim Touristenbüro oder unter www.wucher.at). In Lech kann man mit dem Hubschrauber auf den Mehlsack oder das Schneetäli (beide um 2500 m) fliegen und von dort mit den Ski in etwa einer Stunde wieder zurück nach Lech brettern.

Tannberg

Die Lechtalstraße von Lech abwärts bis Warth ist im Winter oftmals wegen Lawinengefahr gesperrt. Lech und Zürs sind daher in dieser Jahreszeit nur über den Flexenpass erreichbar, wobei es auch hier zu Sperrungen kommen kann. Die Lechtalstraße führt nun durch die Gemarkung Tannberg, wie heute seitens der Tourismusverbände das Gebiet zwischen Lech, Schröcken und Warth genannt wird, und verbindet Lech und

Zürs mit dem hinteren Bregenzerwald. Der Lech hat sich hier entlang der Straße eine teils recht schmale Rinne in den Fels gegraben, die überzeugend nachvollziehbar macht, warum es hier witterungsbedingt sehr gefährlich werden kann.
Überhaupt ist die Nordostecke Vorarlbergs ein ganz besonderes Ländchen. Sie ist landschaftlich abwechslungsreich, abseits des großen Lech-Zürser-Tourismus gelegen, doch von dort nur wenige Kilometer entfernt. Kleine Bergseen wie der **Körbersee**, gewaltige Senken wie der Kessel von Schröcken, Moorlandschaften oder schroffe Kalk- und Konglomeratmassive schaffen eine Vielfalt auf kleinem Raum, wie es in Vorarlberg nicht häufig ist.

Warth

Warth (1495 m) ist eine der höchstgelegenen ständig bewohnten Siedlungen Vorarlbergs und wird mit seinem Umland sehr oft schon zum Bregenzerwald gerechnet. Doch geographisch endet dieser am westlich gelegenen Hochtannbergpass (1676 m) und dem Ort Schröcken. Warth liegt nahe der Tiroler Grenze und ist genau wie Lech im Sommer und Winter ein viel besuchter Touristenort. Von hier verläuft die durch das Tal der Bregenzerach über den Hochtannbergpass heraufkommende B 200 ostwärts entlang des Lechs nach Reutte in Tirol. Majestätisch überragt der 2599 Meter hohe Biberkopf den Ort, ihm zur Seite recken sich nicht minder imposant der Grüner (1909 m) und der Haldenwanger Kopf (2002 m), der Hausberg Warths. Zumindest der Biberkopf ist nicht ohne weiteres zugänglich und erfordert besondere Ausrüstung.

▶ Karte S. 168

Durchaus empfehlenswert ist von Warth der nicht allzu anstrengende Aufstieg zum **Schrofenpass** (1687 m), von dort westwärts über die Haldenwanger Alpe und die Trifthütte wieder hinab nach Warth. Am markanten Karhorn, diesen Bergen gegenüber, gibt es einen **Klettergarten**, doch benötigt man schon erhebliche Kondition, um ihn zu erreichen.

Über den Hochtannbergpass nach Schröcken

Von Warth aus steigt die B 200, deren Teilstück Schröcken - Warth ebenfalls im Winter gesperrt ist, bis zum Hochtannbergpass (1700 m) empor. Durch den 170 Meter langen Holzbodentunnel, der mit einer 1150 Meter langen Galerie verbunden ist, erreicht man zunächst die **Holzboden-Alpe**. Von hier, vom Gasthof Jägeralm, gibt es eine Seilbahn (nur Sommerbetrieb) bis zum **Warther Horn** (2256 m), von dem man den nicht ganz ungefährlichen Aufstieg weiter zum **Karhorn** machen kann.
Etwas weiter liegt **Hochkrumbach**, das in den 1970er Jahren fast aufgegeben war, sich inzwischen jedoch dank des Tourismus aufs beste erholt hat. Hochkrumbach (1666 m) wie auch das ganze Krumbachtal werden im Norden vom mächtigen Widderstein (2533 m) überragt, der gleichsam das Kleine Walsertal nach Süden hin abschirmt, während von Osten her der Biberkopf aufmerksamer Wächter der Szenerie bleibt.

■ Wanderungen um den Hochtannbergpass

Nahe der Hochkrumbacher Bushaltestelle führt nordwärts, am Westufer der Bärguntbachs, ein Weg empor, der sich

Schneebedeckter Hochtannbergpass

bald gabelt und unterhalb des Hochalppasses über den Höfergrat zur **Höferspitze** (2131 m) führt. Von dort fällt das Gelände sehr steil nach Schröcken hin ab. Dieser Wiesenhang wurde aber, heute kaum vorstellbar, jahrhundertelang zur Heuernte genutzt. Die Wanderung erfordert etwas Kondition, bietet aber vom Höfergrat aus herrliche Bergsichten hinüber zur Braunarlspitze (2649 m) und Richtung Biberkopf, sollte jedoch bei Nässe nicht gemacht werden. Für den Hin- und Rückweg sind etwa dreieinhalb Stunden anzusetzen.

Wer sich an der erwähnten Gabelung rechts hält, gelangt über den Hochalppass hinüber ins **Bärgunttal** und letztlich nach **Baad** ins Kleine Walsertal. Es ist die gleiche Route, die vor über 700 Jahren die Walser nahmen, als sie ins heutige Kleine Walsertal einwanderten. Als Wanderung kann aber diese Route zumindest von Hochkrumbach aus nicht unbedingt empfohlen werden, da es nach dem Pass doch über die Bärgunthütte über 700 Meter hinab geht und dieser Höhenunterschied bei der Rückwanderung wieder kräftezehrend überwunden werden muss. Zwar könnte man an der Ostseite des Widderkopfes über die Gemstelalm und die Widdersteinhütte zurück nach Hochkrumbach gelangen, doch erfordert dies erhebliche Zeit, was über eine Tageswanderung hinausgeht.

Eine bequemer Spaziergang dagegen ist die Wanderung zum **Körbersee** (1662 m), wo ein Pflanzenschutzgebiet besteht. Der Weg beginnt an der Bushaltestelle am **Kalbelesee** (knapp zwei Stunden hin und zurück).

Die Hochtannbergpassstraße

Der Hochtannbergpass selbst wird von einem **Friedenskreuz** bekrönt. Der Weg von Westen zu ihm ist ein kurvenreicher, alter Säumerweg und auch die Route der Walserbesiedlung. Aber erst seit 1953 ist die Hochtannbergstraße befestigt und mit Lawinenschutzbauten versehen. Die extrem kurvenreiche und schmale Teilstrecke nach Neßling wurde erst in jüngster Zeit durch eine völlig

▲ Karte S. 168

Der Körbersee mit Blick auf den Widderstein

Pfarr- und Gemeindehaus in Schröcken

neue Trasse ersetzt. Dabei wurden acht Brücken und zwei Tunnel gebaut. Die Hochtannbergstraße ist die dritte der großen Panoramenstraßen Vorarlbergs nach der Silvretta-Hochalpenstraße und der Flexenstraße. Vom Hochtannbergpass windet sie sich in maximal 14 Prozent Gefälle hinab nach Schröcken.

Schröcken

Schröcken (1269 m) ist wie alle Orte des oberen Bregenzerwaldes eine Walsergründung aus der Zeit um 1320. 1863 wurde es durch einen Brand völlig vernichtet. Die Kirche blieb in den Mauern stehen, erhielt aber anstelle der barocken Turmhaube eine neugotische Spitze. Innerhalb der traditionellen Bauweise findet man hier die sogenannten **Paarhofe** mit separaten Wohn- und Wirtschaftsgebäuden: Bei Lawinenstürzen sollte nicht der ganze Hof auf einmal zerstört werden. Im 19. Jahrhundert war der Reiseschriftsteller Ludwig Steub von Schröcken mehr als fasziniert: »Ein enger, steiler Bühel, auf dem die Kirche, der Pfarrhof und das Wirtshaus stehen, auf einer Landzunge zwischen lauten Bergwassern, die in die Tiefe rauschen, grausige Winde, die aus diesen abgeschrofft emporsteigen bis zu den Schneefeldern, die einem fast übers Haupt herein hängen ... in der Höhe überall Zerrissenheit und Zerklüftung, Schnee und Eis, unten in der Schlucht enge waldige Wildnis – das ist Schröcken. Unter allen Landschaften, die in den Tiroler Alpen zu sehen sind, ist keine bewohnte, die es dieser an schauerlich wilder, beängstigender Schönheit gleich tut.« Gilt dies mit kleinen Einschränkungen nicht auch heute noch? Hier, im Quellgebiet der Bregenzerach, beginnt geographisch nun der Bregenzerwald.

Tannberg, Warth und Umgebung

Tourismusverband Tannberg, www.tannberg.info.

Tourismusverband Warth-Schröcken, Tel. 05583/35150 (Büro Warth), 05519/2670 (Büro Schröcken), www.warth-schroecken.com.

Gasthof Tirolerhof, Dorf 10, 6767 Warth, Tel. 05583/2867, www.warth.tv, p.P. im DZ um 50 €.

Berghotel Körbersee, 6888 Schröcken 75, Tel. 05519/265, www.koerbersee.at, p.P. im DZ 35–43 € und 62–85 € (Haus Schneestern). Zufahrt am östlichen Ortsende von Schröcken.

Abenteuerpark Schröcken, Tel. 0664/25252000, www.abenteuerpark.net, So, Di und Do 9–18 Uhr. Mit 14 Seilparcours und einer Flying-Fox-Bahn von 140 Meter Länge, vielbesucht.

Alpinschule Widderstein, 6767 Warth 56, Tel. 0660/2149207, www.alpinschulewiderstein.com. U.a. Ski- und Biketouren.

Wer den Bregenzerwald durchwandert, durchkostet die ganze Stufenleiter der Alpennatur: vom anmutigen Idyll eines grünen Hügellands bis zu den ergreifenden Bildern einer Hochgebirgslandschaft, die sich hin bis zur Bergeinsamkeit von Schröcken entwickelt.

Ludwig von Hörmann, 1895

Der Bregenzerwald

Parallel zur deutschen Grenze, vom Pfändermassiv bis zum Hochtannbergpass, erstreckt sich der Bregenzerwald. Der Name ist etwas irreführend, denn das Gebiet hat wenig mit der Landeshauptstadt zu tun, ist keineswegs ihr Stadtwald und vor allem nur auf einem Viertel der Gesamtfläche bewaldet. Auf einer Fläche von etwa 40 mal 20 Kilometern nimmt der Bregenzerwald etwa ein knappes Drittel der Gesamtfläche des Bundeslandes ein. Wichtigstes morphologisches Element ist die Bregenzerach, deren Einzugsgebiet der Bregenzerwald darstellt. Sie entspringt am Ostsaum der Mohnenfluh im Lechquellengebirge in etwa 2200 Metern Höhe, fließt in nordwestlicher Richtung und mündet westlich von Bregenz in den Bodensee, wo sie die Schwemmzunge des Kniehorn aufschüttet. Zwar konnte sie sich besonders im Oberlauf tief in das Gestein einfräsen, doch zwingt sie dessen Widerstandskraft zu zahllosen Windungen.

Man teilt den Bregenzerwald in den Hinterwald, etwa zwischen Bezau und dem Hochtannbergpass gelegen, den

Der Bregenzerwald

Mittelwald, etwas abseits der Ache gelegen und von Bezau bis um Alberschwende reichend, und den Vorderwald, von der Mündung aufwärts bis zum Dorf Egg, wo die Subersach von Osten her mit der Ache zusammenfließt. Der Hinterwald hat somit stark alpinen Charakter, der Mittelwald und Vorderwald sind größtenteils von verbreiterten Talauen geprägt. Kein Wunder, dass dieses auf den Charakter der Bewohner abgefärbt hat, wie es Ludwig von Hörmann 1895 in seinen ›Wanderungen durch Vorarlberg‹ feststellte: »Der Vorderwald ist heiterer, die Matten lachender ... Dieser Landschaft entspricht auch der redselige, offene Charakter des Vorderwälders, während der Hinterwälder mehr bedächtig, wortkarger und verschlossener ist, entsprechend dem mehr ernsten Typus der Gegend.« Der nördliche Teil des Bregenzerwalds um Hittisau und Sibratsgfäll fällt etwas aus dieser historischen Gliederung heraus, wird aber im vorliegenden Buch dem Vorderwald zugeschlagen.

Zur Zeit der Landnahme erstreckten sich im Hinterland von Bregenz tatsächlich weitläufige, undurchdringliche Bergwälder. Holz wurde so zu einem der wichtigsten Handelsgüter Vorarlbergs. Gegen 1830 war Holz neben der Textilproduktion das bedeutendste Exportgut. Auf Flößen erfolgte der Holztransport die Ache hinunter zum Bregenzer Hafen. In den Jahrhunderten ihrer Anwesenheit im Bregenzerwald erweiterten die Walser die Milchwirtschaft insofern, dass der Bregenzerwald zur großen Käserei des Landes wurde, insbesondere verstärkt durch hier zugewanderte Appenzeller aus der Schweiz. Umgekehrt zogen viele Wäldler dorthin, um selbst die Kunst des Käsemachens zu erlernen. Vor allem nach 1785, als die Säumerwege

Idylle im Lechnertal

endlich durch richtige Fahrstraßen ersetzt wurden, blühte das Käsegeschäft auf. Es entstanden große Käsehandelshäuser wie das des Gallus Moosbrugger in Schnepfernau. Doch konnten weder Vieh-, Holz- noch Milchwirtschaft das Land je ausreichend ernähren. Teuerungen wie besonders nach 1815 verschärften die Lage. Zeitweise wurde zum Zugewinn zu Hause gestickt und gestrickt, doch mussten viele Wäldler als Saisonarbeiter, um ausreichend Geld für die Familie erwerben zu können, im Frühjahr die Heimat verlassen; sie kehrten erst im Herbst wieder. Ein Bauernhof normaler Größe konnte oft nur einer geringen Zahl von Bewohnern Brot geben, doch waren meist viele Kinder zu versorgen. Vor allem konnte ja nur ein Sohn den Hof erben. Die anderen waren daher gezwungen, ihr Heil in der Fremde zu suchen. So waren während des Sommers viele Bauernsöhne als Zimmerleute, Steinmetze und vor allem als Baumeister auswärts tätig. Und auch viele Kinder waren dabei, die einfache Arbeiten bei den reichen Bauern in Schwaben verrichteten.

Das Montafon und der Bregenzerwald waren in der zweiten Hälfte des 19. Jahrhunderts Vorarlbergs ärmste Regionen. Die Ache entlang zogen die Menschen zum Bregenzer Bodenseehafen, wo sie sich nach Friedrichshafen einschifften, oder sie wanderten direkt zu den ›Kindermärkten‹ nach Ravensburg oder Wangen. Während in Tirol schon vor dem Ersten Weltkrieg das ›Schwabenkinderwesen‹ durch die Politik verschwunden war, wanderte man aus Vorarlberg noch in den 1930er Jahren nach Schwaben zur Gelegenheitsarbeit hinüber.

Seit alters her besaßen die Bewohner des Bregenzerwaldes verbriefte Sonderrechte, die sie nach der Einwanderung durch die besondere Erschwernis der Siedlungs- und Kolonisationsarbeit in den damals wilden Bergtälern erlangt hatten. Sie konnten sich in einer ungewöhnlichen Form von Bauernrepublik selbst verwalten, wobei ihnen ein gewählter ›Landammann‹ vorstand. Die ›Wälder‹ hatten unter anderem eine eigene Gesetzgebung, eigene Gerichtsbarkeit, eigene Gewichte und Maße. Das Hochgericht verhandelte in Egg, in Andelsbuch erfolgte die Wahl des Landammanns, und auf der Bezegg, einem Hügel nördlich von Bezau, erfolgte die Gesetzgebung. Es ist klar, dass sich durch diese Verhältnisse besonders freiheitsliebende Menschen entwickeln konnten. Insbesondere bildeten die Frauen ein starkes Selbstbewusstsein aus; einerseitss durch die erwähnten sozialen Gegebenheiten und andererseits dadurch, dass während der Sommerzeit, wenn die meisten Männer auswärts zur Arbeit weilten, der ganze bäuerliche Betrieb und dessen Funktionieren in den Händen der Bäuerinnen lag. Sie beschreibt Ludwig Steub 1874 als »hohe, kernhafte Gestalten mit braunen, sturmfreien Angesichtern voll Weisheit und Welterfahrung« und versteigt sich am Schluss sogar bezüglich der Charakterisierung des gemeinschaftlichen Lebens in Dorf und Familie zum Begriff »Gynäkokratie«.

▲ Karte S. 184

Die Bregenzerach zwischen Mellau und Bezau

Der Hinterwald

Von Schröcken abwärts ist die Hochtannbergstraße zwar weniger kurvenreich, aber noch von hohen Hängen gesäumt und verhältnismäßig schmal. Tunnel und Galerien sind zum Lawinenschutz errichtet. Wer ein ganz unberührtes Stückchen Bregenzerwald erleben möchte, steigt von Oberboden am westlichen Ortsrand von Schröcken (1210 m) hoch zur **Wanne-Alpe** (1710 m). Für den Hin- und Rückweg auf gut gekennzeichneten Wegen benötigt man etwa dreieinhalb Stunden. Leider gibt es entlang des Steigs keine Einkehrmöglichkeit, dennoch lohnt diese Wanderung, die nur an einigen Stellen etwas steiler ist, wegen der idyllischen Landschaft.
Etwa zwei Kilometer westlich von Schröcken, am Parkplatz an der Schandelstobel, verläuft der Wanderweg hoch zum **Schadonapass** und zur Biberacher Hütte, von wo man hinab ins Große Walsertal steigen kann. Als nächste Siedlung wird flussabwärts Hopfreben passiert, wo es einst eine heilkräftige Schwefelquelle gab. Hinter der Siedlung verbreitert sich das Tal der Bregenzerach. Schoppernau kommt in Sicht, überragt vom Diedamskopf (2080 m).

Schoppernau und der Diedamskopf

Schoppernaus Name kommt von ›schapernouw‹, Schafaue. Zwar kam das Dorf nie zu großem Reichtum, doch leistete man sich schon 1710 die verhältnismäßig große Dorfkirche **St. Philipp und Jakob**. Sie wurde 1956 sogar vergrößert. An der Südwand des Chors erinnert ein Relief an den größten Dichter Vorarlbergs, Franz Michael Felder. Ein **Museum** im neuen Kulturzentrum und Gemeindeamt erinnert an ihn. Das Haus zählt übrigens zusammen mit der Feuerwache zu den herausragenden Beispielen jener typischen vorarlbergischen Holzarchitektur, die moderne Formen und traditionellen Gehalt auf das Individuellste zu verbinden versteht.

Altes Walserhaus in Schoppernau

Am westlichen Ortsrand von Schoppernau fährt im Sommer die **Diedamskopfbahn** auf den 2090 Meter hohen Berg und zum Panoramarestaurant. Es ist eines der schönsten und bequemsten Bergerlebnisse des Landes und der Diedamskopf daher einer der meistbesuchten Gipfel Vorarlbergs. Man kann zu ihm in etwas mehr als vier Stunden auch zu Fuß empor wandern. Bei guter Witterung reicht der Blick über den Bodensee bis hin zum 162 Meter hohen und 120 Kilometer entfernten Ulmer Münster. Um den Diedamskopf befindet sich auch ein wichtiges **Wintersportgebiet** (www.diedamskopf.at). Sehr empfehlenswert ist die Talwanderung vom Diedamskopf nach Schoppernau über die Breiten-Alpe und die Falz-Alpe. Mit viereinhalb Stunden ist man hier dabei.

An den erwähnten Alpen bestehen Einkehrmöglichkeiten.
Sehr lohnend ist trotz ihrer Länge und eines kurzen steilen Abschnitts auch die Wanderung zur 2135 Meter hohen **Üntschenspitze** östlich von Schoppernau. Ein Talblick der Extraklasse erwartet die Wanderer. Doch sollte man für den Hin- und Rückweg acht Stunden einplanen und den Weg nicht bei Nässe begehen.

Franz Michael Felder

Franz Michael Felder ist außerhalb Vorarlbergs kaum bekannt, doch dort ehrt man ihn als einen großartigen Mann, der sein Leben lang seinen Mitmenschen ein besseres Leben bereiten wollte. Franz Michael Felder kam am 13. Mai 1839 in Schoppernau zur Welt und konnte nur ein kurzes und wenig glückliches Leben genießen. Durch einen medizinischen Kunstfehler verlor er ein Auge. Felder schrieb sozialkritische Erzählungen und Romane – ›Reich und arm‹ (1868), ›Die Sonderlinge‹ (1867) – mit deutlicher antiklerikaler Tendenz, was ihn in Kirchenkreisen sehr unbeliebt machte. Felder bemühte sich weiterhin um die sozialen Probleme der Bergbauern und gründete 1866 die ›Vorarlbergische Partei der Gleichberechtigung‹, die sich ausschließlich dem ›Wohl der arbeitenden Bevölkerung‹ widmen sollte. Er kämpfte für bessere Arbeitsbedingungen in der Milchwirtschaft und gründete einen Käsevertriebsverein, um das Handelsmonopol der lokalen großen Käsehandlungen, der ›Käsgrafen‹, zu brechen. Weiterhin rief er eine Viehversicherungsgesellschaft ins Leben und veranlasste die Eröffnung der ersten Volksbibliothek in Österreich. Er wurde dennoch von vielen Bauern verkannt, weil er zu radikal mit allem Gewohnten, Tradierten und ›Gottgegebenen‹ brechen wollte. Von zu vielen Seiten angefeindet, stand ihm fast ausschließlich seine Frau Katharina Moosbrugger zur Seite. Als diese 1868 plötzlich starb, verlor Franz Michael Felder jeden Lebenswillen und starb am 26. April 1869 an, wie es hieß, ›gebrochenem Herzen‹.

Geburtshaus von Franz Michael Felder

▲ Karte S. 184

Die Kanisfluh

Über dem deutlich verbreiterten Tal der Ache erhebt sich hinter Schoppernau in majestätischer Pracht die Kanisfluh (2044 m). Sie beherrscht in ihrer isolierten Position das ganze Tal um Schoppernau und Au. Genau genommen besteht sie aus vier unterschiedlich hohen Teilgipfeln, von denen der höchste Holenke genannt wird. Die Kanisfluh besteht aus etwa 200 Millionen Jahre alten Jurakalken, gehört aber nicht den Nördlichen Kalkalpen an, sondern dem Helvetikum. Es ist verständlich, dass vor Jahrhunderten die gewaltige, charakteristische Form des Bergs den Bewohnern

Die sagenumwobene Kanisfluh

Furcht einflößte. Viele Sagen ranken sich um diesen wohl geheimnisvollsten Berg des Bregenzerwalds. Ein Riese Wirm soll ihn aus der Erde emporgehoben haben. Aber er war mit seiner Arbeit unzufrieden und stürzte sich voll Selbstzweifel vom Gipfel zu Tode. Auf dem Berg wurde er von anderen Riesen begraben, die ihm auch einen Grabstein setzen, die **Wirmsul** (Wirmsäule). Diese Säule existiert tatsächlich, sie ist ein etwa 30 Meter hoher, freistehender Felspfeiler auf halber Berghöhe an der Nordseite.

Von Au (790 m) aus erreicht man über den **Alpengasthof Edelweiß** (1495 m) in fünf Stunden den höchsten Punkt der Kanisfluh. Wer nur zum Alpengasthof möchte, benötigt aber auch drei Stunden. Der Rundblick wirkt von hier nicht so gewaltig wie vom Gipfel, das Felsenbollwerk aber ebenso übermächtig. Es lohnt die Übernachtung im Gasthof Edelweiß (Tel. 0664/4324840, Zufahrt für Gäste mit Pkw über die Straße Au–Damüls möglich, Mitte Mai bis Ende Oktober, www.alpengasthaus-edelweiss.at) wegen des grandiosen Sonnenaufgangs an der Kanisfluh, den man hier erleben kann.

Au

Au, zur Gemeinde Schoppernau zählend, zieht sich in einer Reihe mehrerer Ortsteile im Tal entlang und deutet so auf die Entstehung als altes Kolonistendorf hin.

Für die Kunstgeschichte ist Au bedeutsam, da hier mit der ›Auer Zunft‹ eine bedeutende Baumeistergilde entstand. Von etwa 1650 bis etwa 1800 hatte diese Zunft immer um 850 Mitglieder – nicht nur bloße Handwerker, sondern richtige Künstler –, die als Maurer, Zimmerer, Steinmetze und Stukkateure tätig waren, wobei der größte Teil der Handwerker in der Tat aus dem Bregenzerwald kam. Die Zunft wurde nachweislich 1650 von Michael Beer begründet und erst 1868 aufgelöst.

Um Au bestehen eine Fülle von einfachen und schönen Wandermöglichkeiten. Besonders sei hier die Region oberhalb der Kirche im Ortsteil Rehmen empfohlen. Vor allem der **Wasserfall** am Rehmenbach lohnt hier den Besuch. Zu ihm gelangt man vom Gasthaus Holand ganz oberhalb des Orts; das Schild ›Wika‹ zeigt den Weg zum Wasserfall an. Bis zum Gasthaus kann man mit dem Pkw fahren. Überhaupt hat man von den Talhängen auf dieser Seite herrliche Blicke auf die Kanisfluh. Mitte September ist an den Samstagen der Alpabtrieb durch das Achetal zwischen Schröcken und Au ein großes touristisches Ereignis.

Die **Argenbachschlucht** an der Straße zum Faschinajoch – Zugang am westlichen Rand des Ortsteils Argenzipfel in der Kurve der Hauptstraße – lohnt wegen ihres ›wildromantischen‹ Charakters und des Wasserfalls unbedingt einen Besuch.

Schoppernau und Au

Schoppernau Tourismus, Tel. 05515/2495, www.schoppernau.at.

Au Tourismus, Tel. 05515/2288, www.au-schoppernau.at.

Gästehaus Rüf, Lisse 404, 6883 Au, Tel. 05515/2096, www.tiscover.at/ruef, p.P. im DZ 23–25 € (Sommer), 24–26 € (Winter).

Gasthof-Hotel Hubertus, Bundesstr. 397, 6883 Au, Tel. 05515/2342, www.gasthof-hubertus.com, p.P. im DZ 31–41 € (Sommer), 38–48 € (Winter).

Camping Köb, Neudorf 356, 6883 Au, Tel. 05515/2331, www.campingaustria.at.

Franz-Michael-Felder-Museum im Kulturhaus Schoppernau, ganzjährig Mo 16–18, Do 9–11, Fr 17–19 Uhr und So 9.30–11.30 Uhr bzw. nach telefonischer Vereinbarung im Tourismusbüro, www.vorarlberg-museen.at bzw. www.schoppernau.at.

Damüls

Von Au führt eine schmale, serpentinenreiche und verhältnismäßig steile Straße über 18 Kilometer durch das Argental hoch zum Faschinapass und danach hinunter ins Große Walsertal. Etwa zwei Kilometer unterhalb des Passes, oberhalb dieser Straße am Weg zum Furkajoch, liegt Damüls. Es zählt als wichtiger Wintersportort und ist ziemlich genau der geographische Mittelpunkt Vorarlbergs. Hier befand sich einst eine der abgelegensten, schwerstzugänglichen und ärmsten Regionen Vorarlbergs. Denn auf 1420 Metern Höhe gedeiht kein Getreide mehr; es musste durch Lastenträger, die meist die Bewohner selber waren, von Rankweil über das Furkajoch hinaufgeschafft werden. »Wir wohnen sieben Stunden hinter Gott erbarm«, beschrieb im 19. Jahrhundert ein Damülser seinen Ort. Und in der Tat war es in jenen Jahren nicht leicht, in die 1313 gegründete Walsersiedlung zu gelangen. Zum sonnigen Rheintal hin muss erst das Furkajoch (1760 m) überwunden werden, zum Tal der Bregenzerach um Mellau versperrt die Mittagsspitze den Weg, und zum Großen Walsertal verhindert das Faschinajoch den Zugang. Der Weg nach Damüls durch das wenig besiedelte Argental ist erst in den Jahren nach dem Zweiten Weltkrieg befestigt worden, und hinunter ins Große Walsertal wurde die Straße erst 1985 für den Kraftwagenverkehr nutzbar gemacht. Im Winter ist der Schneereichtum um Damüls legendär: 2006 erhielt der Ort den Titel des ›schneereichsten Dorfes der Welt‹, in dem pro Wintersaison insgesamt fast zehn Meter Neuschnee fallen.

Das ansonsten recht kleine Damüls wartet mit einer kunsthistorischen Beson-

▲ Karte S. 184

derheit auf. Die 1484 erbaute **Nikolauskirche** ist äußerlich bescheiden, und es fällt auf, dass ihr Turm schräg angefügt ist. Großartig aber ist der Bilderreichtum im Inneren. An der Holzfelderdecke finden sich Malereien, die unter anderem Marias Himmelfahrt darstellen. Die Wappen der Montforts und der Habsburger am Chor bezeugen die damals Herrschenden in Vorarlberg. Doch das Bedeutendste sind die Wandmalereien eines unbekannten Meisters aus der Zeit um 1500, die die Bibel nacherzählen. Sie kamen erst 1952 bei Renovierungsarbeiten ans Tageslicht. An der Nordseite, der Eingangsseite, wird in mehreren Bilderreihen die Passion Christi erzählt. Über dem Chorbogen ist das Jüngste Gericht dargestellt. Christus ist dabei von einer besonderen Aura, der Mandorla, umgeben. An der Südseite sind Werke der Barmherzigkeit dargestellt, wobei auffällt, dass sie die vorarlbergische Landschaft zum Hintergrund haben. Ungewöhnlich ist das sogenannte

Die Damülser Mittagsspitze

Pestkruzifix von 1640, das Christus mit Pestbeulen zeigt. Es ist auf dem sogenannten Pestaltar in der Ecke zwischen Eingang und Chorbogen aufgestellt, der entstand, nachdem 1630 eine Pest Damüls heimgesucht hatte, und bei der man als Dank die Kirche frühbarock umgestaltete. An der Südseite gibt es einen weiteren Altar, der dem heiligen Theodul, dem Schutzheiligen der Walser

Fresken in der Nikolauskirche zeigen die Passion Christi

gewidmet ist. Die Kirche zählt zu den sehenswertesten im ganzen Land.

Damüls wird von der **Damülser Mittagsspitze** (2095 m) überkrönt, die von Norden her über das Dorf wacht. Ihr Gipfel ist schwierig zu besteigen, doch kann man auf einer Wanderung von der Bergstation der Uga-Sesselbahn oder vom Berggasthof Uga-Alp an ihrem Fuß hinüber zum **Hochblanken** (2068 m) und zum **Ragazerblanken** (2051 m) und über das Sünserjoch zurück nach Damüls (fünf Stunden) die Mittagsspitze und die Landschaft drumherum in herrlichen Panoramablicken genießen.

Ausführliche Informationen: Damüls-Faschina Tourismus, Kirchdorf 138, 6884 Damüls, Tel. 05510/6200, www.damuels.at.

Von Schnepfau nach Schönenbach

Von Au geht es unterhalb der Kanisfluh im Achetal abwärts, bis zunächst Schnepfau (734 m) erreicht ist. Hier sei besonders die Wanderung zur **Alpe Rosenberg** (888 m) empfohlen, zu der man am besten gelangt, wenn man von der Kirche in Schnepfau über den Achdammweg hinab zum Ortsteil Hirschau mit seinen schöne Bregenzerwaldhäusern wandert und von dort zu ihr über eine Privatstraße emporsteigt und dann zurück nach Schnepfau geht. Es ist eine anspruchlose Wanderung für jedes Wetter, bei der man aber ständig direkt die Kanisfluh vor Augen hat und großartige Blicke auf sie gewinnt. Zwei bis drei Stunden sollte man Zeit mitbringen, Einkehrmöglichkeiten bestehen in Hirschau.

Eine abenteuerliche, enge und kurvenreiche Autostraße führt von Schnepfau über Schnepfegg nach **Bizau** mit seinen vielen historischen Häusern. In Bizau kam Gebhard Wölfle (1848–1912) zur Welt, Mundartdichter, Landwirt, Schreiner und Fotograf. Im Ortsteil Hütten muss man einmal auf der längsten **Sommer-Rodelbahn** der Welt gefahren sein. Sie ist 1850 Meter lang und hat 80 Kurven – ein großes Vergnügen (www.hirschberg.at)! Von hier führt auch die **Hirschberg-Sesselbahn** zum auf 1436 Metern gelegenen Panoramarestaurant am Fuß des 1834 Meter hohen Hirschbergs. Ein **Pflanzenlehrpfad** lädt hier zum Kennenlernen seltener Flora ein.

▲ Karte S. 184

Etwa 650 Meter unterhalb der Talstation der Hirschbergbahn biegt unscheinbar – und schlecht ausgeschildert – von der Hauptstraße in ziemlich spitzem Winkel ostwärts die mautpflichtige Straße nach Schönenbach an. Entlang dieses Wegs entfalten sich einige der schönsten Landschaftsbilder des Bregenzerwalds. Gut acht Kilometer sind es entlang des Bizauer Bachs bis zur alten **Vorsäß Schönenbach** (1026 m), wo die Straße endet. Vor dem Dorf gibt es einen Großparkplatz, die Einfahrt mit Privatfahrzeugen ist nicht gestattet. Hier gibt es viele Einkehrmöglichkeiten und eine kleine Käserei, wo man weithin bekannten Hartkäse erwerben kann.

Sehr lohnend ist von hier die einstündige Wanderung zur **Schneckenlochhöhle**. Doch Vorsicht: Sie ist nicht leicht begehbar. Man benötigt gute Schuhe und feste Kleidung (www.allgaeu-ausfluege.de/schneckenlochhoehle.htm).

Reuthe

Von Schönenbach weiter achabwärts passiert man zunächst Mellau und erreicht dann Reuthe. Es gilt als älteste Siedlung des Hinterwalds, da hier schon am Ende des 13. Jahrhunderts eine Kirche bestand. Die **Jakobuskirche** vom Anfang des 15. Jahrhunderts im Ortsteil Vorderreuthe fällt durch ihren Vierkantturm auf. Im Inneren ist der Freskenzyklus sehenswert, der unter anderem das Leben Maria zeigt. 1961 ist die Kirche durch einen betont schlicht im Stil jener Jahre gestalteten Anbau vergrößert worden, auch entstanden die Kirchenfenster mit abstrakten Motiven. Reuthe ist als Moorbad seit 1828 Ziel vieler Heilungssuchender. Im 19. Jahrhundert war es der bedeutendste Kurort Vorarlbergs. Nur ›gebildete Stände‹ fanden sich hier ein.

Bezau

Etwa anderthalb Kilometer abseits der B 200 und der Ache liegt Bezau, Sitz des Bezirksgerichts und seit alters Hauptort des Bregenzerwalds. Unweit befand sich zwischen den Erhebungen des Klausbergs und des Sattelbergs die ›Bezegg‹, wo bis 1807 das Rathaus stand, an dem der Landammann und sein Rat die Gesetze der ›Wälderrepublik‹ erließen und

Die Gedenksäule ›Bezeggsul‹ erinnert an das alte Rathaus

Im Innern der Jodokskirche

Didiese verwaltet wurde. Das ungewöhnliche dabei war, dass die Rathaushalle auf Säulen stand und nur durch eine Leiter erreichbar war. Die Leiter blieb während aller Beratungen weggezogen und wurde erst bei erlangtem Ratschluss wieder angelehnt, so dass niemand vor dem endgültigen Tagungsziel die Ratshalle hat verlassen können. Die **Gedenksäule** der Bezeggsul von 1871, exakt an der Postion dieser ›Halle‹, erinnert an die historische Bedeutung dieser Stätte für den Bregenzerwald. Beeindruckend ist die **Pfarrkirche St. Jodok**, die etwas zu groß geraten scheint. Sie wurde 1771 erbaut, jedoch abgerissen und 1908 in neobarocken Formen mit Einflüssen des Stils dieser Jahre neu gebaut.

Bezau war Endpunkt der Bregenzerwaldbahn, die 1902 eröffnet wurde und mit einer Streckenlänge von 35 Kilometern entlang der Bregenzerach verlief. Man erhoffte sich durch ihren Bau eine wirtschaftliche Stärkung des Gebiets und neue Arbeitsmöglichkeiten für die Bewohner. Auch sollten Touristen leichter in den Bregenzerwald gelangen können. Geplant war die Verlängerung bis Schoppernau, die aber nach dem Zerfall

Besondere Attraktion: Eine Fahrt mit dem ›Wälderbähnle‹

der Monarchie 1918 nicht realisiert werden konnte. Immer wieder zerstörten Hangrutsche, Felsstürze und Hochwasser die Trasse. Nach 1980 ruhte nach einer Kette von solchen Katastrophen einige Zeit der Betrieb, der dann 1983 vollends eingestellt wurde. Man kann aber immer noch auf dem Teilstück Bezau - Bahnhof Schwarzenberg mit einer historischen Dampf- oder Diesellok fahren. Dieses **Wälderbähnle** ist als Museumsbahn eine besondere Touristenattraktion (www.waelderbaehnle.at). Sie fährt von Ende Mai bis Anfang Oktober dreimal täglich die Strecke, für die sie 23 Minuten benötigt. Besuchenswert ist das **Bezauer Heimatmuseum** in einem alten Bregenzerwaldhaus an der Straße nach Reuthe im Ortsteil Ellenbogen. Es zeigt die übliche Einrichtung in Küche, Stube und Schlafkammer (›Gado‹), Trachten, Sitten und Gebräuche, sakrale Kunst und vieles mehr.

Die Wanderung von Bezau (650 m) ostwärts auf die 1383 Meter hoch gelegene **Wildmoos-Alpe** empfiehlt sich wegen des leichten Anstiegs. Man fährt zunächst mit der Bezauer Bergbahn empor zum Gasthof Sonderdach auf 1208 Meter, von wo man entweder zu der erwähnten Alpe (Einkehrmöglichkeit) oder überhaupt eine Rundwanderung um die sogenannte **Niedere** (1711 m) machen kann. Der Weg von der Bergstation der Seilbahn über die Wildmoos-Alpe und direkt zurück nach Bezau nimmt etwa vier Stunden in Anspruch.

Bezau und Umgebung

Bezau Tourismus, Platz 39, 6870 Bezau, Tel. 05514/2295, www.bezau.at.

Hotel Hubertus, Hinterbündt 315, 6881 Mellau, Tel. 05518/2306, www.hotel-hubertus.at, p.P. im DZ 37-40 € (Sommer), 40-64 € (Winter).

Naze's Hus, 6881 Mellau (Wirtshaus und Feinkostladen), Tel. 0650/2782690, www.nazes-hus.at, Wirthshaus Mi-Mo 9-22 Uhr.

Hotel Post, Brugg 35, 6870 Bezau, Tel. 05514/2207-0, www.hotelpostbezau.com, p.P. im DZ ab 150 €. Nobles, seit 160 Jahren bestehendes Traditionshotel, gleichzeitig auch Designerhotel.

Campingplatz Bezau, Ach 206, 6870 Bezau, Tel. 05514/2964, www.campingfuehrer.at.

Heimatmuseum Bezau, Tel. 05514/2295, Jul.-Sept. Di, Do und Sa 15.30-17.30, Mi 10-12 Uhr; Okt.-Jun. nur jeden Di 14 Uhr mit Führung.

Von Mitte Juli bis Mitte August jeweils Di um 20 Uhr jazzige und poppige Musik auf dem Marktplatz. Für das leibliche Wohl ist dabei bestens gesorgt (www.bezau.at/bezaubeatz).

▶ Karte S. 184

Der Mittelwald

Wenngleich es nicht möglich ist, gemäß altertümlicher Bezeichnungen die Position des Mittelwalds exakt zu bestimmen, so kann man doch grob sagen, dass er sich etwa von Bezau aus, wo die Talmulde der Ache sich plötzlich stark verbreitert, über Schwarzenberg und Alberschwende nach Nordwesten erstreckt und sich zum Vorderwald mit der Mündung der Subersach westlich von Lingenau abgrenzt. Keiner Burg, keinem Schloss und keinem Kloster begegnet man im hinteren und mittleren Bregenzerwald, dafür schönen Dörfern und Wälderhäusern in einsamer Waldesstille.

Andelsbuch

Die Siedlung Andelsbuch ist sehr alt. Der seliggesprochene Eremit Diedo begründete hier um 1060 ein Kloster, das aber nicht lange Bestand hatte. Denn die damals sehr unwirtliche Gegend ließ die Mönche nach wenigen Jahren in das mildere Klima am Bodensee wechseln, wo sie das Kloster Mehrerau gründeten. Andelsbuch war der Ort der Wahl des Landammanns. Jeder der drei oder vier Kandidaten stellte sich unter jeweils einer der auf dem Wahlanger befindlichen Eschen. Aus den Bewohnern der Region wurde dann eine nicht näher bezeichnete Zahl von Wahlmännern erkoren, die auf ein Zeichen in schnellem Sprint zu den von ihnen begünstigten Kandidaten unter die Eschen rannten. Der Bewerber, bei dem nach einer gegebenen Zeit mehr Personen zusammenstanden, war der Sieger dieser Wahl. Im Anschluss erfolgte ein oft mehrere Wochen dauerndes Volksfest, für das der neue Landammann finanziell aufkommen musste. Doch wiederholt war mancher Gegenkandidat nicht mit dem Wahlsieger einverstanden. Am 12. November 1741 wurde etwa ein neugewählter Ammann unmittelbar nach der Wahl in seinem Haus durch das Fenster erschossen.

Bedeutendster Andelsbucher ist Jodok Fink (1853–1929), nach 1890 fast 30 Jahre lang Abgeordneter im Bregenzer Landtag. 1916 war er in der letzten Phase der Monarchie als eine Art Ernährungsminister tätig, dem es gelang, die materielle Not der Bewohner der Alpenregionen einigermaßen zu lindern. 1919/20, in der Ersten Republik, war er in der Regierung Karl Renners Vizekanzler von großem diplomatischen Können. Nach seinem Tod wurde in Wien ein Platz nach ihm benannt.

In der **Peter-und-Paul-Kirche** von Andelsbuch ist der Eremit Diedo vor dem Altar beigesetzt. Vor der Kirche steht ein ungewöhnliches Kriegerdenkmal von 1929. Denn es zeigt einen Soldaten, der von seiner Frau und seinem Kind flehentlich gebeten wird, nicht in den Krieg zu ziehen. Gleich daneben gedenkt man mit einem Stein der Opfer der NS-Euthanasie von Andelsbuch. Haus-Nr. 143 gleich rechts neben der Kirche ist das **Pfarrhaus**, ein sehr schönes Beispiel eines großen Wälderhauses.

Das Andelsbucher Pfarrhaus

Am südlichen Ortsrand steht am Acheufer das denkmalgeschützte **Kraftwerk** von 1908 mit seinem Stufengiebelbau. Mit der damaligen Leistung von 10 000 PS war es das größte Elektrizitätswerk Österreichs. Führungen gibt es von Mai bis September jeden Donnerstag um 10 Uhr; der Eintritt ist frei (www.andelsbuch.at).

Ein hervorragendes Beispiel moderner Holzarchitektur ist das **Rathaus** von 2003, das sich mit seiner Stahlstützenkonstruktion des Tagungssaals in bewusster Tradition an das alte Rathaus der Wälderrepublik auf der Bezegg anlehnt. Eine außergewöhnliche architektonische Schöpfung ist die **Kapelle** auf der Niedere-Alpe von 2009. Sie wurde auf einem Steinfundament aus bloßem Holz gebaut und besitzt keine Fenster. Ihr Licht empfängt sie von einem schmalen Schlitz mit Glasscheibe, der zwischen Altar- und Längswand verläuft. Ein Kreuz von blauem Glas ist an der Stirnseite angebracht. Der Bau ist trotz seiner Schlichtheit von berührendem Zauber und wurde mit dem Bauherrenpreis des österreichischen Architektenverbandes ausgezeichnet.

Schwarzenberg

Mit seiner Fülle an historischen Wälderhäusern steht Schwarzenberg an der Spitze Vorarlberger Dorfromantik. Viel von der wunderbar filigranen Ornamentik an den Häusern stammt noch aus dem 18. Jahrhundert, viel ist aber originalgetreu erst in den letzten Jahrzehnten entstanden oder wurde nachgebaut, wie es auch für die Dachschindeln gilt. Der samtene, warme Braunton der Wälderhäuser ist dabei für deren Architektur besonders charakteristisch. Besonders sehenswert sind hier der **Gasthof zum Hirschen** und der **Gasthof zur Post**. Am

Gemeindeamt und Kirche in Schwarzenberg

Kirchplatz steht das **Tanzhaus**, auch Tanztenne genannt, die letzte ihrer Art, die im Bregenzerwald erhalten blieb. Wie in ähnlichen Anlagen aus dem Montafon wurde hier früher in erster Linie Gericht gehalten und getagt, doch danach spielte man zum fröhlichen Tanz auf.

Mitte September, beim Viehabtrieb von der Alpe, wird in Schwarzenberg mit der ›Viehscheid‹ ein großes Fest begangen. Reich geschmückte Tiere mit Senner und Sennerinnen ziehen durch das Dorf, wo sie vor der Kirche begrüßt und den Bauern übergeben werden. Der ›Älplerball‹ am gleichen Abend zählt zu den schönsten Traditionsfesten im Bregenzerwald. Am anderen Tag veranstaltet man einen großen Markt. Die Bewohner legen dann immer ihre schönsten Trachten an. Im Gasthaus zum Hirschen, einem repräsentativen Wälderhaus von 1757 am Marktplatz, weilte übrigens 1857 Eduard Mörike, der hier sich zur Erholung aufhielt. Ein weiterer prominenter Gast war Bayerns König Max II., der 1858 in Schwarzenberg weilte.

In der **Dreifaltigkeitskirche** liegt die selige Ilga (gest. 1115) begraben, Schwester des Andelsbucher Diedo (Rokokoschrein vor dem linken Seitenaltar).

▲ Karte S. 184

Vermutlich waren beide zusammen mit dem ebenfalls seligen Merbod Abkömmlinge der Grafen von Bregenz aus dem Geschlecht der Udalrichinger. Die 1755 abgebrannte **Kirche** entstand in nur zwei Jahren bis 1757 neu und wurde 1920 durch das sogenannte ›Weibertürmle‹ erweitert. Im Kircheninneren gibt es viele Malereien von Angelika Kauffmann, wie unter anderem das Hochaltarbild ›Krönung Mariä‹ von 1801. Auch eine Büste von 1809 erinnert an die große Vorarlberger Malerin.

Schwarzenberg ist in den Sommermonaten auch Austragungsort der Hohenemser Schubertiade (siehe dort), da die Vielzahl der Veranstaltungen nicht ausschließlich dort stattfinden kann. Südlich von Schwarzenberg, in Bersbuch im Tal der Bregenzerach, befindet sich Vorarlbergs größter **Hochseilgarten**, der über dem Fluss angelegt ist, auch Canyon Park genannt (Anf. Mai bis Mitte Oktober Mi–Fr und So 12–17 Uhr, letzter Einstieg jeweils 14.30 Uhr, www.aktivzentrum.at).

Egg

In der Gewaltenteilung der historischen Wälderrepublik war Egg Sitz der Judikative. Seit 1400 befand sich hier das Hochgericht, und seit 1750 gilt es als zentraler Schulort. Egg liegt am Knotenpunkt wichtiger Wege und ist neben Bezau der wichtigste Ort im mittleren Bregenzerwald. In Egg nahm sich der vormalige Gauleiter von Württemberg-Hohenzollern, Wilhelm Murr, am 14. Mai 1945 zusammen mit seiner Frau durch Gift das Leben. Er war am 19. April aus Stuttgart geflohen und wurde am 13. Mai von den Franzosen in einer Almhütte bei Schröcken festgenommen. Ausgestattet mit falschen Papieren, wurde er als Walter Müller beigesetzt. Untersuchungen konnten erst ein Jahr später klären, wer dieser Mann wirklich war. Bei einer Exhumierung konnte Murrs früherer Zahnarzt die tatsächliche Identität des Walter Müller feststellen.

Die selbstgemachten Käsespezialitäten im Egger **Gasthaus Löwen** sind legendär. Keinesfalls sollte man daher dort eine Einkehr unterlassen. Überhaupt zieht sich durch den Bregenzerwald eine **Käsestraße** (www.kaesestrasse.at). Sie ist keine Straße im herkömmlichen Sinn, sondern ein Zusammenschluss von Sennereien, Käsewirten und Bauernhöfen mit Käseverkauf. Von Mitte September bis Ende Oktober feiert man im Bregenzerwald den Käseherbst in den verschiedensten Orten der Region mit vielen

Winter in Großdorf/Egg

Angelika Kauffmann – Malerin der Empfindsamkeit

Angelika Kauffmann, Selbstporträt

Sie war in ganz Europa bekannt und berühmt und eine der ungewöhnlichsten Frauen ihrer Zeit, Malerin und Geschäftsfrau und betrieb mit ihrem Mann in Rom eine Kunsthandlung: Angelika Kauffmann. Sie genoss besonders als Porträtistin überragenden Ruf und war als ›Dichterin mit dem Pinsel‹ angesehen. Die ›Empfindsamkeit‹ der zweiten Hälfte des 18. Jahrhunderts, wie sie sich auch beispielsweise in der Lyrik Höltys oder Gleims zeigt, wird heute oft als bloße Glätte, gar Kitsch angesehen. Kauffmanns Malkunst ist von dieser Wertschätzung heute nicht frei geblieben. Doch es gelang ihr, eine besondere Darstellungsform zu entwickeln, die sich durch eine betonte weibliche Sehweise auszeichnet. August Wilhelm Schlegel meinte dazu ironisch: »Ihren Jünglingen sieht es aus den Augen, dass sie gar zu gerne einen Mädchenbusen hätten und womöglich auch solche Hüften.«

Die Familie des Vaters, der Freskenmaler war, stammte zwar aus Schwarzenberg, doch Angelika kam im schweizerischen Chur zur Welt, am 30. Oktober 1741. Sie wuchs in Como und Mailand auf, wo ihr Vater Anstellungen hatte. Schon mit sechs Jahren galt sie als Wunderkind des Zeichenstifts, und da der Vater beruflich in ganz Norditalien herumreiste, kam sie von früh an mit Malerei und Architektur, überhaupt mit allen Fragen der Kunst und der künstlerischer Techniken in Berührung. Nach dem Tod der Mutter zog sie mit dem Vater im Sommer 1757 in das väterliche Haus in Schwarzenberg, wo gerade die abgebrannte Kirche neu entstand. Angelika malte für das Gotteshaus unter anderem 13 Halbfiguren der Apostel und später den Hochaltar. Nach 1759 war sie in ganz Europa unterwegs, da sie von überall her Aufträge erhielt, aus Italien, Österreich, der Schweiz und England. 1767 heiratete sie den angeblichen Grafen Frederick de Horn, der aber als Heiratsschwindler mit ihrem Geld durchbrannte. Sie war 1768 eines der beiden weiblichen Gründungsmitglieder der Royal Academy of Arts. 1781 heiratete sie den Maler Antonio Zucchi (1726 – 1795), der auch ihr Manager wurde. Nach dem Tod des Vaters 1782 zogen Angelika und Antonio nach Rom. Ihr Haus wurde zum Salon der Künstler und auch der Aristokratie. Unter anderem Kaiser Joseph II., Anna Amalia von Sachsen-Weimar, Karl Philipp Moritz, Johann Wolfgang von Goethe und Johann Gottfried Herder waren dort zu Gast. Goethe fragte Angelika Kauffmann bei vielen seiner Werke um ihre Meinung, Herder würdigte sie als »kultivierteste Frau Europas«. Als ihr Mann 1795 gestorben war, zog sich die Mittfünfzigerin aus der Öffentlichkeit zurück. Angelika Kauffmann starb am 5. Oktober 1807 und wurde in der Kirche Sant'Andrea delle Fratte in Rom beigesetzt. Als Porträtistin, die einen empfindsamen und gefälligen Stil pflegte, zählt sie zu den wenigen Malerinnen, die sich in der Kunstgeschichte vor 1900 einen Namen machen konnten.

Festveranstaltungen, Käsedegustationen und Musikalischem.
Wer eine kleine Wanderung um Egg machen will, dem sei der Weg über den Ortsteil Großdorf (hier schönes altes Landammannhaus) durch den Tobel des Schmittenbachs empfohlen, empor nach Ebenwald und von dort wieder zurück nach Egg. Etwa zweieinhalb Stunden benötigt man für die nicht übermäßig anstrengende Tour. In Großdorf gibt es auch Einkehrmöglichkeiten.

Alberschwende

Dieser Ort ist seit alters das westliche Einfallstor in den Bregenzerwald. Der Sage nach soll hier 1120 der selige Merbod erschlagen worden sein, Bruder von Diedo und Ilga – der anderen beiden der ›drei seligen Geschwister‹ des Bregenzerwalds. Er war in der Alberschwender Gegend als Missionar unterwegs. Aus seiner Zeit stammt die über 900-jährige **Dorflinde**. Dort, wo er den Tod gefunden hatte, ist in der Ortsmitte 1742 die im Innern neoromanische **Wendelinskapelle** (Merbodkapelle) erbaut. Sie fällt durch ihren geschindelten Glockenturm mit Zwiebelhaube auf. Merbods Gebeine befinden sich vor dem linken Seitenaltar neben einer Quelle. Ein beeindruckendes Votivbild bildet die Geschichte des seligen Manns ab. Über der Quelle befindet sich eine wundertätige barocke Heiligenstatue. Ein anderer Mensch, der ein gottgefälliges Leben führte, kam im Ortsteil Tannen am 23. Juni 1919 zur Welt: Hermann Gmeiner. Das tragische Geschick Vieler, insbesondere Flüchtlingskinder und Waisen, nach dem Zweiten Weltkrieg ließ ihn die SOS-Kinderdörfer begründen. Dabei wurden seine internationalen Bemühungen von Anfang an von den Geheimdiensten und selbst von der Kirche sehr missbilligend beobachtet, da die Katholiken in ihm eine unwillkommene Konkurrenz sahen. Doch was 1948 im tirolischen Imst mit einem kleinen Kinderheim begann, wuchs bis Gmeiners Tod 1986 auf 233 Kinderdörfer mit insgesamt 40 000 Kindern in 86 Ländern an.

i Der Mittelwald

Vorwahl: 05512.

Bregenzerwald-Tourismus, Gerbe 1135, 6863 Egg, Tel. 2365, www.bregenzerwald.at. Alle Informationen zu allen Veranstaltungen der Region und zur Bregenzerwald-Card, mit der man gratis oder ermäßigt viele Attraktionen besuchen kann und die man bei mehr als zwei Übernachtungen erhält.

Gemeindeamt Andelsbuch, Hof 351, 6866 Andelsbuch, Tel. 2319-0, www.andelsbuch.at.

Schwarzenberg Tourismus, Gemeindeamt, 6867 Schwarzenberg, Tel. 3570, www.schwarzenberg.at.

Hotel Landammann, Hof 432, 6866 Andelsbuch, Tel. 6080, www.landammann.at, p.P. im DZ 26–28 €.

Gästehaus und Pension Barbara, Hof 379, 6866 Andelsbuch, Tel. 25790, www.bregenzerwald.at/gaestehaus-pension.barbara, p.P. im DZ 32–34 €.

Gasthof Alpenrose, Kaltenbrunnen 229, 6853 Egg (oberhalb von Egg), Tel. 2433, www.kaltenbrunnen.com, p.P. im DZ 29 €.

Gasthof Löwen, 6863 Egg, Tel. 2207, www.kaesstadl.com.

Camping Schetteregg, Schetteregg Nr. 898, 6863 Egg, Tel. 3220, www.schettereggerhof.at.

Angelika-Kauffmann-Museum (mit Heimatmuseum), Brand 34, 6867 Schwarzenberg, Tel. 3570 und 26455, www.angelika-kauffmann.com und www.schwarzenberg.at, Di–So 10–17 Uhr, Führung nur Di 16 Uhr und So 10.30 Uhr.

Eggmuseum, Pfarrhof 5, 6863 Egg, Tel. 2216-16, www.eggmuseum.at, Mi 15–17, Fr 14–17, Sa 15–17 und So 10–12 Uhr. Wechselausstellungen zur Kultur- und Zeitgeschichte des Bregenzerwalds.

Werkraum Depot, Hof 633, 6867 Schwarzenberg, Tel. 26386, www.werkraum.at, Do 17–19.30, Fr 14–17 Uhr. Möbel und Gegenstände des täglichen Gebrauchs aus innovativen Handwerksbetrieben des Bregenzerwalds. Schauen – Anfassen – Kaufen!

Der Vorderwald

Unmerklich ist die Landschaft mit der des bayerischen Allgäus verbunden. Keine großen schroffen Gebirgskämme stellen die Grenze dar. Aus dem und ins Bayerische fließen die Höhenzüge herüber und hinüber. Am besten hat dieses Schwingen Ludwig Steub charakterisiert, als er 1908 konstatierte: »Es wogt die ganze Landschaft unaufhaltsam in lauter Büheln und Abhängen, Höhen und Tiefen entlang und kömmt nicht einmal dazu, eine Ebene von viertelstündiger Breite, ja nur einen Flachen Anger zu bilden. So uneben die Oberfläche, so sieht man aber doch, wenigstens im vorderen Walde, keine Steinwände, kein Felsgeschröfe, alle Höhen bedeckt entweder der grüne Sammet der Wiesen oder der schwarze Pelz der Wälder.«

Lingenau

Der Ort, hoch über der Subersach, hat seinen Namen von ›lindgenove‹, Aue mit Linden. Seit über 200 Jahren ist er durch seine Käseherstellung bekannt. Sehenswert ist etwa 500 Meter vor Lingenau, an der Straße von Alberschwende beziehungsweise Schwarzenberg kommend, die **Kapelle St. Anna auf dem Felde**, 1722 in schönstem Barockstil von dem Lingenauer Meister Konrad Nußbäumer errichtet. Ungewöhnlich ist ihr quadratischer Grundriss mit vier halbrunden Ausweitungen. Interessant um Lingenau sind außerdem drei Brücken. Die **Straßenbrücke** über die Bregenzerach von 1968 gehört mit 370 Metern Gesamtlänge und einer Spannweite von 210 Metern zu den zehn größten Stahlbetonbrücken der Welt. Sie überspannt den Fluss auf einer Höhe

Die Kapelle ›St. Anna auf dem Felde‹

▲ Karte S. 184

Die Gschwendtobelbrücke bei Lingenau

Dvon 90 Metern. Ein Meisterwerk historischer Brückenbaukunst ist die 1834 gebaute überdachte, 41 Meter lange **Holzbrücke** über den Gschwendtobel an der Straße nach Großdorf. Sie wird heute noch benutzt. Nördlich der Holzbrücke verläuft entlang der Subersach ein Wanderweg Richtung Haidach und Bad Hohl, von wo man hinauf zum Rotenberg steigen und dann wieder hinab nach Lingenau geht. Es ist eine bequeme und ruhige Wanderung, die man in knapp drei Stunden bewältigen kann. Dann gibt es noch eine 57 Meter lange **Hängebrücke** aus dem Jahr 1901, Drahtsteg genannt, die vom Ortsteil Rain aus über die Subersach führt. Über sie verläuft aber nur noch ein Wanderweg, doch war sie bis zum Ende des Zweiten Weltkriegs die einzige Verbindung von Lingenau mit dem Rest des Bregenzerwalds auf der rechten Acheseite. Man hat von ihr einen atemberaubenden Blick in die brausende Subersachflut. Wer sich für geologische Phänomene interessiert, möge sich auf den **Quelltuff-Naturlehrpfad** begeben, der nahe dieser Brücke zwischen Kapf und Rain angelegt ist und hier die Kalksinter- (Travertin-) Bildungen bewundern. Sie gelten als großartigste Formationen ihrer Art im Raum nördlich der Alpen.

Um Lingenau spielen übrigens wesentliche Teile der Novelle ›Der Marsch nach Hause‹ (1870) von Wilhelm Raabe. Sie spielt während des Dreißigjährigen Kriegs und schildert unter anderem, wie eine Gruppe von Wälderfrauen, mit großen weißen Juppenröcken gewandet, die Schweden, die plündern wollten, nur durch ihr mannhaftes Auftreten in die Flucht schlugen.

Langenegg

Langenegg nördlich von Lingenau lohnt den Besuch wegen der **Rokokokirche** aus dem Jahr 1776. Das Fresko an der Emporenunterseite ›Die Vertreibung der Wechsler aus dem Tempel‹ ist von besonderer Lebendigkeit. Berühmt sind in Langenegg die auch auf der Unterseite in den Vorsprüngen bemalten Dächer des Gasthofs ›Engel‹ aus dem Jahr 1778. Besuchenswert sind auch die sogenannten ›Energieportale‹ um den Ort. Hier sind natürliche energetische Strömungen nachweislich spürbar gemacht.

Sulzberg

Die nördlichste Gemeinde des Bregenzerwalds liegt auf 1013 Metern Meershöhe und ist schon von weitem sichtbar. Vom Zentrum genießt man eine herrliche Aussicht über den Bregenzerwald. In Sulzberg steht eine klassizistische **Kirche** von Alois Negrelli (1828/29), bei der aber der Turm noch aus der Gotik stammt. Leider hatte man ihm schon im

18. Jahrhundert. eine völlig unpassende Zwiebelhaube aufgesetzt, so dass die Kirche stilistisch sehr uneinheitlich wirkt. Sehenswert ist am südlichen Ortsausgang, an der Straße nach Doren, die **Leonhardikapelle**, die lange Zeit Ziel von Wallfahrern war. Im unweiten Riefensberg zieht die Juppenwerkstatt viele Besucher an. Juppe hat nichts mit dem deutschen ›Joppe‹, also ›Jacke‹ zu tun, sondern die ›Juppe‹ ist die historische Tracht der Frauen des Bregenzerwalds. Sie wird hier in Handarbeit hergestellt; man kann die Kunst der Fertigung und auch das wechselnde Aussehen von Juppen durch die Jahrhunderte bestaunen.

Hittisau und seine Umgebung

Hittisau ist sicherlich der bedeutendste Touristenort des nördlichen Bregenzerwalds. Die **Pfarrkirche** zu den Heiligen Drei Königen ist zweifellos nicht nur in Vorarlberg die größte aller Dorfkirchen des 19. Jahrhunderts. Man könnte sie schon als ›Dom des Bregenzerwalds‹ bezeichnen. Erbaut wurde sie von Johann Peter Bilgeri zwischen 1842 und 1845. 1941 schuf Waldemar Kolmsperger das gewaltige Deckengemälde mit Hölle und Apotheose Christi. Eine Kuriosität ist dabei die Darstellung eines reichen Mannes beim Geld zählen. Er hat deutlich die Gesichtszüge Winston Churchills, den man – nach der Denkweise jener Jahre – als gottlosen, geldgierigen Plutokraten gesehen hat.

Am Gasthaus ›Goldener Adler‹ findet sich eine Tafel, die an Johann Peter Sutterlüti erinnert, einem Vorarlberger Freiheitskämpfer (an ihn erinnert auch ein Stein in Bregenz am Martinsturm), der 1800 die Landwehr kommandierte und die Franzosen bei einem Gefecht nahe Hittisau wieder nach Bayern zurücktrieb. In Hittisau kam auch Joseph von Bergmann (1796–1872) zur Welt. In seiner ›Landeskunde von Vorarlberg‹ (1868) schuf er ein großes zusammenfassendes, ja identitätsstiftendes Standardwerk des Landes, in dem er Natur, Geschichte und Brauchtum umfassend abhandelt.

In Hittisau gibt es neben zahlreichen Beispielen der modernen Holzarchitektur auch drei historische Holzbauwerke. Das eine ist die sogenannte **Kommabrücke** über die Bolgenach am Nordrand des Orts, die aus dem Jahr 1720 stammt. Nicht minder bedeutend sind die **Ließenbach- und die Auenbachbrücke** am Kurzentobel. Alle drei Holzbrücken sind überdacht. Entlang der Bolgenach verläuft ein **Wasserwanderweg**, der sich auch durch die enge Engenlochschlucht zieht, wo der Bach sich tief in Sandstein und Nagelfluh eingeschnitten hat.

Für die berühmte innovative Holzarchitektur des Bregenzerwalds und überhaupt Vorarlbergs gibt es in Hittisau mehrere vorzügliche Beispiele: in der Ortsmitte den **Ritter-von-Bergmann-Saal**, das preisgekrönte **Feuerwehr- und Kulturhaus** mit dem **Frauenmuseum**, der Betrieb der **Holzwerkstatt** des Markus Faißt und insbesondere das **Hermann Nenning-Haus** (Nr. 192). Überhaupt Frauenmuseum: In Hittisau steht seit 2000 das einzige Frauenmuseum Österreichs und weltweit das einzige in

Altes Holzhaus in Hittisau

▲ Karte S. 184

Deckenfresko mit Winston Churchill

einem ländlichen Bereich. Seine Konzeption wurde und wird von Frauen aus Hittisau im Alter von 15 bis 80 Jahren gestaltet.

Ein besonderes Erlebnis ist die Fahrt ins ostwärts gelegene **Lecknertal** (Straße mautpflichtig). Der Weg endet nach etwa neun Kilometern auf 1027 Metern am Gasthof ›Höfle‹, parken muss man aber schon vorher an den Kälberweiden auf 980 Metern. Von hier lassen sich viele Wanderungen unternehmen, besonders zum idyllischen **Lecknersee**, aber auch die bloße Fahrt hierhin ist voller eindrucksvoller Panoramen. Der Lecknersee entstand erst 1817 durch eine unterirdische Rutschung, möchte ständig wieder verlanden, wird aber durch den Menschen immer wieder unter anderem durch Schlammabsaugungen am Leben erhalten.

Hittisaus Hausberg ist der 1328 Meter hohe **Hittisberg**. Der Weg zu ihm verläuft über die **Rappenfluh**, einem Naturdenkmal, das durch einen Bergsturz entstanden ist und nun ein wildes Felsenlabyrinth aus gewaltigen Nagelfluhklötzen darstellt. Der Weg dorthin beginnt im Ortsteil Heideggen hinter dem Gasthaus Schiff. Aber Vorsicht: Der Hittisberg sieht gemächlich aus, doch ist der Weg nach der Rappenfluh sehr steil. Der Hochhäderich (1566 m) überragt Hittisau im Norden. Hier gibt es einen **Nagelfluh-Rundwanderweg**. Um den Hochhäderich besteht ein kleines **Skigebiet**, das sich bis zu den Krumbacher Mooren herabzieht. **Krumbach** ist ein kleiner Moorkurort, in dem sich viele Gastwirte dem Thema Moor widmen und unter anderem Speisen mit Moorbezug anbieten. Dazu finden jährlich im Frühjahr und Herbst Moorwochen statt, auch werden viele Wanderungen durch die Moore angeboten (www.moorroom.at).

Nagelfluh

Dieses ungewöhnliche Gestein bildet neben Sandsteinen den Untergrund der Region. Viele halten es für ein künstliches Produkt, denn es scheint wie eine Art Beton in den gerundeten Bachkiesel eingegossen zu sein. Geologisch ist es ein sogenanntes Konglomerat und gehört zur Gruppe der klastischen Sedimentite. Das sind Gesteine, die an anderer Stelle verwitterten und erodiert wurden, wobei die Gesteinsbruchstücke meist durch Flüsse abtransportiert wurden. Bei einem Konglomerat sind größere Gesteinsbruchstücke im Durchmesser von 2 bis 20 Zentimetern gerundet und in eine feinkörnige Grundmasse eingebettet. Sind die Bruchstücke nicht gerundet, spricht man von einer Brekzie. Die Verfestigung kann durch silifizierende Wässer und/oder durch den Druck von auflagernden Gesteinsmassen erfolgt sein. Das Bindemittel kann aber auch kalkiger Herkunft sein. Nagelfluh ist eine regionale Bezeichnung für die geologisch jungen Konglomerate des nördlichen Alpenvorlandes, die Nagelfluhkette ist eine geologische Einheit, in der überwiegend diese Gesteine vorkommen und die sich von Hittisau bis ins bayerische Blaichach erstreckt. Vor etwa 20 Millionen Jahren schwemmten Flüsse aus den sich gerade erst aufgefalteten Alpen große Schottermengen in die im Norden vorgelagerte Tiefebene, wo sie sich zum Nagelfluh verfestigten. Mit weiterer Auffaltung wurden die verfestigten Ablagerungen emporgeschoben, verfaltet und wieder durch Flüsse abgetragen, nachdem diese vorher Schluchten hineinschnitten. Innerhalb der Nagelfluhkette ist ein Naturpark errichtet, der von deutscher Seite aus verwaltet wird (Tel. 08386/9300-328, www.naturpark-nagelfluhkette.eu). 38 Prozent der Fläche liegen auf österreichischem Gebiet, zwischen Langenegg, Sulzberg, Hittisau und Sibratsgfäll.

▸ Karte S. 184

Sieht Beton fast zum Verwechseln ähnlich: Nagelfluh

Sibratsgfäll

Es überrascht nicht, dass das recht abseitig gelegene Sibratsgfäll (929 m) erst seit 1770 durchgängig besiedelt ist. Es waren größtenteils Tiroler Familien, die hierher kamen. Sie wanderten ein, um ein Auskommen als Holzarbeiter zu finden. Die Straße endet hier, es gibt keinen Durchgangsverkehr nach Deutschland oder ins Kleine Walsertal. Mit dem Rad allerdings lässt sich die schöne Trasse über Rindberg hinüber ins deutsche Rohrmoostal befahren, wo in Rohrmoos (1070 m) die älteste erhaltene **Holzkapelle** Deutschlands steht. Sie wurde 1586 errichtet. Sibratsgfäll ist beliebter Treffpunkt für Nordic-Walker. Hier gibt es sechs insgesamt 40 Kilometer lange Trails, auch als geführte Touren.

Eine nicht zu anstrengende ›normale‹ Wanderung mit nur mäßig steilen Anstiegen kann man von Sibratsgfäll zu dem stillen Gipfel des **Renkknie** (1411 m) machen, wobei der Anstieg am besten von Westen her, vom Gasthof Waldrast erfolgen sollte. Dorthin kommt man von Sibratsgfäll durch den Ortsteil Krinegg, parallel zur Hauptstraße. Vom Renkknie blickt man hinüber zum Hohen Ifen und zur Mädelegabel. Über die Hochries-Alpe geht es über einen kurvenreichen Güterweg wieder hinunter nach Sibratsgfäll (Gesamtdauer vier Stunden). Nur geringe Steigungen erwarten den Wanderer auf der anderen Talseite auf dem Weg zur **Rehenberg-Vorsäß** (1040 m), die man als Runde beiderseits des Subersachtals machen sollte (Aufstieg über Bärs, die Hintere Leugehr-Alpe und entlang der Ställerhöhe). In vier Stunden kann man diese Tour bewältigen.

Fast zu einer Tageswanderung wird der Weg zur **Schneckenlochhöhle** und zurück. Zwar lohnt die Höhle sehr den Besuch, doch ist die Wanderung dorthin mit einigen ziemlich steilen Anstiegen versehen und bei Nässe generell nicht zu empfehlen.

Der Vorderwald

Vorwahl: 05513.

Tourismusbüro Lingenau, Tel. 6321, www.lingenau-tourismus.at.

Tourismusbüro Langenegg, Bach 127, 6941 Langenegg, Tel. 4101-14, www.langenegg.at.

Tourismusbüro Sulzberg, Tel. 2213-10, www.sulzberg.at.

Gemeinde- und Tourismusamt Hittisau, Platz 370, 6952 Hittisau, Tel. 6209-50, www.hittisau.at.

Sibratsgfäll Tourismus, Tel. 2121, www.sibra.at.

Gasthof Hirschen, 6941 Langenegg Nr. 58, Tel. 6194, www.gh-hirschen.at, Di/Mi geschlossen.

Gasthof Pension Hochlitten, Hochlitten Nr. 167, 6943 Riefensberg, Tel. 8363, www.hochlitten.at, p.P. im DZ 24–27 € (Sommer), 25–29 € (Winter).

Pension Bals, Bühl 31, 6952 Hittisau, Tel. 26120, www.bals.at, p.P. im DZ 35–42 €.

Hotel Krone, Platz 185, 6952 Hittisau, Tel. 6201, www.krone-hittisau.at, p.P. im DZ 102–142 €. Traditionshaus seit 170 Jahren, kürzlich in innovativer Holzbauweise erweitert und modernisiert. Hervorragendes Preis-Leistungs-Verhältnis. Das prächtige Anwesen ist am Markt der weltliche Kontrapunkt zur Pfarrkirche gegenüber.

Gasthof-Pension Hirschen, Dorf 31, 6952 Sibratsgfäll, Tel. 2111, www.derhirschen.at, p.P. im DZ 40–50 €.

Campingplatz Bregenzerach, 6833 Doren, Tel. 05516/24620, www.camping-bregenzerache.at.

Camping Hochlitten, Nr. 238, 6943 Riefensberg, Tel. 8291,www.camping-hochlitten.at.

Juppenwerkstatt, Dorf 52, 6943 Riefensberg, Tel. 8356-15, www.juppenwerkstatt.at und www.riefensberg.at, Mai–Okt. Di und Fr 10–12, Fr auch 14–17 Uhr und nach Vereinbarung. Kulturgeschichte der Frauentracht des Bregenzerwalds, des Juppenrocks. Auch Herstellung.

Frauenmuseum, Platz 501, 6952 Hittisau, Tel. 6209-30, www.frauenmuseum.at. Zeitgenössisches und historisches Kulturschaffen von Frauen.

Alpsennereimuseum, Platz 343, 6952 Hittisau, Tel. 6209-50, www.hittisau.at. Z.Zt. im Umbau.

Das Leben im Kleinwalsertal ist eines zwischen zwei Staaten. Nur über Deutschland ist das Gebiet zugänglich, und die Bewohner genießen ihre europaweit einzigartige Position. Gleichzeitig ist das Tal wegen seiner landschaftlichen Reize eines der meistbesuchten Touristengebiete in den Alpen.

Das Kleinwalsertal

Das Kleinwalsertal müsste eigentlich Breitachtal heißen, da dieses Flüsschen die Landschaft geformt hat und sie heute noch durchfließt. Doch wie an vielen Stellen in Vorarlberg wurde auch diese Region gegen Ende des 13. Jahrhunderts von den Walsern besiedelt, die auch das Tal des Lutzbachs kolonisierten. Wie dort, leben deren Nachkommen auch heute noch hier im kleinen der beiden Hauptsiedlungsgebiete der Walser, also im Kleinen Walsertal oder einfacher im Kleinwalsertal.

Ungewöhnlich ist, dass das Tal keine direkte Straßenverbindung zu den anderen Vorarlberger Landesteilen hat. Die besondere Geographie bewirkt, dass man das Tal nur von Norden erreichen kann, aus Deutschland. Das Kleinwalsertal ist die drittstärkst besuchte Urlaubsregion Österreichs und wies 2008 1,6 Millionen Übernachtungen bei etwa 280 000 Besuchern auf. Dabei sind 68 Prozent aller Besucher Stammgäste. Es überwiegt hierbei der Skitourismus im Winter, während das Kleinwalsertal im Sommer unter anderem von Bergwanderern in großer Zahl aufgesucht wird. Es ist kein Wunder, dass eine Region mit so hervorragenden Wintersportbedin-

Das Kleinwalsertal

Der Hohe Ifen bietet beste Bedingungen für Kletterer

gungen auch hervorragende Sportler hervorbringt. Bekannteste Persönlichkeiten sind neben vielen anderen Luggi Leitner, Olympiateilnehmer 1960, 1964 und 1968 – bei den Winterspielen in Innsbruck 1964 errang er den Weltmeistertitel in der Alpinen Dreierkombination –; Steffi Schuster, langjährige österreichische Rennläuferin im Ski-Weltcup und bekennende Walserin; Resi Hammerer, Bronzegewinnerin 1948 in St. Moritz. Wer das Skifahren noch nicht kann, findet hier natürlich auch gute Schulen (www.skischulen-kleinwalsertal.at).

Auch für andere Bergsportarten herrschen beste Bedingungen: Die Klettermöglichkeiten unter anderem am Hohen Ifen und am Bärenköpfle sind mit die besten der Alpen, und seit einigen Jahren haben auch Radler hier ein Mekka gefunden (www.walserbiketours.com). Dabei ist das Kleinwalsertal nicht einmal 15 Kilometer lang und nur 100 Quadratkilometer groß und von etwa 4800 Einheimischen bewohnt. Es wird annähernd vollständig von 30 Berggipfeln überragt, die zwischen 1800 und 2500 Meter Höhe erreichen, und erstreckt sich von 1085 bis 1244 Meter Höhe.

Die Breitach bildet sich in Baad, der höchstgelegenen Siedlung des Tals, durch den Zusammenfluss von Turabach, Derrenbach und Bärguntbach. Sie fließt in nordöstlicher Richtung und müht sich an der deutschen Grenze, der sogenannten Walserschanze, durch die wild-pittoreske Breitachklamm und verbindet sich nach weiteren zehn Kilometern bei Oberstdorf mit der Stillach und Trettach zur Iller, die letztlich in die Donau mündet.

Geschichte

Nach Süden hin wird das Kleinwalsertal durch den Widderstein (2533 m) zum Bregenzerwald und zum Tal der Bregenzerach hin abgeschnitten. Doch von hier, über den schwierigen Übergang entlang des Hochalppasses, kamen um 1270 die ersten Einwanderer aus dem Schweizer Wallis. Meist verließen sie ihre Heimat aus wirtschaftlichen Gründen. Es waren fünf Walserfamilien, die unter der Führung eines Hans Wüstner über diesen Pass in das damals völlig unbewohnte Breitachtal hinabstiegen. Es gehörte in dieser Zeit einem Freiherrn von Röthenberg, dem jede Familie gleichsam als Pacht einen Laib Käse pro Jahr als Abgabe zu entrichten hatte.

Die erste Siedlung befand sich im heutigen Mittelberg, wo 1303 eine erste steinerne Kirche errichtet wurde. 1351 kam das Tal an die Herren von Heimenhofen im Allgäu. Die besondere Lage des Tals führte früh zu besonderen Rechten der Bewohner, wie es ähnlich im Montafon und im Bregenzerwald war. Zu diesen Kolonistenrechten gehörte die persönliche Freiheit, das Recht zu eigener Gerichtsbarkeit und ein Recht auf die ›freie Erbleihe‹, das beim Tod eines Siedlers dessen Besitz auf seine Nachkommen übergehen ließ.

So entwickelte sich ein besonderes Selbstbewusstsein, in dessen Folge man nicht davor zurückschreckte, auch adelige Herren gefangenzunehmen, sollten sie Unrecht gegenüber den Talbewohnern geübt haben. So geschah es etwa 1451 mit Graf Ulrich von Werdenberg-Sargans und einem Ritter Hans von Rechberg, letzterer übrigens war ein übler Ganove. Der Herzog Sigmund von Tirol ersuchte die Walser um Freilassung der mit ihm verwandten Adligen Ulrich von Werdenberg-Sargans, was aber abgelehnt wurde. So kam er mit Soldaten ins Tal, befreite den Grafen und den Ritter und nahm das Tal in habsburgischen Besitz, wobei die Walser ihre alten verbrieften Rechte verloren. Mit der Unterwerfung unter den Herzog gehörte das Tal nun seit 1453 zu Habsburg und somit zu Österreich. Der Graf von Heimenhofen ließ sich dabei den Verzicht auf seinen Besitz mit einer ansehnlichen Summe abgelten. 1493 gab Kaiser Maximilian I. den Walsern aber ihre alten Privilegien und ihre eigene Gerichtsbarkeit zurück.

Die Jahrhunderte hindurch war der Handel mit den anderen österreichischen Landesteilen wegen der fehlenden Straßenverbindungen schwierig und auf bloße Säumerpfade beschränkt, so dass Handel und Verkehr überwiegend mit Bayern erfolgten oder man auf dem Weg nach Tirol oder in den Bregenzerwald über bayerisches Territorium gehen musste. Doch gegen Ende des 19. Jahrhunderts verschärfte sich die Situation, als Bayern mit restriktiven Zollgesetzen den ›Transit‹ und den Handel über und auf seinem Gebiet fast unmöglich machte. Die Kleinwalsertaler Bauern konnten ihr Vieh nicht mehr im Allgäu verkaufen und mussten auf den Vorarlberger Raum zurückgreifen, wohin aber der Viehtransport und Viehtrieb über die Säumerpfade kaum möglich war. So kämpften die Walser um besondere Wirtschaftsbedingungen, die sie dann 1891 mit der Errichtung des sogenannten Zollanschlussgebiets – aus deutscher Sicht Zollausschlussgebiet – erlangten. Das bedeutete, dass im Kleinwalsertal deutsches Zollgesetz galt, obwohl es österreichi-

▲ Karte S. 208

Mittelberg zu Beginn des 20. Jahrhunderts

sches Hoheitsgebiet war. Jetzt war mit Deutschland endlich der freie Handelsverkehr möglich, und das Tal begann zu prosperieren. Im Lauf des 20. Jahrhunderts zogen auch Österreicher aus anderen Landesteilen zu, und ebenso siedelten sich etwa 1500 Deutsche an. Wahrscheinlich ein Drittel der Talbewohner sind noch direkte Nachfahren der eingewanderten Walser. Mit dem Beitritt Österreichs zur Europäischen Union 1993 endete der Sonderstatus des Kleinwalsertals - man bezahlte hier beispielsweise mit der D-Mark! - bezüglich des Warenverkehrs, doch bestehen immer noch einige Seltsamkeiten. So dürfen Kleinwalsertaler Ganoven nicht über Deutschland nach Vorarlberg gebracht werden, sondern werden mit Hubschraubern ausgeflogen, da österreichischer Vollzug nicht auf ausländischem Territorium erfolgen darf. Auch haben alle Orte des Kleinwalsertals eine österreichische und eine deutsche Postleitzahl.

Riezlern

Von Oberstdorf her erreicht man die österreichische Grenze und damit das Kleine Walsertal bei der sogenannten Walserschanz. Von hier - teilweise ab Oberstdorf - verkehrt regelmäßig der Walserbus durch das ganze Tal bis Baad und fährt auch einige höher gelegene Alpen an. Mit der Gästekarte Kleinwalsertal ist der Bus kostenfrei benutzbar. Vom Parkplatz am Gasthaus lässt sich gut die seit 1905 zugängliche **Breitachklamm** besuchen (gebührenpflichtig). Mit etwa anderthalb Kilometer Länge und mit steilen Wänden, die mehrere hundert Meter emporragen, zählt sie zu den grandiosesten Landschaftseindrücken Vorarlbergs — mag sie auch größtenteils auf bayerischem Gebiet liegen. An einigen Stellen stehen die Wände nur etwa ein, zwei Meter auseinander, so dass man den Himmel nicht mehr sehen kann. Sie ist auch im Winter begehbar, doch trifft man hier zu allen Jahreszeiten eine große Anzahl von Besuchern (www.breitachklamm.com).

Am nördlichen Ortseingang von Riezlern liegt der Ortsteil Unterwestegg. Hier steht neben der Straße die **Mariahilfkapelle**. Sie zeigt an der Fassade eine bemerkenswerte Darstellung (1620) Christi am Kreuz mit Martyriumswerkzeugen. Riezlern (1100 m) ist die größte Siedlung des Kleinwalsertals - ein quirliger Ort, ein altes Haufendorf, mit Skiliften, Spielcasino und einem Walsermuseum. Sehenswert ist die **Pfarrkirche Mariä Opferung** von 1891 mit den Fresken und Glasgemälden von Martin von Feuerstein, beeindruckend der neoromanische, ornamentale Schmuck ihres Innenraums.

Um Kanzelwand und Fellhorn

Von Riezlern fährt man mit der Gondel auf 1949 Meter zur Bergstation der Kanzelwandbahn, von wo aus sich die Kanzelwand (2050 m) selbst leicht erklimmen lässt. Viele Besucher wandern hinüber zum Fellhorn (2038 m), fahren dann mit dem Lift hinunter ins Stillachtal auf bayerischem Gebiet und begeben sich von dort mit dem Bus zurück. Die **Bergschau 2037** ist ein naturkundliches Infozentrum in 3D, das hier auf dem Gipfel eingerichtet wurde. Hier finden oft bei Sonnenuntergang Volksmusikserenaden statt. Vom Fellhorn kann man auch zur Aussichtsplattform **Rote Wand** spazieren, von wo es einen hinreißenden Blick auf Riezlern und das Kleinwalsertal gibt. Man benötigt nur jeweils etwa 30 Minuten bis Kanzelwand und Fellhorn.

Ein großartiger Gratweg führt vom Fellhorngipfel in etwa 80 Minuten zum

Blick auf das Fellhorn

Berggasthof Söller (1390 m) hinab, von wo man über den **Erlebnispfad Alpweg** ebenfalls wieder nach Riezlern gelangen kann – soweit man es nicht vorzieht, weiter zum Freibergsee in Bayern zu spazieren. Von diesem See ist es nicht mehr weit hinab ins Tal nach Renksteg bei Oberstdorf, von wo auch Busse wieder ins Kleinwalsertal fahren. Für diese Route sollte man etwa viereinhalb Stunden ansetzen.

Sehr beliebt ist auch der aussichtsreiche und wenig beschwerliche Abstieg von der Bergstation der Kanzelwandbahn nach Riezlern über die Zwerenalpe (1620 m), wo man auch einkehren kann. Am Nordrand der Kanzelwand existiert ein Klettersteig, der den höchsten Schwierigkeitsgrad hat. Überhaupt bietet die Region um die beiden Gipfel eine Fülle von sehr gut ausgeschilderten Wanderwegen an.

Informationen über die Betriebszeiten der Bahnen im Kleinwalsertal und über die Wanderungen gibt es unter www.das-hoechste.com. Überhaupt ist es zwingend, immer eine Wanderkarte mitzuführen – eine Panoramakarte kann auch die Wanderwege zeigen, doch niemals mit den genauen topographischen Verhältnissen.

▲ Karte S. 208

Zum Hohen Ifen

Ausgangspunkt zum Hohen Ifen ist die Auenhütte (Tel. 05517/5265, www.auenhuette.at) westlich von Riezlern, die auf 1275 Metern liegt und einfach mit dem Auto erreicht werden kann. Hier beginnt zunächst der **Erlebnispfad Schwarzwasser**, der zur Schwarzwasserhütte auf 1651 Metern emporführt. Neben der Bergflora wird hier auch die Geologie des Kleinwalsertals erläutert. Wer zum Hohen Ifen wandern will, fährt zunächst mit der Ifenbahn (Betriebszeit Ende Juni bis Ende Oktober, www.das-hoechste.com) bis zur Ifenhütte (1586 m).

Der Hohe Ifen (2229 m) ist eine äußerst markante Erhebung. Er stellt eigentlich eine bewachsene Hochfläche dar, die sanft nach Süden einfällt, der aber im Norden eine verkarstete weite Ebene vorgelagert ist, die Gottesacker genannt wird. Dennoch hat der Hohe Ifen an allen vier Seiten einzelne Bereiche, in denen er niedrig, aber fast senkrecht abfällt, die sogenannten Ifenmauern. Die Sage weiß hierüber zu berichten: Das öde Plateau war einst eine fruchtbare Wiese, auf der Vieh graste und gedieh. Ein Bettler kam vorüber und bat den Alpbesitzer um eine milde Gabe, wurde aber mit scharfen Worten abgewiesen. Da verfluchte er die Alpe, die alsbald durch ein Erdbeben verschüttet wurde. Sturm und Regen zogen auf und schwemmten Boden und Wiese hinweg, so dass nur noch nacktes Gestein übrig blieb.

Der Anstieg von der Ifenhütte erfordert mehr Trittsicherheit und Schwindelfreiheit als Kondition und ist in etwa zweieinhalb Stunden zu bewältigen. Kein Wunder, dass hier eine Fülle von Gipfelstürmern unterwegs ist. Ein besonderes Erlebnis ist hierbei eine Wanderung über

Aus den Walsertraditionen

Glücklicherweise konnte sich in den bis zum 20. Jahrhundert abgelegenen Bergtälern Vorarlbergs, in die die Walser im 14. Jahrhundert einzogen waren – Montafon, Brandnertal, Tal der oberen Bregenzerach, Großes und Kleines Walsertal –, das Walsertum hervorragend konservieren. Und mit dem Aufkommen des Tourismus gewann es fast einen besonderen exotischen Charakter, der natürlich erst recht gepflegt werden sollte. So gründete man 1967 in Vorarlberg die ›Walservereinigung‹ (www.vorarlberger-walservereinigung.at), die sich zum Ziel setzte, alle Sprach- und Kulturtraditionen der Walser zu erhalten und zu pflegen. Denn die alte Walsersprache, das Walser-Düütsch, unterscheidet sich doch von den anderen Sprachen der Alpenbewohner der umgebenden Regionen. Insbesondere hat man für die Mundart des Kleinwalsertals, die sich nochmals von der des Großen Walsertals unterscheidet, 1995 ein Wörterbuch herausgegeben.
Die Walser sind heute noch sehr stolz auf alle diese Traditionen, die sich insbesondere in der Bauweise und in ihren Trachten manifestieren. Ein typisches Walserhaus war zur Zeit der Besiedlung, der sogenannten ersten Bauperiode, ein gewöhnliches Blockhaus von meist quadratischem Grundriss bei knapp sechs Metern Seitenlänge. Im Erdgeschoss befanden sich Wohnraum und Küche, im Obergeschoss das Schlafzimmer. In der zweiten Bauperiode, etwa ab 1580, wurde das Bauholz behauen und löste die runden Stämme der ersten Phase ab. Gegen 1650 setzte die dritte Bauperiode ein. Jetzt erfolgte eine bedeutende Erweiterung des Walserhauses. Teils wurden nun die Außenwände geschindelt, teils auch mit Kalkmörtel verputzt. Schindeln fanden auch auf den Dächern Verwendung. Jedes Walserhaus hatte in geringer Entfernung ein kleines Vorratshaus, das wie auch der Stall separat errichtet wurde. Meist wurden Walserdörfer als Streusiedlung gebaut, damit bei eventuellen Lawinen nicht das Dorf vollständig vernichtet wurde. Ein weiterer Grund war, dass in den Höhenlagen der Bedarf an Heuflächen hoch ist, um das notwendige Viehfutter zu sammeln, sodass die walserischen Bauerngehöfte in weiter Distanz liegen mussten. Walserhäuser besitzen keine Zäune, im Inneren sind sie eher schmucklos – Hirschgeweihe und dergleichen an der Wand wird man hier nicht finden. 32 Walserhöfe gibt es heute noch im Kleinwalsertal. Die Nachfolge ist dabei überall gesichert. Eines der prächtigsten Walserhäuser, erbaut 1557, findet sich in Bödmen, am südlichen Ortsausgang von Mittelberg.

Trachtentradition im Kleinwalsertal

Etwas Besonderes ist auch die Walsertracht, die natürlich auch heute noch bei großen Festlichkeiten angelegt wird. Burschen und Männer tragen schwarze Halbschuhe, teils mit Schnallen, weiße

Strümpfe, eine schwarze enge Kniehose, bestickte Hosenträger, ebenso einen breiten Ledergürtel, der auch bestickt ist, sowie ein weißes Hemd und ein Seidentuch. Darüber zieht man eine ärmellose rote Weste mit Silberknöpfen an sowie ein Kamisol, einen langen Rock aus meist blauem, manchmal auch braunem Tuch. Kopfbedeckung ist bei den Männern ein Dreispitz, bei den Burschen eine Art Zipfelmütze. Bei Hochzeiten trägt der Bräutigam einen hohen schwarzen Wollhut.
Wichtigstes Bekleidungsstück der Walserfrau war die ›Juppa‹, ein schwarzer Überrock, der mit einer besonderen färbenden Flüssigkeit getränkt wurde und in den dann mit dem Fingernagel winzige Fältchen eingegraben wurden. An die Juppa wird die ›Bsetze‹ angenäht, durch die die Falten straff bleiben. Über dem Ganzen trägt man eine Schürze, den sogenannten Fürsches. Halsschmuck ist fast immer eine Korallenkette (meist ein Verlobungsgeschenk), die durch Kleinwalsertaler Händler aus Italien mitgebracht wurde. Sie ist zwei- bis fünfreihig und liegt eng am Hals an. Die Kopfbedeckungen der Frauen können sehr unterschiedlich sein. Eine ›Krone‹ trägt man zu Hochzeiten oder kirchlichen Festen, aber niemals als verheiratete Frau. Meist sind die Kronen einer Walserfamilie sehr alt, da sie von Generation zu Generation vererbt werden. Niemals dürfen sie verkauft werden, denn das wäre ein Bruch mit der Walsertradition. Der sogenannte ›Siidahuut‹ ist gleichsam die bessere Kopfbedeckung. Er ist aus feinem schwarzen Seidenfilz hergestellt und zeigt Goldborten an der Unterseite des Hutrands. Breite schwarze Samtbänder hängen bis zur Bsetze herunter. Der Festhut, der nur von einer verheirateten Walserin und nur an hohen Festtagen getragen werden durfte, heißt ›Soometchappa‹, einer Art Pelzhaube aus Fischotterfell.
Wichtige Feiertage verliefen früher stets nach festgefügten Regeln, so auch der Ablauf einer Hochzeit. Geheiratet wurde seit dem Jahr 1738 immer an einem Montag; davor an einem Sonntag. Schon der Ablauf vor der eigentlichen Trauungszeremonie war erstaunlich detailliert festgelegt: Die Brautleute gingen am Tag ihrer Vermählung in die Kirche, um den Segen zu erbitten; danach traf man sich beim Wirt zur ›Morgedsuppa‹ (Kaffee, Eierbrot und ein Achtelliter Wein). Der Brautführer und danach die geladenen Hochzeitsgäste wünschten den Brautleuten Glück zum Ehrentag, und der Brautführer erhielt den Brautführerstrauß auf den rechten Ärmel des Kamisols geheftet. Die Gäste erhielten die Hochzeitsstrauß – Rosmarin – von den Brautleuten. In neuerer Zeit wurden die ›Horzedschtrüßle‹ von Mädchen ausgeteilt und angeheftet. Der Hochzeitszug zur Kirche begab sich erst auf dem Weg zur Kirche, nachdem der Bräutigam die genaue verwandtschaftliche Reihenfolge der Kranzjungfern, der Burschen und Frauen verlesen hatte. Die Musik ging dann voran, es folgten die Kranzjungfern - paarweise nach der Verwandtschaft geordnet –, der Brautführer mit der Braut zu seiner Rechten, dann die Mutter der Braut. Dann folgten paarweise die Burschen und als letzter, allein, kam der Bräutigam mit seinem Zylinder. Hinter ihm kamen die Trauzeugen, dann die verheirateten rauen und Männer und als letztes die Gäste ohne Tracht.
Ein Walser-Kulturweg führt auf über 40 Stationen durch das Kleinwalsertal und bringt Begegnungen mit Walserhäusern, Kapellen, Sühnekreuzen, Stallungen, alten Schulen und vielem mehr (www.kleinwalsertal.com). Zu oft aber benutzt das Tourismusgewerbe den Walserismus für bloßes Marketing. Walsermetzger, Walserbäcker, Walserfrühstücke, Walserzimmer und wie auch immer die Begriffe der Marketing-Experten heißen mögen, verwässern das Bewusstsein um das wahre Walsertum.

Der Hohe Ifen mit Ifenmauern

den Gottesacker etwa bis zur verfallenen Gottesacker-Alpe hin. Spalten und bizarre Felsbildungen verschaffen ein einzigartiges Naturerlebnis. Unter dem Gottesacker befindet sich ein bisher wenig erforschtes Höhlensystem. Wer etwas weniger Wanderwillen hat, sollte zumindest bis zum Gasthof Bergadler (2030 m) aufsteigen und von dort noch den Gipfel des **Hahnenköpfle** (2085 m) erklimmen. Doch gutes Schuhwerk und eine Karte sind auch hier vonnöten.

Hirschegg

Die Siedlungen des Kleinwalsertals sind sämtlich zur Gemeinde Mittelberg zusammengefasst. Nach Riezlern gelangt man zunächst zur Streusiedlung Hirschegg, das aber mit Riezlern inzwischen zusammengewachsen ist. Es wirkt stiller als Riezlern. Der Ort ist als Ganzes ein beliebtes Fotomotiv. Es fällt auf, dass die alten Walserhäuser in deutlichem Abstand errichtet sind, ein Abstand, der dafür sorgen sollte, dass bei Lawinen nicht das ganze Dorf vollständig vernichtet würde. Der Besuch der **Annenkirche**, die von Martin von Feuerstein ausgemalt wurde, lohnt; sie stammt wie das Riezlerner Gotteshaus von 1891. Hier steht nun das **Walserhaus**, wo der Tourismusverband seinen Sitz hat und wo sich auch das größte Informationsbüro des Tals befindet. Hier wurde das naturkundliche Informationssystem ›Bergschau‹ installiert, wo man in 3D-Modellen das Kleinwalsertal erfahren kann. Es gibt unter anderem ein interaktives Landschaftsmodell, eine 3D-Vor-

Beliebtes Fotomotiv: die Siedlung Hirschegg

führung eines Films über das Gottesackerplateau, eine ›Steinwand‹ (www.bergschau.com).

Mittelberg und das Walmendingerhorn

Die **Jodokskirche** in Mittelberg stammt aus dem Spätmittelalter. In der Chorwand findet man zwei eingemauerte Steine mit den Jahreszahlen 1302 und 1303, die einen möglichen Hinweis auf die erste Besiedlung dieser Stelle geben. Unterhalb der Kirche weisen drei steinerne Sühnekreuze aus dem Spätmittelalter auf Gewalttaten hin, die sich hier ereigneten. Angeblich wurden sie von einem Mann, der seine drei Brüder im Rausch nach einem Streit erschlagen hatte, eigenhändig aus einem größeren Stein gemeißelt. Ein Muss ist die Fahrt mit der Seilbahn auf das **Walmendingerhorn** (1990 m). Von der Bergstation des Lifts sind es nochmals einige Höhenmeter bis zum Gipfelkreuz.

Sehr empfehlenswert ist die kaum anstrengende Wanderung über die Walmendingeralpe (1424 m) hinüber nach Hirschegg beziehungsweise Riezlern. Westlich des Berges bis hin zum Grünhorn und zur Schwarzwasserhütte gibt es weitere Wandermöglichkeiten, doch erfordern diese etwas mehr Kondition und vor allem Trittsicherheit.

Um den Gipfel gibt es auch einen **Alpenblumen-Lehrpfad**. Er ist sehr bequem und in einer Stunde zu bewältigen. Ein oft begangener Wanderweg, teilweise aber recht holprig, führt von Mittelberg (1215 m) über die Kemptnerscharte (2108 m) zur **Mindelheimer Hütte** auf 2013 Metern (www.mindelheimer-huette.de, Anfang Juni bis Mitte Oktober). Der Weg durch das Wildental ist eine abwechslungreiche Wanderung mit guten Panoramen. Mit den es überragenden Schafalpköpfen ist das Wildental eines der schönsten Bergtäler Vorarlbergs. Von der Kemptnerscharte hat man einen gewaltigen Fernblick hinüber in die Lechtaler Alpen – eine sehr schöne Tageswanderung!

▲ Karte S. 208

Baad

Eine seit 1860 verschüttete Schwefelquelle gab diesem höchstgelegenen Ort des Kleinwalsertals seinen Namen. Nachweislich wurde schon in der Mitte des 15. Jahrhunderts hier gebadet, im 19. Jahrhundert herrschte ein emsiger Badebetrieb. Hier endet die Kleinwalsertalstraße, und nur noch Wander- und einige Güterwege führen weiter.

Von Baad (1220 m) kann man auf der historischen Trasse, über die einst die Walserbesiedlung erfolgte, in entgegengesetzter Richtung in den Bregenzerwald zum **Hochtannbergpass** wandern. Aber da diese Route für die meisten Bergwanderer zu lang ist und eine Übernachtung beispielsweise in Schröcken oder Hochkrumbach erfordert, kann man sich auch mit einer etwas anspruchsvollen Tageswanderung um den **Widderstein** bescheiden. Zunächst geht es durch das Bärgunttal aufwärts bis zur Bärgunthütte (1391 m), dann weiter empor bis zum Hochalppass. Hier hält man sich links, Richtung Widdersteinhütte auf 2009 Metern (Tel. 064/3912524, Ende Mai bis Mitte Oktober, www.widderstein-huette.at) und von hier über den Gemstelpass an der Ostseite des Widdersteins und des Bärenköpfl um diese herum und durch das Gemsteltal ins Breitachtal, das man unweit von Mittelberg erreicht. Dass die Ausblicke während dieser Wanderung atemberaubend sind, braucht wohl nicht ausdrücklich herausgestellt werden. Auch kann man hier auf Steinböcke treffen! Eine gemütliche Einkehr ist zum Beispiel auf der **Bernhards-Gemstelalpe** (Tel 050/ 9245885) von Mai bis Ende Oktober möglich, die Würste und Käse aus eigener Produktion sind einen Versuch wert.

In der nahen **Naturalp Gemstel-Schönesboden** werden hervorragende Berg- und Ziegenkäse angeboten, dazu reicht man vortrefflichen Holunderblütensaft.

Kleinwalsertal

Vorwahl: 05517.

Kleinwalsertal Tourismus, Walserhaus, 6992 Hirschegg, Tel. 5114-0, www.kleinwalsertal.com.

Wetterinfo Kleinwalsertal 0700/5553 3888 und 0820/949498.

Alpengasthof Hörnlepass, Außerwald, 6991 Riezlern, Tel. 5707, www.hoernlepass.de, p.P. im DZ 37 - 50 € (nach Saison). Hauseigener Heilkräutergarten. Die Kräuter werden im Restaurant zur Speisenherstellung herangezogen.

Gasthof Bergblick, Außerschwende 36, 6991 Riezlern, Tel. 5261-0, www.gasthof-bergblick.de, p.P. im DZ 41 - 55 € (Sommer), 45 - 67 € (Winter). Schöne Lage im Schwarzwassertal. Von hier aus ist es nicht weit zur Mahdtalhütte, über die man zum Gottesackerplateau steigen kann.

Scharnagl's Alpenhof, Zwerwaldstraße 28, 6991 Riezlern, Tel. 5276, www.scharnagls.de, p.P. im DZ 40 - 50 €.

Gästehaus Amely, Walserstr. 38, 6991 Riezlern, Tel. 5227, www.gaestehaus-amely.de, p.P. im DZ 40 - 45 € (Sommer), 45 - 53 € (Winter).

Walser Stuba, Eggstraße 2, 6991 Riezlern, Tel. 5346-0, www.walserstuba.at, p.P. im DZ 62 - 69 € (Sommer), 79 - 89 € (Winter). Mit der Gästekarte kann man alle Seilbahnen während des Aufenthalts unbegrenzt nutzen. Eines der besten Restaurants Vorarlbergs. Koch Jeremias Riezler wurde zum ›Aufsteiger des Jahres 2010‹ gekürt. Er verbindet u. a. Bergbauernkost mit mediterranen Einschlägen.

Hotel Gasthof Hammerer, Wäldelestr. 10, 6992 Hirschegg, Tel. 53240, www.gasthof-hammerer.at, p.P. im DZ 29 - 47 € (Sommer), 37 - 53 € (Winter).

Naturhotel Chesa Valisa, 6992 Hirschegg, Tel. 54140, www.naturhotel.at, p.P. im DZ 100 €. Einzigartiges biologisches Hotelkonzept, verwirklicht in einem 1510 errichteten Haus und neueren Nebengebäuden. Seit 13 Generationen ist der Betrieb in Familienbesitz. Die Gaststube im Haupthaus, seit 500 Jahren unverändert, Holzarchitektur mit bewusster Geometrie (Goldener Schnitt in der Fensterteilung u.a), in den Zimmern und Vollholzmobiliar, im Restaurant die Zubereitung ausschließlich von Bioprodukten, das bewusste Vermeiden jedes Elektrosmogs und die ebenfalls nach besonderer Geometrie angelegten Sauna- und Wellnessräume wie der ebenfalls nur Bioprodukte anwendende Kosmetikbereich machen den Aufenthalt zu einem singulären Erlebnis.

Alpencamping Haller, Köpfleweg 10, 6991 Riezlern, Tel. 5343, www.camping-kleinwalsertal.de.

Campingplatz Vorderboden, Vorderboden Nr. 1, 6993 Mittelberg-Baad, Tel. 6138, www.camping-vorderboden.at.

Campingplatz Jochum, Walserstraße 10, 6991 Riezlern, Tel. 5792, www.camping-jochum.at.

Walsermuseum, Walserstraße 54, 6991 Riezlern, Tel. 5315285, www.vorarlberg-museen.at/museen/walsermuseumriezlern, Mo – Sa 14 – 17 Uhr, in der Hauptsaison auch 10–12 Uhr, jedoch nur bei schlechtem Wetter. Leben und Arbeit im Kleinwalsertal, Tier- und Pflanzenwelt, Bräuche, religiöse Volkskunde, Trachten, Alpwirtschaft etc.

▲ Karte S. 208

Der schneebedeckte Widderstein

Reisetipps von A-Z

Allgemeine Informationen

Vorarlberg Tourismus, Postfach 99, Poststr. 11, 6850 Dornbirn, Tel. 05572/ 377 033-0 (Mo-Sa 8-18 Uhr), www.vorarlberg.travel, unter dieser Telefon-Nummer auch landesweite Zimmerinformation.

Vorarlberg-Repräsentanz, Tuchlauben 18/15, 1010 Wien, Tel. 01/5357890, Fax 5333855-50.

Österreich Werbung Deutschland, Klosterstraße 79, 10179 Berlin, Tel. 030/ 219148-0, www.austriatourism.com.

Ärztliche Versorgung

In ganz Österreich und damit auch in Vorarlberg gibt es ein flächendeckendes Netz von allgemeinen und fachärztlichen Praxen von sehr guter Qualität. Generell muss man als Ausländer die Kosten zunächst selbst tragen und nach der Rückkehr die Rechnung bei seiner Krankenversicherung einreichen. Ambulanz oder Notarzt sind aus jedem Netz unter der 144 erreichbar.

Camping

In Vorarlberg gibt es über 30 Campingplätze in allen Landesteilen. Mehr Info unter www.vorarlberg-camping.com und www.camping.info.

Einreiseformalitäten

Der Schengenstaat Österreich ist rings von anderen Staaten umgeben, die sämtlich ebenfalls dem Schengener Abkommen beigetreten sind, so dass keine Passkontrollen auch an der Grenze zur Schweiz mehr bestehen (Zollkontrollen sind allerdings möglich). Bei Anreise aus nicht EU-Ländern informiere man sich speziell.

Essen und Trinken

Die traditionell vorzügliche Küche Österreichs ist auch in Vorarlberg in kleinen und großen, teuren und preiswerten Gasthöfen anzutreffen. Die Restaurant- und Wirtshaus-Empfehlungen im Textteil dieses Reiseführers stellen daher eine Auswahl dar, da es unmöglich ist, alle wunderbaren Gasthäuser und -höfe des Landes kennenzulernen. Wie überall, sind Trinkgelder beim Servierpersonal gern gesehen. Wer mit dem Service zufrieden war, darf durchaus zehn Prozent des Rechnungspreises dazulegen. Kulinarische Besonderheiten wurden bereits im Abschnitt Land und Leute erwähnt.

Feiertage

Neujahr (1.1.)
Heilige Drei Könige (6.1.)
Karfreitag und Ostermontag
Staatsfeiertag (1.5.)
Christi Himmelfahrt
Pfingstmontag
Fronleichnam
Maria Himmelfahrt (15.8.)
Nationalfeiertag (26.10.)
Allerheiligen (1.11.)
Maria Empfängnis (8.12.)
Weihnachten

Gesundheit

Vorarlberg gilt bisher nicht als ausgewiesenes Zeckengebiet, doch sind zwischen Bludenz und Feldkirch und in Teilen des Großen Walsertals Fälle von FSME-Infektionen bekannt geworden, so dass man zumindest in diesen Regionen Vorsicht walten lassen sollte.

Golf

Sechs Golfanlagen gibt es In Vorarlberg: in Braz bei Bludenz, in Brand, in Riefensberg im Bregenzerwald, in Rankweil sowie in Tschagguns und Partenen im Montafon. Die Saison dauert hierbei von Mai bis Oktober (www.golfvorarlberg.at).

Haustiere

Hunde und Katzen benötigen ein tierärztliches Zeugnis und den Nachweis einer Tollwutimpfung. In Bussen und Bahnen müssen Hunde einen Maulkorb tragen sowie angeleint sein, desgleichen auch in Parkanlagen und im Freien überhaupt. In viele der nobleren Hotels im Montafon und in Lech-Zürs dürfen Haustiere nicht mitgenommen werden.

Internet

Fast alle Vorarlberger Hotels haben WLAN-Zugang, über das ganze Land sind 150 WLAN-Hotspots verstreut (www.hotspot.vol.at); der kostenpflichtige Zugang ist über eine am Ort erwerbbare Access-Card möglich.

Öffentliche Verkehrsmittel

Das Land ist auf das Beste mit Straßenbahn und Bus erschlossen. Insbesondere zwischen Bregenz, Dornbirn und Feldkirch bestehen hervorragende Eisenbahnverbindungen. Das Montafon ist nur bis Schruns mit der Eisenbahn erreichbar. Die anderen ländlichen und alpinen Gebiete sind von einem flächendeckenden Netz von Bussen erfasst, die u.U. im Winter aber nicht eingesetzt werden (www.vmobil.at), über die Postbusse gibt www.postbus.at/vbg Auskunft. Im Internet lassen sich auf www.busbahnbim.at alle regionalen Fahrpläne und Verbindungen einsehen.

Öffnungszeiten

Nur in den großen Städten haben die Geschäfte durchgehend geöffnet. Große Supermärkte sind dabei von 9 beziehungsweise 9.30 bis 19 und 19.30 Uhr offen. In Österreich besteht in kleineren Orten meist eine Mittagspause von 12 bis 14.30 Uhr. Geöffnet wird dabei meist um 8, spätestens um 9 Uhr, geschlossen wird um 18 Uhr. Samstags wird meistens um 12 Uhr geschlossen, sonntags ist generell nicht geöffnet. Ausnahme: Museums-, Kirchen- und Klosterläden sowie Spezialitätengeschäfte, die an gastronomische Einrichtungen oder Hotels angeschlossen sind. Museen haben fast immer montags geschlossen.

Post

Briefmarken erhält man auf Postämtern und in den sogenannten Tabaktrafiken, wie die besonderen Verkaufsstellen von Zigaretten und Zigarren heißen. Die Briefmarke für eine Postkarte in ein EU-Land kostet 55 Cent.

Radfahren und Mountainbiken

Das Land hat ein 300 Kilometer langes beschildertes Radwegenetz, außerdem gibt es über 1000 Kilometer Mountainbike-Strecken. Doch die außerhalb des Bodensee- und Rheintalgebiets großen Geländeunterschiede und damit verbundenen Steigungen lassen Vorarlberg nicht unbedingt zum Gebiet für familienfreundliche Radwanderungen werden. Immerhin lässt sich auf einer Teil-

Biker kommen in Vorarlberg auf ihre Kosten

strecke des Bodenseeradwegs zwischen Lochau und dem schweizerischen Rheineck angenehm und entspannt fahren (www.bodensee-radweg.com, www.bodensee.eu). Alle anderen Touren im Landesinnern erfordern eine sehr gute Kondition. Unter www.vorarlberg.travel sind ausgewählte Routen erläutert und auf http://vogis.cnv.at als Karten abrufbar. Auch www.vorarlberg.at/mountainbike gibt Informationen.

Straßen

Österreich besitzt ein gut ausgebautes Straßennetz, insbesondere die Autobahnen sind in einem hervorragenden Zustand. Ihre Benutzung ist gebührenpflichtig. Man benötigt eine Plakette, die beim ADAC, an österreichischen Tankstellen oder bei den Touristenämtern erworben werden kann. Für zehn Tage kostet sie (Frühjahr 2011) 7,80 Euro. Sie ist auch für zwei Monate oder ein Jahr erhältlich. Man sollte unbedingt beim Fahren auf den österreichischen Autobahnen eine solche Plakette besitzen, denn es gibt zahlreiche Kontrollen, die bei Nichtbesitz hohe Geldstrafen nach sich ziehen.
Größere Autobahntunnels sind dabei zusätzlich mautpflichtig. Im Gebirge sind zahlreiche Nebenstraßen, die zu touristisch interessanten Lokalitäten oder Panoramapunkten führen, ebenfalls mautpflichtig (meist 2–4 €). Reisende in den jeweiligen Regionen erhalten oft von ihren Vermietern bestimmte Karten, die während des ganzen Aufenthalts verschiedene Vergünstigungen beinhalten. Mit solchen Karten ist die Benutzung der kleinen Bergstraßen fast immer kostenlos.

Telefonnummern/Notsignale

Vorwahl Österreich: 0043
Medizinischer Notdienst: 141
Feuerwehr: 122
Polizei: 133
Rettung: 144
Internationaler Notdienst: 112
Bergrettung: 140. Zusätzlich kann akustisch oder optisch das ›alpine Notsignal‹ abgegeben werden. Es erfolgt sechsmal in kurzen Abständen bei Tag mittels Ruf oder Signalpfeife, bei Dunkelheit mit einer Taschenlampe o.ä.
ÖAMTC-Autopannendienst: 120

Verkehrsvorschriften

In Österreich besteht Gurtanlegepflicht, die Promillehöchstgrenze liegt bei 0,5. Die maximale Geschwindigkeit auf Autobahnen beträgt 130 km/h (22–5 Uhr 110 km/h). 100 km/h darf man auf der Landstraße und 50 km/h innerorts fahren, sofern keine gegenteiligen Hinweise bestehen. Das Mitführen einer Warnweste für den Pannenfall ist Pflicht. Im Winter dürfen manche Strecken nur mit Schneeketten befahren werden.
Pannendienste: ÖAMTC, Tel. 120; ARBÖ, Tel. 123.

Wandern

Für geübte Wanderer ist Vorarlberg ein Paradies. Im vorliegenden Buch wurde eine Vielzahl von Wanderempfehlungen ausgesprochen. Bewusst wurden überwiegend kürzere, nur mittelmäßig anstrengende und dennoch interessante und panoramareiche Routen ausgewählt, die man sogar ›zwischendurch‹ unternehmen kann. Natürlich bietet Vorarlberg weitaus mehr: Anspruchsvolle Ganztages- und Mehrtagestouren sind vielerorts möglich. Unter www.vorarlberg.travel gibt es eine Auswahl an großen Panoramawanderungen. Überhaupt sind auf dieser Seite viele Routen erläutert und auf http://vogis.cnv.at als Karten abrufbar.

Literaturhinweise

Held, Heinz, Vorarlberg und Liechtenstein. Landschaft, Geschichte und Kultur im ›Ländle‹. DuMont Buchverlag, Köln 1988.

Hörmann, Ludwig von, Wanderungen durch Vorarlberg. Innsbruck 1895.

Mayr, Herbert, Bregenzerwald. Rother Wanderführer. Bergverlag Rother, München 2007.

Mayr, Herbert, Bodensee-Rätikon. Rother Wanderführer. Bergverlag Rother, München 2008.

Mayr, Herbert, Brandnertal. Mit Großem Walsertal und Klostertal. Rother Wanderführer. Bergverlag Rother, München 2009.

Mayr, Herbert, Montafon. Rother Wanderführer. Bergverlag Rother, München 2009.

MERIAN – Vorarlberg. Heft 2, Jahrgang 60. Jahreszeiten-Verlag, Hamburg 2007.

Rudigier, Andreas, Montafon. Ein kleiner kulturhistorischer Führer. Montafoner Schriftenreihe. Schruns 2009.

Sayn-Wittgenstein, Franz Prinz zu, Vorarlberg und Liechtenstein. Prestel Verlag, München 1989.

Seibert, Dieter, Allgäu 1. Oberallgäu und Kleinwalsertal. Rother Wanderführer. Bergverlag Rother, München 2010.

Steub, Ludwig, Streifzüge durch Vorarlberg. München 1908.

Karten

Aus dem Verlag Freytag & Berndt:

WK 363: Oberstdorf-Kleines Walsertal-Sonthofen 1:50 000.

WK 364: Bregenzerwald-Rheintal 1: 50 000.

WK 374: Montafon-Silvretta-Klostertal 1:50 000.

In den Tourismusämtern sind überall lokale Stadt- und Ortspläne und Karten zu Themenwanderwegen o. dgl. in größerem Maßstab erhältlich, teils sogar kostenlos.

Vorarlberg im Internet

www.vorarlberg.at Offizielle Seite des Bundeslands Vorarlberg mit administrativen, kulturellen, touristischen und sonstigen Informationen. Umfassend!

www.vorarlberg.com ›Freizeitportal‹ zu allen möglichen Sommer- und Winteraktivitäten im Land.

www.vorarlberg.travel Vom Landestourismusverband gestaltete Seite mit allen Urlaubsinformation u.dgl.

www.vorarlbergvonoben.at Großartige Landschafts- und Bergvideos.

www.vol.at Aktuelle Nachrichten, Politik, Wirtschaft etc.

www.berge-erleben.at Umfassende Seite zum Großen Walsertal und zum Biosphärenpark.

www.vorarlbergmuseen.at Alle Museen des Landes mit Adressen, Öffnungszeiten und deren Thematiken.

www.v-a-i.at Seite des Vorarlberger Architekturinstituts. Für alle, die mehr über die moderne Holzarchitektur erfahren wollen.

Der Autor

Gunnar Strunz, Jg. 1961, ist promovierter Geologe und seit vielen Jahren journalistisch tätig, arbeitet in der Erwachsenenfortbildung und leitet Studienreisen insbesondere nach Polen, Russland, ins Baltikum und in die alten Habsburgerlande. Im Trescher-Verlag sind von ihm die Reiseführer ›Königsberg-Kaliningrader Gebiet‹, ›Bratislava‹, ›Steiermark‹ und ›Niederösterreich‹ erschienen. Zusammen mit seiner Frau Alla gab er, ebenfalls im Trescher-Verlag, erschienen, das ›Königsberg-Kaliningrad-Lesebuch‹ heraus. Als Gemeinschaftsprojekt mit dem renommierten Fotografen Wolfgang Korall entstand für das Verlagshaus Würzburg eine ›Reise durch Ostpreußen‹ sowie ein Band über die Burgen des Deutschen Ritterordens. Gunnar Strunz lebt abwechselnd in Berlin, in Feilitzsch (Oberfranken) sowie am Kurischen Haff.

Danksagung

Herzlichen Dank sei hier den Vertretern der vorarlbergischen Tourismusverbände gesagt, insbesondere Frau Andrea Masal vom Vorarlberg Tourismus in Dornbirn. Die Damen Cornelia Kriegner, Christine Mélia, Ursula Allgäuer, Kathrin Granderath, Romy Bitschnau, Caroline Kennedy und Helga Rädler und die Herren Alois Bär und Ule Haak erklärten mir ihre Regionen und erläuterten mir vorarlbergisches Wesen. Und ein Dank geht auch an Pfarrer Joe in Gaschurn für die Möglichkeit der Degustation seiner hervorragenden Kräuterschnäpse.

Bildnachweis

Alle Fotos Gunnar Strunz, außer:
Alpenregion Bludenz (S. 101, 129, 134, 135, 220); Alpenregion Bludenz-Bärenland-Sonnenkopf/Hannes Jung (S. 140); Bauken77 (S. 148); Ankawü (S. 180); Biosphärenpark Großwalsertal Tourismus (S. 112, 113o, 114); Biosphärenpark Großes Walsertal (S 46); Friedrich Böhringer (S. 10, 39, 40, 64, 66, 71, 88, 122/23, 137, 155, 166/67, 179, 181, 182/83, 193u., 197, 200, 201, 218, vordere Klappe); Clemens Brandstetter (S. 131); Bregenzerwald Tourismus (S. 45); Florian Glöcklhofer (S. 62); Gsigsi 2007 (S. 169); Illwerke Tourismus (S. 154); Klostertaltourismus (S. 143); Anton Kurt (hintere Klappe); Bernhard Mäser (S. 73); Frank C. Müller (S. 147, 160o.); Detlev von Oppeln (S. 12, 20, 67, 80, 83, 113u.); Andreas Praefcke (S. 60, 157); Schlaier (S. 89, 144/45); Marion Schneider und Christoph Aistleitner (S. 110u.); Michael Schönitzer (S. 100); Peter Schönstein (S. 4, 110o., 118, 119, 120, 130, 158o., 175, 176); Michiel Verbeek (S. 186); Verein Großwalsertal Tourismus (S. 106/07, 115, 116o., 117); Vince51 (S. 153); Vorarlberg Tourismus (S. 16/17, 48/49, 53, 138, 139, 164, 206/07); Hans Wiesenhofer (S. 24, 26, 209).

Titel: Blick über Warth auf den Biberkopf
Vordere Umschlagklappe: Schloss Glopper
S. 16/17: Alpabtrieb mit Kindern
S. 48/49: Blick vom Pfänder über Bregenz und den Bodensee
S. 106/07: Die Klesenza-Alpe
S. 122/23: Braz, Nikolauskirche
S. 144/45: Sankt Anton im Montafon
S. 166/67: Bürstegg und Biberkopf
S. 182/83: Alpabtrieb in Au
S. 206/07: Über dein Gipfeln des Kleinwalsertals
Hintere Umschlagklappe: Der Lünersee

Ortsregister

Personen- und Sachregister

Kartenlegende

Autofähre
Bahnhof
Bar
Brunnen
Burg/Festung
Burgruine
Busbahnhof
Café
Campingplatz
Denkmal
Dorfkirche
Fähre
Flughafen
Hafen
Höhle
Hotel
Kirche
Kloster
Klosterruine
Markt
Museum
Naturschutzgebiet
Oper

Parken
Parkhaus
Post
Restaurant
Ruine/Ausgrabungsstätte
Sehenswürdigkeit
Seilbahn
Synagoge
Theater
Tor
Touristeninformation
Turm

Autobahn
Autobahn im Bau
sonstige Straßen
243 Straßennummern
Eisenbahn
Grenzübergang
Staatsgrenze
Hauptstadt
Stadt/Ortschaft

Kartenregister

Stadtpläne

Übersichtskarten